1,20 / 7

DR. OETKER

BACKEN FÜR KINDER

VON A–Z

DR. OETKER

BACKEN FÜR KINDER

VON A–Z

Dr. Oetker Verlag

Abkürzungen

EL	=	Esslöffel
TL	=	Teelöffel
Msp.	=	Messerspitze
Pck.	=	Packung/Päckchen
g	=	Gramm
kg	=	Kilogramm
ml	=	Milliliter
l	=	Liter
evtl.	=	eventuell
geh.	=	gehäuft
gem.	=	gemahlen
ger.	=	gerieben
gestr.	=	gestrichen
TK	=	Tiefkühlprodukt
°C	=	Grad Celsius
Ø	=	Durchmesser

Kalorien-/Nährwertangaben

E	=	Eiweiß
F	=	Fett
Kh	=	Kohlenhydrate
kJ	=	Kilojoule
kcal	=	Kilokalorien
BE	=	Broteinheiten

Bei den Nährwertangaben in den Rezepten handelt es sich um auf- bzw. abgerundete ganze Werte. Lediglich die Broteinheiten werden mit einer Stelle nach dem Komma angegeben.
Aufgrund von ständigen Rohstoffschwankungen und/oder Rezepturveränderungen bei Lebensmitteln, kann es zu Abweichungen kommen. Die Nährwertangaben dienen daher lediglich Ihrer Orientierung und eignen sich nur bedingt für die Berechnung eines Diätplans, zum Beispiel bei Krankheiten wie Diabetes. Bei krankheitsbedingten Diäten richten Sie sich daher bitte nach den Anweisungen Ihres Diätassistenten bzw. Ihres Arztes.

Allgemeine Hinweise

Lesen Sie bitte vor der Zubereitung – besser noch vor dem Einkauf – das Rezept einmal vollständig durch. Oft werden Arbeitsabläufe oder -zusammenhänge dann klarer.

Zutatenliste und Arbeitsschritte

Die Zutaten sind in der Reihenfolge ihrer Verarbeitung aufgeführt. Die Arbeitsschritte sind einzeln hervorgehoben, in der Reihenfolge, in der sie von uns ausprobiert wurden.

Zubereitungszeiten

Die Zubereitungszeit ist ein Anhaltswert für die Zeit der Vorbereitung und die eigentliche Zubereitung. Sie variiert je nach Geschick und Übung. Wartezeiten, wie Abkühl-, Kühl oder Auftauzeiten sind, sofern parallel keine weitere Tätigkeit erfolgt, nicht in der Zubereitungszeit enthalten. Die Backzeiten werden gesondert ausgewiesen.

Backofeneinstellung und Backzeiten

Die in den Rezepten angegebenen Backtemperaturen und -zeiten sind Richtwerte, die je nach individueller Hitzeleistung Ihres Backofens über- oder unterschritten werden können. Gegen Ende der angegebenen Backzeit sollten die Gebäcke genau beobachtet werden. Machen Sie nach Beendigung der angegebenen Backzeit eine Garprobe.
Die Temperaturangaben in diesem Buch beziehen sich auf Elektrobacköfen. Die Temperatureinstellmöglichkeiten für Gasbacköfen variieren je nach Hersteller sehr stark, sodass wir keine allgemeingültigen Angaben machen können. Bitte beachten Sie deshalb bei der Einstellung des Backofens die Gebrauchsanleitung des Herstellers. Ein Backofenthermometer eignet sich dabei gut, um die Backofentemperatur im Blick zu haben.

Einschubhöhe

Die Einschubhöhe von Blechen und Formen ist immer dann die Mitte des Backofens, wenn nichts anderes angegeben ist. Ansonsten gilt: Hohe und halbhohe Formen werden im Allgemeinen auf dem Rost im unteren Drittel des Backofens eingeschoben, flache Formen auf dem Rost in die mittlere Einschubleiste. Blechkuchen und Kleingebäck gelingen am besten in der Mitte des Backofens. Abweichungen sind möglich und von der Ausführung Ihres Backofens abhängig (Herstellerangaben beachten).

Nur frische Eier verwenden

Bei der Zubereitung von Torten oder Füllungen mit frischen Eiern, die später nicht gebacken werden, nur Eier verwenden, die eine Resthaltbarkeit von mindestens 23 Tagen haben (Legedatum beachten!). Ei bzw. Eier in eine Rühr- oder Edelstahlschüssel geben und im heißen Wasserbad mit einem Mixer (Rührstäbe) bei mittlerer Hitze aufschlagen, bis eine Temperatur von etwa 70 °C entstanden ist. Die Torten/Füllungen im Kühlschrank aufbewahren und innerhalb von 24 Stunden verzehren.

Vorwort

Natürlich kann man heutzutage alles fertig kaufen. Aber für Großeltern, Eltern, Tante oder Onkel ist es auch im 21. Jahrhundert immer noch eine besonders schöne Idee, die Kinder, Enkel oder Neffen und Nichten mit Selbstgebackenem zu überraschen.

Anlässe gibt es mehr als genug: Geburtstag und Schulfest, Pausensnack und Sonntagsbesuch, bestandene Prüfungen und sportliche Erfolge, kleine Belohnungen und süße Mitbringsel.

Das ist gar nicht so schwer: Leckere Rezepte aussuchen, Zutaten besorgen, die richtigen Mengen vorbereiten, den Ofen vorheizen und los geht's. Die klassischen Nussecken, Schweineöhrchen und Zimtschnecken kommen immer gut an. Aber probieren Sie doch mal Mango-Maracuja-Muffins, Happy-Birthday-Cake-Cubes, Zuckermäuse, Hasengesichter oder ein Fußballfeld. Und wenn mal etwas ganz Besonderes „gebacken" sein soll, dann werden mit dem Pfefferkuchenhaus nicht nur Kinderherzen höher schlagen.

Damit Sie viel Spaß beim Backen haben und viel Freude mit Gebackenem bereiten können, wurden alle Rezepte sorgfältig geprüft und von uns ausprobiert. Das schmeckt garantiert nicht nur Kindern!

Amerikaner | Beliebt

12 Stück

Pro Stück: E: 5 g, F: 14 g, Kh: 48 g, kJ: 1452, kcal: 347, BE: 4,0

Für den Rührteig:

75 g Butter oder Margarine (zimmerwarm)
100 g Zucker
1 Pck. Dr. Oetker Vanillin-Zucker
5 Tropfen Butter-Vanille-Aroma (aus dem Röhrchen)
1 Prise Salz
2 Eier (Größe M)
250 g Weizenmehl
3 gestr. TL Dr. Oetker Backin
100 ml Milch (3,5 % Fett)

etwa 2 EL Milch

Für den Guss:

200 g Puderzucker
etwa 3 EL Zitronensaft
150 g Zartbitter-Schokolade (etwa 50 % Kakaoanteil)
1 EL Speiseöl

Zum Bestreuen:

gehackte Mandeln
gehackte Pistazienkerne
Hagelzucker, Kokosraspel

Zubereitungszeit: 30 Minuten, ohne Abkühlzeit
Backzeit: etwa 20 Minuten je Backblech

1. Den Backofen vorheizen.
Ober-/Unterhitze: etwa 180 °C
Heißluft: etwa 160 °C

2. Für den Teig Butter oder Margarine in einer Rührschüssel mit dem Mixer (Rührstäbe) auf höchster Stufe geschmeidig rühren. Nach und nach Zucker, Vanillin-Zucker, Butter-Vanille-Aroma und Salz unterrühren. So lange rühren, bis eine gebundene Masse entstanden ist. Jedes Ei etwa ½ Minute auf höchster Stufe unterrühren.

3. Mehl mit Backpulver mischen und abwechselnd mit der Milch in 2 Portionen auf mittlerer Stufe kurz unterrühren. Den Teig mit 2 Esslöffeln in je 6 Häufchen nicht zu dicht nebeneinander auf 2 Backbleche (gefettet, mit Backpapier belegt) geben und mit einem feuchten Messer etwas nachformen.

4. Die Backbleche nacheinander (bei Heißluft zusammen) in den vorgeheizten Backofen schieben. Die Amerikaner **etwa 15 Minuten backen.**

5. Die Backbleche auf Kuchenroste stellen. Die Oberfläche mit Milch bestreichen. Das Backblech wieder in den heißen Backofen schieben und die Amerikaner **bei gleicher Backofentemperatur in weiteren 5–10 Minuten fertig backen.**

6. Die Amerikaner mit dem Backpapier auf Kuchenroste ziehen und darauf erkalten lassen.

7. Für den Guss Puderzucker mit Zitronensaft zu einem dickflüssigen Guss verrühren. Schokolade grob zerkleinern, dann mit Speiseöl im Wasserbad bei schwacher Hitze unter Rühren schmelzen. Erkaltete Amerikaner auf der Unterseite mit Guss oder Schokolade bestreichen und nach Belieben mit Mandeln, Pistazien, Hagelzucker und Kokosraspeln bestreuen.

Apfel-Cookies | Fruchtig

8–9 große Cookies

Pro Stück: E: 4 g, F: 11 g, Kh: 22 g, kJ: 864, kcal: 206, BE: 2,0

Zum Vorbereiten:

½ Apfel (etwa 100 g)
2 EL Zitronensaft

Für den Teig:

75 g Butter (zimmerwarm)
80 g brauner Zucker
1 Prise Salz
1 Ei (Größe M)
80 g Weizenmehl
1 Msp. Natron
2 EL kernige Haferflocken
50 g geröstete, gestiftelte Mandeln
25 g getrocknete Cranberrys

Zubereitungszeit: 30 Minuten
Backzeit: etwa 15 Minuten

1. Zum Vorbereiten die Apfelhälfte schälen, halbieren und entkernen, dann in ½ cm breite Stifte schneiden. Die Apfelstifte mit Zitronensaft beträufeln.

2. Den Backofen vorheizen.
Ober-/Unterhitze: etwa 200 °C
Heißluft: etwa 180 °C

3. Für den Teig Butter mit Zucker und Salz in einer Rührschüssel mit einem Mixer (Rührstäbe) zunächst kurz auf niedrigster, dann auf höchster Stufe schaumig schlagen. Das Ei etwa 1 Minute unterschlagen.

4. Mehl mit Natron, Haferflocken, Mandeln, Cranberrys und Apfelstiften mischen, daraufgeben und unterheben.

5. Den Cookieteig mit 2 Esslöffeln oder einem Eisportionierer in gleich großen, runden Häufchen auf ein Backblech (gefettet, mit Backpapier belegt) setzen, dabei aber genügend Abstand zwischen den Häufchen lassen.

6. Die Teighäufchen mit einem in Wasser getauchten Löffel zu flachen Cookies verstreichen.

7. Das Backblech in den vorgeheizten Backofen schieben. Apfel-Cookies **etwa 15 Minuten backen.**

8. Die Apfel-Cookies mit dem Backpapier von dem Backblech auf einen Kuchenrost ziehen und erkalten lassen.

Rezeptvariante: Für **Birnen-Cookies** ersetzen Sie den ½ Apfel durch ½ Birne. Achten Sie darauf, eine Birne mit festem Fruchtfleisch zu verwenden. Statt der gerösteten Mandeln nehmen Sie gehobelte Haselnuss-, Walnuss- oder Paranusskerne. Rühren Sie außerdem noch Rosinen oder klein geschnittene, getrocknete Sauerkirschen statt der Cranberrys unter den Teig. 1 Prise gemahlener Ingwer verleiht den Birnen-Cookies ein feines Aroma.

Apfelkuchen mit Mascarpone I

Schön saftig

20 Stücke

Pro Stück: E: 4 g, F: 9 g, Kh: 25 g, kJ: 831, kcal: 199, BE: 2,0

Für den Hefeteig:

200 ml Milch (3,5 % Fett)
50 g Butter oder Margarine
375 g Weizenmehl
1 Pck. Dr. Oetker Trockenbackhefe
50 g Zucker
1 Prise Salz

Für den Belag:

1,2 kg kleine Äpfel, z. B. Cox Orange oder Elstar
6 EL Zitronensaft
200 g Mascarpone (ital. Frischkäse)
4 Eier (Größe M)
30 g Zucker
1 Pck. Dr. Oetker Vanillin-Zucker

Zubereitungszeit: 50 Minuten, ohne Teiggehzeit
Backzeit: 30–35 Minuten

1. Für den Teig Milch erwärmen und Butter oder Margarine darin zerlassen. Lauwarm abkühlen lassen.

2. Mehl mit Hefe, Zucker, und Salz in einer Rührschüssel vermischen. Danach Lauwarme Milch-Butter-Mischung hinzufügen. Die Zutaten mit einem Mixer (Knethaken) zunächst kurz auf niedrigster, dann auf höchster Stufe in etwa 5 Minuten zu einem glatten Teig verarbeiten.

3. Den Teig zugedeckt so lange an einem warmen Ort gehen lassen, bis er sich sichtbar vergrößert hat, etwa 40 Minuten.

4. Teig leicht mit Mehl bestäuben und auf einer leicht bemehlten Arbeitsfläche nochmals kurz verkneten. Den Teig in einem tiefen Backblech (etwa 30 x 40 cm, gefettet) ausrollen. Dabei an den Kanten einen kleinen Rand hochziehen.

5. Den Backofen vorheizen.
Ober-/Unterhitze: etwa 200 °C
Heißluft: etwa 180 °C

6. In der Zwischenzeit für den Belag die Äpfel schälen, vierteln und entkernen. Apfelviertel in Spalten schneiden und sofort mit 2 Esslöffeln Zitronensaft beträufeln. Den Teig gleichmäßig mit den Apfelspalten belegen. Den restlichen Zitronensaft mit Mascarpone, Eiern, Zucker und Vanillin-Zucker verrühren. Die Masse auf den Apfelspalten verteilen.

7. Das Backblech in den vorgeheizten Backofen schieben. Den Apfelkuchen **30–35 Minuten backen.**

8. Das Backblech auf einen Kuchenrost stellen. Den Apfelkuchen darauf erkalten lassen.

Apfelkuchen, sehr fein I

Gut vorzubereiten

12 Stücke

Pro Stück: E: 4 g, F: 11 g, Kh: 30 g, kJ: 978, kcal: 234, BE: 2,5

Für den Belag:

750 g Äpfel, z. B. Elstar

Für den Rührteig:

125 g Butter oder Margarine (zimmerwarm)
100 g Zucker
1 Pck. Dr. Oetker Vanillin-Zucker
1 Prise Salz
½ Röhrchen Zitronen-Aroma
3 Eier (Größe M)
200 g Weizenmehl
2 gestr. TL Dr. Oetker Backin
1–2 EL Milch

Zum Aprikotieren:

2 EL Aprikosenkonfitüre
1 EL Wasser

Zubereitungszeit: 30 Minuten
Backzeit: etwa 45 Minuten

1. Für den Belag Äpfel schälen, vierteln, entkernen und mehrmals der Länge nach einritzen.

2. Den Backofen vorheizen.
Ober-/Unterhitze: etwa 180 °C
Heißluft: etwa 160 °C

3. Für den Teig Butter oder Margarine in einer Rührschüssel mit dem Mixer (Rührstäbe) auf höchster Stufe geschmeidig rühren. Nach und nach Zucker, Vanillin-Zucker, Salz und Zitronen-Aroma unterrühren. So lange rühren, bis eine gebundene Masse entstanden ist.

4. Jedes Ei etwa ½ Minute auf höchster Stufe unterrühren. Mehl mit Backpulver mischen und abwechselnd mit der Milch in 2 Portionen auf mittlerer Stufe kurz unterrühren. Den Teig in eine Springform (Ø 26 cm, gefettet, bemehlt) geben und glatt streichen. Die Apfelviertel kranzförmig auf den Teig legen.

5. Form auf dem Rost in den vorgeheizten Backofen schieben. Den Kuchen etwa **45 Minuten backen.**

6. Zum Aprikotieren Konfitüre durch ein Sieb streichen und mit Wasser in einem kleinen Topf unter Rühren aufkochen lassen. Den Apfelkuchen sofort nach dem Backen damit bestreichen. Den Springformrand lösen und entfernen. Den Apfelkuchen zwar vom Springformboden lösen, aber darauf auf einem Kuchenrost erkalten lassen.

Tipp: Streuen Sie vor dem Backen 40 g Rosinen auf die Äpfel.

Apfelschnecken | Beliebt

8 Stück

Pro Stück: E: 6 g, F: 15 g, Kh: 58 g, kJ: 1677, kcal: 400, BE: 5,0

Für die Füllung:

400 g säuerliche Äpfel, z. B. Elstar
30 g Butter
50 g Zucker
1 Prise gem. Zimt
1 Pck. Dr. Oetker Finesse Geriebene Zitronenschale

Für den Hefeteig:

375 g Weizenmehl
1 Pck. Hefeteig Garant
50 g Zucker
170 ml Milch (3,5 % Fett)
100 g Butter oder Margarine (zimmerwarm)

2 EL Milch (3,5 % Fett)
2 EL Zucker

Zubereitungszeit: 20 Minuten, ohne Abkühl- und Ruhezeit
Backzeit: 20–25 Minuten

1. Für die Füllung Äpfel schälen, vierteln, die Kerngehäuse entfernen. Die Apfelviertel in etwa ½ cm große Würfel schneiden. Butter in einem kleinen Topf zerlassen. Die Apfelwürfel, Zucker, Zimt und Zitronenschale dazugeben, unterrühren und aufkochen. Die Apfelstücke bei schwacher Hitze etwa 5 Minuten dünsten, anschließend abkühlen lassen.

2. In der Zwischenzeit für den Hefeteig das Mehl mit Hefeteig Garant in einer Rührschüssel vermischen. Zucker, Milch und Butter oder Margarine hinzufügen. Die Zutaten mit einem Mixer (Knethaken) zunächst kurz auf niedrigster, dann auf höchster Stufe in etwa 2 Minuten zu einem Teig verarbeiten.

3. Den Teig auf einer leicht bemehlten Arbeitsfläche nochmals kurz verkneten. Den Teig zu einem Rechteck (etwa 32 x 40 cm) ausrollen. Die Apfelmasse darauf verteilen und verstreichen, dabei an den kurzen Seiten einen etwa 2 cm breiten Rand frei lassen.

4. Den Backofen vorheizen.
Ober-/Unterhitze: etwa 200 °C
Heißluft: etwa 180 °C

5. Den Teig von der kurzen Seite aus aufrollen. Teigrolle mit einem Sägemesser in 8 Scheiben schneiden. Die Teigscheiben mit etwas Abstand auf ein Backblech (gefettet, mit Backpapier belegt) legen und etwa 5 Minuten ruhen lassen.

6. Die Apfelschnecken mit Milch bestreichen und mit Zucker bestreuen. Das Backblech in den vorgeheizten Backofen schieben. Die Apfelschnecken **20–25 Minuten backen.**

7. Die Apfelschnecken mit dem Backpapier auf einen Kuchenrost ziehen und lauwarm genießen oder erkalten lassen.

Apfel-Streusel-Kuchen | Klassisch

20 Stücke

Pro Stück: E: 5 g, F: 11 g, Kh: 46 g, kJ: 1308, kcal: 312, BE: 4,0

Zum Vorbereiten:

1 ½ kg säuerliche Äpfel, z. B. Boskop
4 EL Zitronensaft
2–3 EL Wasser
60–75 g Zucker
1 TL gem. Zimt

Für den Hefeteig:

200 ml Milch (1,5 % Fett)
50 g Butter
375 g Weizenmehl
1 Pck. Dr. Oetker Trockenbackhefe
40 g Zucker
1 Pck. Dr. Oetker Vanillin-Zucker
1 Prise Salz
1 Ei (Größe M)

Für die Streusel:

300 g Weizenmehl
150 g Zucker
½–1 gestr. TL gem. Zimt
200 g Butter (zimmerwarm)

Zubereitungszeit: 1 Stunde, ohne Teiggehzeit
Backzeit: 25–30 Minuten

1. Zum Vorbereiten die Äpfel schälen, vierteln, entkernen und in Stücke schneiden. Apfelstücke mit Zitronensaft, Wasser, Zucker und Zimt in einem Topf zum Kochen bringen, bei schwacher Hitze zugedeckt etwa 15 Minuten dünsten lassen, dabei ab und zu umrühren. Den Topf von der Kochstelle nehmen und lauwarm abkühlen lassen.

2. Inzwischen für den Hefeteig Milch erwärmen und Butter darin zerlassen. Lauwarm abkühlen lassen.

3. Mehl mit Hefe, Zucker, Vanillin-Zucker und Salz in einer Rührschüssel gut vermischen. Ei und lauwarme Milch-Butter-Mischung hinzufügen. Die Zutaten mit einem Mixer (Knethaken) zunächst kurz auf niedrigster, dann auf höchster Stufe in etwa 5 Minuten zu einem glatten Teig verarbeiten.

4. Den Teig zugedeckt so lange an einem warmen Ort gehen lassen, bis er sich sichtbar vergrößert hat, etwa 20 Minuten.

5. In der Zwischenzeit für die Streusel Mehl, Zucker, Zimt und Butter in einer Rührschüssel mit dem Mixer (Rührstäbe) zunächst kurz auf niedrigster, dann auf höchster Stufe zu Streuseln von gewünschter Größe verarbeiten.

6. Den Teig auf eine leicht bemehlte Arbeitsfläche geben, nochmals kurz verkneten und auf einem Backblech (etwa 30 x 40 cm, gefettet, mit Backpapier belegt) ausrollen.

7. Zuerst das Apfelkompott, dann die Streusel auf dem Teig verteilen. Den Teig zugedeckt nochmals so lange an einem warmen Ort gehen lassen, bis er sich sichtbar vergrößert hat, etwa 15 Minuten.

8. In der Zwischenzeit den Backofen vorheizen.
Ober-/Unterhitze: etwa 200 °C
Heißluft: etwa 180 °C

9. Das Backblech in den vorgeheizten Backofen schieben. Den Kuchen **25–30 Minuten backen.**

10. Das Backblech auf einen Kuchenrost stellen. Den Kuchen auf dem Backblech erkalten lassen.

Apfeltarte I

Fruchtig

12 Stücke

Pro Stück: E: 4 g, F: 14 g, Kh: 31 g,
kJ: 1120, kcal: 267, BE: 2,5

Für den Knetteig:

200 g Weizenmehl
40 g Zucker
125 g Butter oder Margarine (zimmerwarm)

Für den Belag:

5–6 säuerliche Äpfel (etwa 750 g)
2 TL Speisestärke
75 g Zucker
1 Pck. Dr. Oetker Vanillin-Zucker
3 Eier (Größe M)
125 g Schlagsahne

Zum Bestäuben:

evtl. 1–2 TL Puderzucker

Zubereitungszeit: 35 Minuten, ohne Abkühlzeit
Backzeit: 30–42 Minuten

1. Für den Teig Mehl mit Zucker in einer Rührschüssel mischen. Butter oder Margarine hinzufügen und mit einem Mixer (Knethaken) zunächst kurz auf niedrigster, anschließend auf höchster Stufe gut durcharbeiten.

2. Danach auf einer leicht bemehlten Arbeitsfläche kurz zu einem Teig verkneten. Sollte er kleben, ihn in Frischhaltefolie gewickelt eine Zeit lang in den Kühlschrank legen.

3. Den Backofen vorheizen.
Ober-/Unterhitze: etwa 200 °C
Heißluft: etwa 180 °C

4. Zwei Drittel des Teiges (restlichen Teig eingewickelt wieder in den Kühlschrank stellen) auf einer leicht bemehlten Arbeitsfläche zu einer runden Platte (Ø etwa 28 cm) ausrollen.

5. Den Teig erst zur Hälfte, dann zu einem Viertel einschlagen und in eine Tarteform (Ø etwa 28 cm, Boden gefettet, mit Backpapier belegt) legen. Die Teigplatte auseinanderklappen und an den Formboden und -rand drücken. Teigboden mit einer Gabel mehrmals einstechen.

6. Die Form auf dem Rost in den vorgeheizten Backofen schieben. Den Tarteboden **10–12 Minuten vorbacken.**

7. Dann die Form auf einen Kuchenrost stellen. Vorgebackenen Teigboden etwa 20 Minuten abkühlen lassen.

8. Für den Belag Äpfel schälen, vierteln und entkernen. Die Apfelviertel längs halbieren. Speisestärke, Zucker und Vanillin-Zucker in einer Rührschüssel vermischen.

9. Die Eier und die Sahne dazugeben, alles mit einem Schneebesen gut verrühren.

10. Aus dem restlichen Teig 2 Rollen (je etwa 40 cm lang) formen. Die Teigrollen auf den vorgebackenen Teig legen und an den Tarteformrand drücken.

11. Apfelachtel kranzförmig, von außen nach innen, auf dem Teigboden verteilen. Den Eier-Sahne-Guss über die Äpfel gießen.

12. Die Form wieder in den heißen Backofen schieben und **bei gleicher Backofentemperatur weitere 20–30 Minuten backen.**

13. Dann den Kuchen in der Form auf einen Kuchenrost stellen und erkalten lassen.

14. Die Tarte mithilfe eines Pfannenwenders vorsichtig auf eine Tortenplatte legen. Backpapier entfernen. Vor dem Servieren die Tarte eventuell mit Puderzucker bestäuben.

Tipps: Die Apfeltarte kann auch in einer Springform (Ø 28 cm) gebacken werden. Bereiten Sie die Tarte mit je 250 g Äpfeln, Birnen und Zwetschen zu. Dazu schmeckt Vanilleeis oder steif geschlagene Zimtsahne.

Apfeltaschen I

Gut zum Mitnehmen

14 Stück

Pro Stück: E: 5 g, F: 8 g, Kh: 41 g, kJ: 1085, kcal: 259, BE: 3,5

Für den Hefeteig:

200 ml Milch (3,5 % Fett)
50 g Butter oder Margarine
375 g Weizenmehl
1 Pck. Dr. Oetker Trockenbackhefe
50 g Zucker
1 Pck. Dr. Oetker Vanillin-Zucker
1 Prise Salz
1 Ei (Größe M)

Für die Füllung:

500 g Äpfel, z. B. Jonagold, Elstar
50 g Rosinen
40 g Zucker
20 g Butter

Zum Bestreichen und Bestreuen:

etwas Milch
evtl. gehobelte Mandeln

Für den Guss:

100 g Puderzucker
1 EL Zitronensaft
10 g Butter

Zubereitungszeit: 1 Stunde, ohne Teiggehzeit
Backzeit: etwa 20 Minuten je Backblech

1. Für den Teig Milch erwärmen und Butter oder Margarine darin zerlassen. Lauwarm abkühlen lassen.

2. Mehl in eine Rührschüssel geben und mit Trockenbackhefe sorgfältig vermischen. Zucker, Vanillin-Zucker, Salz, Ei und die warme Milch-Fett-Mischung hinzufügen.

3. Die Zutaten mit einem Mixer (Knethaken) zunächst kurz auf niedrigster, dann auf höchster Stufe in etwa 5 Minuten zu einem glatten Teig verarbeiten.

4. Den Teig zugedeckt so lange an einem warmen Ort gehen lassen, bis er sich sichtbar vergrößert hat, etwa 30 Minuten.

5. Für die Füllung die Äpfel schälen, vierteln und die Kerngehäuse entfernen. Apfelviertel in kleine Stücke schneiden und in einen Kochtopf geben.

6. Rosinen, Zucker und Butter hinzufügen. Die Zutaten unter Rühren kurz andünsten und anschließend erkalten lassen.

7. Teig leicht mit Mehl bestäuben und auf einer leicht bemehlten Arbeitsfläche nochmals kurz verkneten. Anschließend dünn ausrollen und 14 Kreise (Ø etwa 12 cm) ausstechen. Die Apfelfüllung gut auf einer Hälfte jedes Teigkreises verteilen.

8. Den Rand jedes Teigkreises mit Milch bestreichen. Die andere Teighälfte daraufklappen. Die Ränder mit einer Gabel oder einer Teigkarte gut andrücken.

9. Den Backofen vorheizen.
Ober-/Unterhitze: etwa 200 °C
Heißluft: etwa 180 °C

10. Die Apfeltaschen mit Milch bestreichen und nach Belieben mit Mandeln bestreuen. Danach die Apfeltaschen auf 2 Backbleche (gefettet, mit Backpapier belegt) legen.

11. Alle Apfeltaschen nochmals zugedeckt so lange an einem warmen Ort gehen lassen, bis sie sich sichtbar vergrößert haben, etwa 15 Minuten.

12. Die Backbleche nacheinander (bei Heißluft zusammen) in den vorgeheizten Backofen schieben. Die Apfeltaschen **etwa 20 Minuten je Backblech backen.**

13. Die Apfeltaschen mit dem Backpapier auf Kuchenroste ziehen.

14. Für den Guss Puderzucker mit Zitronensaft zu einer dickflüssigen Masse verrühren. Butter zerlassen und unterrühren. Das heiße Gebäck sofort damit bestreichen und erkalten lassen.

Apple-Pull-Apart-Bread

Schön saftig – fruchtig

18 Stücke

Pro Stück: E: 4 g, F: 9 g, Kh: 30 g, kJ: 916, kcal: 219, BE: 2,5

Für den Hefeteig:

225 g Weizenmehl
200 g Dinkelmehl (Type 630)
1 gestr. TL Salz
20 g frische Hefe
3 EL flüssiger Honig
knapp
270 ml warme Milch (3,5 % Fett)
120 g Butter (zimmerwarm)

Für den Belag:

500 g mürbe, aromatische Äpfel, z. B. Boskop
2 EL Zitronensaft
etwa 2 TL Zimt
8–10 EL Zucker
4 EL gehobelte Haselnusskerne

Zubereitungszeit: 40 Minuten, ohne Teiggeh- und Abkühlzeit
Backzeit: 45–50 Minuten

1. Für den Teig Weizen- und Dinkelmehl mit Salz in der Rührschüssel einer Küchenmaschine mischen und eine Vertiefung eindrücken. Zerbröckelte Hefe, 1 Teelöffel Honig und etwas warme Milch in die Vertiefung geben und verrühren. Den Vorteig zugedeckt etwa 5 Minuten gehen lassen.

2. Restliche warme Milch, restlichen Honig und 50 g von der sehr weichen Butter hinzugeben. Die Zutaten mit den Knethaken der Küchenmaschine zunächst etwa 5 Minuten auf niedrigster, dann auf höchster Stufe in weiteren etwa 5 Minuten zu einem geschmeidigen Teig verkneten.

3. Den Teig zugedeckt so lange an einem warmen Ort gehen lassen bis er sich sichtbar vergrößert hat, etwa 40 Minuten.

4. Für den Belag Äpfel schälen, halbieren, entkernen, grob raspeln oder in sehr feine Würfel schneiden. Zitronensaft und Zimt hinzugeben und alles gut vermischen.

5. Den gegangenen Teig nochmals verkneten. Den Teig leicht mit Mehl bestäuben und auf einer leicht bemehlten Arbeitsfläche zu einem Rechteck (etwa 50 x 40 cm) ausrollen. Dann aus dem Teigrechteck 5 gleich große Streifen (etwa 10 x 40 cm) schneiden. Apfelraspel oder -würfel daraufgeben. Mit Zucker und gehobelten Haselnusskernen bestreuen. Restliche Butter, bis auf etwa 1 Teelöffel, in feinen Stückchen darauf verteilen.

6. Die Streifen jeweils ziehharmonikaartig falten und nacheinander senkrecht in eine Kastenform (30 x 11 cm, mit Backpapier ausgelegt) stellen. Den Teig mit der restlichen Butter bestreichen und zugedeckt nochmals an einem warmen Ort gehen lassen bis er sich sichtbar vergrößert hat, etwa 10 Minuten.

7. In der Zwischenzeit den Backofen vorheizen.
Ober-/Unterhitze: etwa 175 °C
Heißluft: etwa 155 °C

8. Die Form auf dem Rost in den vorgeheizten Backofen (unterste Einschubleiste) schieben. Apple-Cake **45–50 Minuten backen.**

9. Die Form auf einen Kuchenrost stellen. Apple-Cake lauwarm abkühlen lassen, dann vorsichtig mithilfe des Backpapiers aus der Form heben.

10. Apple-Cake in Scheiben zupfen und am besten noch leicht warm servieren.

Aprikosen-Mohn-Muffins I

Luftig & locker

12 Stück

Pro Stück: E: 4 g, F: 10 g, Kh: 24 g, kJ: 856, kcal: 204, BE: 2,0

Für den Hefeteig:

250 g Weizenmehl
½ Pck. frische Hefe (21 g)
100 ml Milch (1,5 % Fett)
2 EL brauner Zucker
1 Pck. Dr. Oetker Vanillin-Zucker
1 Ei (Größe M)
40 g Butter
2 TL Dr. Oetker Finesse Geriebene Zitronenschale
1 Prise Salz

6 kleine Aprikosen (etwa 300 g)

Zum Garnieren:

80 g Butter
2 EL Semmelbrösel
2 EL Mohnsamen
2 TL brauner Zucker

Außerdem:

12 Muffin-Papierbackförmchen

Zubereitungszeit: 45 Minuten, ohne Teiggehzeit
Backzeit: 25–30 Minuten

1. Für den Teig Mehl in eine Rührschüssel geben und in die Mitte eine Vertiefung eindrücken. Hefe hineinbröckeln, mit etwas Milch und Zucker verrühren und etwa 15 Minuten stehen lassen.

2. Anschließend restliche Zutaten hinzufügen und mit einem Mixer (Knethaken) zunächst kurz auf niedrigster, dann auf höchster Stufe in etwa 5 Minuten zu einem glatten Teig verarbeiten.

3. Den Teig zugedeckt so lange an einem warmen Ort gehen lassen, bis er sich sichtbar vergrößert hat, etwa 45 Minuten.

4. Die Aprikosen abspülen, abtrocknen, halbieren und den Stein entfernen.

5. Den Teig leicht mit Mehl bestäuben, auf einer leicht bemehlten Arbeitsfläche nochmals kurz verkneten.

6. Den Teig zu einer Rolle formen. Die Teigrolle in 16 gleich große Scheiben schneiden. In jede Teigscheibe ein Vertiefung eindrücken, 1 Aprikosenhälfte hineinlegen und mit dem Teig so umhüllen, dass wieder eine Teigkugel entsteht.

7. Die gefüllten Teigkugeln mit der Naht nach unten in die Mulden einer Muffinform (für 12 Muffins, mit Papierbackförmchen ausgelegt) setzen.

8. Die Teigkugeln nochmals zugedeckt so lange an einem warmen Ort gehen lassen, bis sie sich sichtbar vergrößert haben, etwa 30 Minuten.

9. Den Backofen vorheizen.
Ober-/Unterhitze: etwa 180 °C
Heißluft: etwa 160 °C

10. Die Form auf dem Rost in den vorgeheizten Backofen schieben. Die Aprikosen-Muffins **25–30 Minuten backen.**

11. Die Form auf einen Kuchenrost stellen.

12. Zum Garnieren die Butter bei mittlerer Hitze in einer Pfanne oder einem Topf zerlassen. Semmelbrösel und Mohn hinzugeben und darin unter Wenden rösten. Zucker hinzugeben und unterrühren.

13. Die warmen Muffins aus der Form lösen und auf den Kuchenrost setzen.

14. Die Mohnmasse auf den Muffins verteilen. Muffins erkalten lassen.

Tipps: Den Mohn können Sie durch die gleiche Menge Haselnusskerne (gemahlen) ersetzen. Außerhalb der Saison können Sie auch 12 abgetropfte Aprikosenhälften aus der Dose verwenden. Im Herbst schmecken die Muffins auch mit Birnen (frisch oder aus der Dose) sehr lecker.

Aprikosen-Quark-Fladen | Beliebt

5 Stück

Pro Stück: E: 9 g, F: 5 g, Kh: 41 g, kJ: 1046, kcal: 250, BE: 3,5

Zum Vorbereiten:

240 g Aprikosenhälften (aus der Dose)
3 EL Aprikosensaft (aus der Dose)
20 g Rosinen

Für den Quark-Öl-Teig:

125 g Weizenmehl
1 gestr. TL Dr. Oetker Backin
75 g Magerquark
2 EL Milch (3,5 % Fett)
1 ½ EL Speiseöl, z. B. Sonnenblumenöl
20 g Zucker
½ TL Dr. Oetker Finesse Geriebene Zitronenschale

Für den Belag:

1 Ei (Größe M)
1 EL Zucker
75 g Magerquark
1 EL Hartweizengrieß

Zubereitungszeit: 30 Minuten
Backzeit: 15–20 Minuten

1. Zum Vorbereiten Aprikosen in einem Sieb abtropfen lassen. Den Saft dabei auffangen und 3 Esslöffel davon abmessen. Rosinen mit 2 Esslöffeln Saft verrühren und etwas durchziehen lassen. 1 Esslöffel Saft beiseitestellen.

2. Den Backofen vorheizen.
Ober-/Unterhitze: etwa 180 °C
Heißluft: etwa 160 °C

3. Für den Teig Mehl mit Backpulver in einer Rührschüssel mischen. Quark, Milch, Speiseöl, Zucker und Zitronenschale hinzufügen. Die Zutaten mit einem Mixer (Knethaken) auf niedrigster, dann auf höchster Stufe in etwa 1 Minute zu einem Teig verarbeiten (nicht zu lange, Teig klebt sonst).

4. Den Teig in 5 gleich große Stücke teilen und auf einer leicht bemehlten Arbeitsfläche zu je 1 etwa 1 cm dicken länglichen Fladen ausrollen und einen kleinen Rand formen.

5. Teigfladen auf ein Backblech (gefettet, mit Backpapier belegt) legen.

6. Für den Belag Ei mit Zucker schaumig aufschlagen. Quark mit Grieß, Rosinen und dem beiseitegestellten Aprikosensaft verrühren und unter die Eimasse rühren. Die Quarkcreme auf die Teigfladen geben. Aprikosenhälften darauf verteilen.

7. Das Backblech in den vorgeheizten Backofen schieben. Die Aprikosen-Quark-Fladen **15–20 Minuten backen.**

8. Die Fladen mit dem Backpapier auf einen Kuchenrost ziehen und erkalten lassen.

Tipp: Kinder finden kleine „Spiegeleier“ schön. Dafür den Teig in so viele Portionen teilen, wie Aprikosenhälften in der Dose sind. Jede Teigportion zu einem kleinen ovalen Fladen (etwa 1 cm dick) ausrollen, einen Rand formen und mit dem Belag bestreichen. Darauf je 1 Aprikosenhälfte legen. Etwa 15 Minuten backen. Schönen Glanz bekommen die „Spiegeleier“ wenn Sie nach dem Erkalten mit etwas durch ein Sieb gestrichener und aufgekochter Aprikosenkonfitüre bestrichen werden.

Bananentaschen | Schnell

9 Stück

Pro Stück: E: 7 g, F: 13 g, Kh: 47 g, kJ: 1427, kcal: 341, BE: 4,0

Für den Quark-Öl-Teig:

300 g Weizenmehl
1 Pck. Dr. Oetker Backin
75 g Zucker
1 Pck. Dr. Oetker Vanillin-Zucker
1 Prise Salz
125 g Magerquark
100 ml Milch (3,5 % Fett)
100 ml Speiseöl, z. B. Sonnenblumenöl

Für die Füllung:

3 Bananen
2 EL Aprikosenkonfitüre
2 EL Zitronensaft

Zum Bestreichen und Bestreuen:

1 Ei
1 EL gehobelte Mandeln
1–2 TL Hagelzucker

Zubereitungszeit: 20 Minuten
Backzeit: etwa 15 Minuten

1. Den Backofen vorheizen.
Ober-/Unterhitze: etwa 180 °C
Heißluft: etwa 160 °C

2. Für den Teig Mehl mit Backpulver in einer Rührschüssel mischen. Die restlichen Zutaten für den Teig hinzufügen und alles mit einem Mixer (Knethaken) erst kurz auf niedrigster, dann auf höchster Stufe zu einem glatten Teig verarbeiten (nicht zu lange kneten, Teig klebt sonst).

3. Anschließend den Teig auf einer leicht bemehlten Arbeitsfläche zu einer Rolle formen. Den Teig zu einem großen Quadrat (etwa 36 x 36 cm) ausrollen und in 9 Quadrate (etwa 12 x 12 cm) schneiden.

4. Für die Füllung die Bananen schälen und jeweils in 3 gleich große Stücke schneiden. Aprikosenkonfitüre

mit Zitronensaft verrühren. Jedes Teigstück mithilfe eines Backpinsels damit bestreichen (die Ränder frei lassen), jeweils 1 Bananenstück darauflegen und ebenfalls bestreichen.

5. Das Ei verschlagen und die Teigränder damit bestreichen. Jeweils die gegenüberliegende Ecke über das Bananenstück legen und die Ränder festdrücken.

6. Die Teigtaschen auf ein Backblech (gefettet, mit Backpapier belegt) legen. Teigtaschen mit dem restlichen Ei bestreichen und mit Mandeln und Hagelzucker bestreuen. Das Backblech in den vorgeheizten Backofen schieben. Bananentaschen **etwa 15 Minuten backen.**

7. Die Bananentaschen mit dem Backpapier auf einen Kuchenrost ziehen und erkalten lassen.

Tipps: Die Bananentaschen warm mit Vanilleeis oder Vanillesauce servieren. Anstelle der Aprikosenkonfitüre können Sie auch Ananaskonfitüre verwenden.

Becherkuchen „Florentiner Art“ I

Einfach

20 Stücke

Pro Stück: E: 6 g, F: 16 g, Kh: 28 g, kJ: 1185, kcal: 283, BE: 2,5

Zum Vorbereiten:

1 Becher Schlagsahne (200 g)

Für den Belag:

1/2 Pck. Butter (125 g)
1/2 Becher Zucker (100 g)
200 g gehobelte Mandeln

Für den All-in-Teig:

2 Becher Weizenmehl (je 150 g)
3 gestr. TL Dr. Oetker Backin
1 Becher Zucker (200 g)
1 Pck. Dr. Oetker Vanillin-Zucker
1 Röhrchen Butter-Vanille-Aroma
4 Eier (Größe M)

Zum Verzieren:

50 g Edelbitter-Schokolade (etwa 60 % Kakaoanteil)
1/2 TL Sonnenblumenöl

Zubereitungszeit: 35 Minuten, ohne Abkühlzeit
Backzeit: etwa 20 Minuten

1. Zum Vorbereiten Sahne in ein kleines Gefäß (z. B. kleine Schüssel) gießen. Becher auswaschen, abtrocknen und zum Abmessen der Zutaten verwenden.

2. Für den Belag Butter und Zucker in einem kleinen Topf bei mittlerer Hitze schmelzen lassen. Mandeln unterrühren und die Zutaten einmal aufkochen lassen. Die Mandelmasse etwas abkühlen lassen.

3. In der Zwischenzeit den Backofen vorheizen.
Ober-/Unterhitze: etwa 200 °C
Heißluft: etwa 180 °C

4. Für den Teig Mehl mit Backpulver in einer Rührschüssel mischen. Sahne, Zucker, Vanillin-Zucker, Aroma und Eier hinzufügen, mit einem Mixer (Rührstäbe) zunächst kurz auf niedrigster, dann auf höchster Stufe in etwa 2 Minuten zu einem glatten Teig verarbeiten.

5. Den Teig auf ein Backblech (etwa 30 x 40 cm, gefettet) geben und glatt streichen. Die Mandelmasse mithilfe eines Esslöffels gleichmäßig und vorsichtig auf dem Teig verteilen.

6. Das Backblech in den vorgeheizten Backofen schieben. Den Kuchen **etwa 20 Minuten backen.**

7. Das Backblech auf einen Kuchenrost stellen und den Kuchen erkalten lassen.

8. Zum Verzieren Schokolade in kleine Stücke hacken oder brechen. Zwei Drittel davon mit dem Öl in einem Topf im Wasserbad bei schwacher Hitze unter Rühren schmelzen. Den Topf aus dem Wasserbad nehmen und die restliche Schokolade darin unter Rühren schmelzen.

9. Die Schokolade in einen kleinen Gefrierbeutel füllen. Gefrierbeutel verschließen und eine kleine Spitze abschneiden. Schokolade auf den Kuchen sprenkeln. Die Schokolade fest werden lassen.

Beeren-Blechkuchen

Fruchtig

20 Stücke

Pro Stück: E: 4 g, F: 3 g, Kh: 29 g, kJ: 687, kcal: 164, BE: 2,5

Zum Vorbereiten:

400 g Heidelbeeren
400 g Himbeeren

Für den Biskuitteig:

5 Eier (Größe M)
5 EL Apfelsaft
200 g Zucker
1 Pck. Dr. Oetker Vanillin-Zucker
½ Pck. Dr. Oetker Finesse Geriebene Zitronenschale
300 g Weizenmehl
3 gestr. TL Dr. Oetker Backin
75 g Weichweizengrieß
25 ml Sonnenblumenöl

Zum Bestäuben:

etwas Puderzucker

Zubereitungszeit: 30 Minuten
Backzeit: 25–30 Minuten

1. Zum Vorbereiten Heidelbeeren putzen, kurz abspülen und vorsichtig trocken tupfen. Himbeeren verlesen, evtl. kurz abspülen und ebenfalls sehr vorsichtig trocken tupfen.

2. Den Backofen vorheizen.
Ober-/Unterhitze: etwa 180 °C
Heißluft: etwa 160 °C

3. Für den Teig Eier und Apfelsaft mit einem Mixer (Rührstäbe) auf höchster Stufe in 1 Minute schaumig schlagen. Zucker mit Vanillin-Zucker und Zitronenschale mischen, in 1 Minute unter Rühren einstreuen, dann noch etwa 2 Minuten schlagen.

4. Das Mehl mit Backpulver und Grieß mischen und in 2 Portionen kurz auf niedrigster Stufe unterrühren. Dann das Sonnenblumenöl kurz unterrühren.

5. Jeweils die Hälfte der Heidelbeeren und der Himbeeren vorsichtig unter den Teig heben. Den Teig auf ein Backblech (30 x 40 cm, gefettet, mit Backpapier belegt) geben und glatt streichen. Restliche Beeren auf dem Teig verteilen.

6. Das Backblech in den vorgeheizten Backofen schieben und den Beeren-Blechkuchen **25–30 Minuten backen.**

7. Den Kuchen etwa 5 Minuten vor Ende der Backzeit mit Puderzucker bestäuben.

8. Das Backblech auf einen Kuchenrost stellen. Den Kuchen erkalten lassen.

Berliner | Zu Karneval und Fasching

14–16 Stück

Pro Stück: E: 5 g, F: 11 g, Kh: 43 g, kJ: 1250, kcal: 299, BE: 3,5

Für den Hefeteig:

125 ml Milch (3,5 % Fett)
100 g Butter oder Margarine
500 g Weizenmehl
1 Pck. Dr. Oetker Trockenbackhefe
30 g Zucker
1 Pck. Dr. Oetker Vanillin-Zucker
3 Tropfen Rum-Aroma
1 gestr. TL Salz
2 Eier (Größe M)
1 Eigelb (Größe M)

Zum Ausbacken:

1 ½ l Speiseöl zum Frittieren

Für die Füllung und zum Wenden:

300 g Konfitüre nach Belieben oder
250 g Pflaumenmus oder Gelee
etwas Zucker

Zubereitungszeit: 1 Stunde, ohne Teiggeh- und Abkühlzeit
Ausbackzeit: 3–4 Minuten je Portion

1. Für den Teig Milch erwärmen und Butter oder Margarine darin zerlassen. Lauwarm abkühlen lassen.

2. Das Mehl in eine Rührschüssel geben und mit der Trockenbackhefe vermischen. Restliche Zutaten hinzufügen und mit einem Mixer (Knethaken) zunächst kurz auf niedrigster, dann auf höchster Stufe in etwa 5 Minuten zu einem glatten Teig verarbeiten. Den Teig zugedeckt so lange an einem warmen Ort gehen lassen, bis er sich sichtbar vergrößert hat, etwa 30 Minuten.

3. Dann den Teig auf einer leicht bemehlten Arbeitsfläche nochmals kurz verkneten und etwa 1 cm dick ausrollen. Aus dem Hefeteig 14–16 Kreise (Ø etwa 7 cm) ausstechen. Die Teigkreise zwischen 2 mit Mehl bestäubten Geschirrtüchern nochmals so lange gehen lassen, bis sie sich sichtbar vergrößert haben, etwa 20 Minuten.

4. In einem hohen Topf oder einer Fritteuse das Öl auf etwa 170 °C erhitzen. Die richtige Temperatur ist erreicht, wenn sich an einem Holzlöffelstiel, der in das Fett gehalten wird, kleine Bläschen bilden.

5. Die Teigkreise portionsweise in das siedende Ausbackfett geben. Sobald die Unterseite braun wird, Berliner mithilfe einer Schaumkelle wenden. Fertige Berliner auf Küchenpapier erkalten lassen.

6. Für die Füllung Konfitüre durch ein Sieb streichen oder Pflaumenmus oder Gelee glatt rühren, in einen Spritzbeutel mit kleiner, langer Lochtülle füllen. In jeden Berliner damit seitlich durch den hellen Rand etwas Füllung spritzen.

7. Die Berliner noch warm in Zucker wenden und auf einem Kuchenrost erkalten lassen.

Tipp: Für Berliner mit Zuckerguss verrühren Sie Puderzucker mit so viel Wasser, dass ein streichfähiger Guss entsteht. Besonders weiß wird der Zuckerguss, wenn er statt mit Wasser mit Milch angerührt wird.

Birnen-Schoko-Kuchen | Fruchtig
20 Stücke

Pro Stück: E: 4 g, F: 12 g, Kh: 29 g, kJ: 1004, kcal: 240, BE: 2,5

Zum Vorbereiten:
120 g Zartbitter-Schokolade (etwa 50 % Kakaoanteil)

Für den All-in-Teig:
250 g Weizenmehl
4 gestr. TL Dr. Oetker Backin
200 g Zucker
1 Pck. Dr. Oetker Vanillin-Zucker
4 Eier (Größe M)
125 g Butter oder Margarine (zimmerwarm)
125 g Schlagsahne

Für den Belag:
460 g abgetropfte Birnenhälften (aus der Dose)

Zum Besprenkeln:
80 g Zartbitter-Schokolade (etwa 50 % Kakaoanteil)

Zubereitungszeit: 30 Minuten, ohne Abkühlzeit
Backzeit: etwa 30 Minuten

1. Zum Vorbereiten Schokolade in Stücke brechen, in einem kleinen Topf im Wasserbad bei schwacher Hitze schmelzen und etwas abkühlen lassen.

2. Den Backofen vorheizen.
Ober-/Unterhitze: etwa 180 °C
Heißluft: etwa 160 °C

3. Für den Teig Mehl mit Backpulver in einer Rührschüssel mischen. Restliche Zutaten hinzufügen und mit einem Mixer (Rührstäbe) zunächst kurz auf niedrigster, dann auf höchster Stufe in etwa 2 Minuten zu einem glatten Teig verarbeiten.

4. Den Teig auf ein Backblech (30 x 40 cm, gefettet) geben und glatt streichen.

5. Für den Belag Birnenhälften in dünne Spalten schneiden und gleichmäßig auf dem Teig verteilen.

6. Das Backblech in den vorgeheizten Backofen schieben. Den Kuchen **etwa 30 Minuten backen.**

7. Das Backblech auf einen Kuchenrost stellen. Den Kuchen darauf erkalten lassen.

8. Zum Besprenkeln die Schokolade wie unter Punkt 1 angegeben schmelzen. Den Kuchen mithilfe eines Teelöffels mit der Schokolade besprenkeln.

Tipps: Der Kuchen kann bereits 1–2 Tage vor dem Verzehr zubereitet werden. Möchten Sie den Kuchen mit frischen Birnen zubereiten, sollten Sie diese vorgaren, damit sie schon etwas weich werden. Dafür etwa 550 g frische Birnen schälen, halbieren und den Stiel und das Kerngehäuse entfernen. Birnenhälften mit 75 ml Wasser in einen kleinen Topf geben. Nach Belieben ½ Stange Zimt hinzugeben. Die Birnenhälften etwa 4 Minuten dünsten und in dem Sud vollständig erkalten lassen. Dann die Birnenhälften gut abtropfen lassen und wie im Rezept beschrieben verwenden. Den Birnensud können Sie mit etwas Mineralwasser vermischt als Schorle anbieten. Oder Sie bereiten einen fruchtigen Smoothie zu und mischen den Sud einfach darunter.

Abwandlung: Statt Birnen können auch Sauerkirschen oder Aprikosen verwendet werden.

Birnen-Zimt-Tassenkuchen (Mug-Cakes) | Schön saftig

12 Stück

Pro Stück: E: 4 g, F: 10 g, Kh: 30 g, kJ: 964, kcal: 230, BE: 2,5

Zum Vorbereiten:

100 g Butter oder Margarine
2 mittelgroße reife Birnen (etwa 250 g)
3 EL Zitronensaft
1 TL gem. Zimt

Für den Teig:

150 g Weizenmehl
1 ½ gestr. TL Dr. Oetker Backin
90 g blütenzarte Haferflocken
3 Eier (Größe M)
¼ gestr. TL Salz
1 Pck. Dr. Oetker Vanillin-Zucker
125 g Zucker
75 ml Milch (3,5 % Fett)
2 EL brauner Zucker

Außerdem:

12 ofenfeste Tassen (je 100–120 ml Inhalt, Ø etwa 6 cm, Höhe etwa 7 cm)

Zubereitungszeit: 20 Minuten, ohne Abkühlzeit
Backzeit: etwa 35 Minuten

1. Zum Vorbereiten die Butter oder Margarine zerlassen. Birnen schälen, halbieren, entkernen und in feine Würfel schneiden. Birnenwürfel mit Zitronensaft und Zimt mischen.

2. Den Backofen vorheizen.
Ober-/Unterhitze: etwa 175 °C
Heißluft: etwa 155 °C

3. Für den Teig Mehl mit Backpulver und 75 g Haferflocken in einer Rührschüssel gut vermischen. 2 Eier trennen. Eiweiß mit Salz und Vanillin-Zucker steif schlagen. Restliches Ei, Eigelb, Zucker und Milch in einer Rührschüssel mit dem Mixer (Rührstäbe) auf höchster Stufe etwa 4 Minuten zu einer dicken Creme aufschlagen. Die noch flüssige Butter oder Margarine unterschlagen.

4. Dann die Mehlmischung in 2 Portionen kurz auf mittlerer Stufe unterrühren, sodass ein glatter Teig entsteht. Birnenwürfel oder -raspel unterheben. Dann den Eischnee gut unterheben.

5. Den Teig in die Tassen (gefettet, bemehlt) füllen. Darauf achten, dass die Tassen nur gut bis zu zwei Dritteln mit dem Teig gefüllt sind.

6. Restliche Haferflocken und braunen Zucker auf dem Teig verteilen. Die Tassen auf ein Backblech stellen.

7. Das Backblech in den vorgeheizten Backofen (unteres Drittel) schieben. Die Birnen-Zimt-Tassenküchlein **etwa 35 Minuten backen.**

8. Die Tassen vom Backblech nehmen und auf einen Kuchenrost stellen. Die Tassenküchlein vollständig erkalten lassen.

Tipps: Die kleinen Hütchen bekommen Sie in gut sortierten Schreibwaren- oder Papeterie-Geschäften. Vielleicht können die Kinder die Dekoration schon selbst basteln? Dann einfach festes, gemustertes Papier zu kleinen Halbkreisen (Ø 8–9 cm) schneiden und zu Hütchen zusammendrehen. Die Kanten festkleben. Die Hütchenspitzen mit einem kleinen Pompom (aus dem Bastelbedarf) verzieren.

Black Swan | Für kleine Tänzerinnen

4 Stück

Pro Stück: E: 8 g, F: 31 g, Kh: 21 g, kJ: 1661, kcal: 396, BE: 2,0

Für den Brandteig:

1 Pck. Brandteig Garant
2 gestr. EL gesiebtes Kakaopulver
75 ml Milch (1,5 % Fett)
25 ml Speiseöl, z. B. Sonnenblumenöl
2 Eier (Größe M)

Für die Füllung und zum Dekorieren:

3 dunkle Kakao-Kekse mit Vanille-Creme-Füllung
200 g Schlagsahne (mind. 30 % Fett)
1 Pck. Dr. Oetker Vanillin-Zucker
1 Pck. Sahnesteif
etwa 125 g frische Brombeeren
1 EL Puderzucker

Zubereitungszeit: 1 Stunde, ohne Abkühlzeit
Backzeit: etwa 30 Minuten

1. Den Backofen vorheizen.
Ober-/Unterhitze: etwa 200 °C
Heißluft: etwa 180 °C

2. Für den Teig Brandteig Garant mit Kakaopulver in eine Rührschüssel geben. Milch, Speiseöl und Eier hinzugeben. Alles mit einem Mixer (Rührstäbe) kurz auf niedrigster, dann auf höchster Stufe in etwa 2 Minuten zu einem glatten Teig verarbeiten.

3. Den Teig in einen Spritzbeutel mit Sterntülle füllen und auf das Backblech (gefettet, mit Backpapier belegt) 4-mal ein „S" oder eine „2" (für den Hals, etwa 7 cm lang) mit etwas Abstand aufspritzen. Anschließend 4 leicht längliche Tupfen (für den Körper) mit genügend Abstand auf das Backblech spritzen.

4. Das Backblech in den vorgeheizten Backofen schieben. Dabei darauf achten, dass die Hälse vorn auf dem Backblech liegen. Das Gebäck **etwa 30 Minuten backen.**

5. Die Hälse nach etwa 18 Minuten der Backzeit vorsichtig mit einem Pfannenwender vom Backblech nehmen. Hälse auf einem Kuchenrost abkühlen lassen. Die Tupfen weitere etwa 12 Minuten backen. Achtung: Während der ersten 15 Minuten der Backzeit die Backofentür nicht öffnen, da das Gebäck sonst zusammenfällt.

6. Sofort nach dem Backen von jedem Windbeutel vorsichtig einen Deckel abschneiden. Den Deckel so halbieren, dass man je 2 Schwanenflügel erhält. Das Windbeutelgebäck (Rumpf und Flügel) ebenfalls auf einem Kuchenrost abkühlen lassen.

7. Für die Füllung die Kekse in kleine Stückchen hacken. Sahne steif schlagen, Vanillin-Zucker und Sahnesteif dabei einrieseln lassen. Keksstückchen mit einem Teigschaber unterheben. Die Beeren verlesen, evtl. vorsichtig abspülen und mit Küchenpapier trocken tupfen. Kekssahne esslöffelweise in die Gebäckböden füllen. Zunächst den Hals, dann die Flügel in die Sahnefüllung stecken. Brombeeren darauflegen. Brandteigschwäne bis zum Servieren in den Kühlschrank stellen. Vor dem Servieren dünn mit Puderzucker bestäuben.

Tipp: Nach dem Zusammensetzen sollten die Schwäne nicht länger als etwa 30 Minuten im Kühlschrank stehen, da sie durchweichen können.

Blätterteig-Bonbons | Zum Geburtstag

12 Stück

Pro Stück: E: 4 g, F: 11 g, Kh: 29 g, kJ: 973, kcal: 232, BE: 2,5

Für den Teig und die Füllung:

1 Pck. TK-Blätterteig (450 g, 6 rechteckige Scheiben)
125 g Speisequark (20 % Fett)
1 Eigelb (Größe M)
2 EL Zucker

Zum Garnieren:

1 Eigelb (Größe M)
1 EL kaltes Wasser
1–2 EL bunte Zuckerperlen
60 g Puderzucker
1 1/2–2 1/2 EL Zitronensaft
2 EL Dessert-Schmuck
24 bunte Fruchtgummi-Schnüre (etwa 60 g)

Zubereitungszeit: 1 Stunde, ohne Auftau-, Abkühl- und Trockenzeit
Backzeit: etwa 20 Minuten je Backblech

1. Blätterteigplatten nach Packungsanleitung auftauen lassen.

2. In der Zwischenzeit für die Füllung den Quark in eine kleine Schüssel geben. Eigelb und Zucker hinzufügen, alles mit einem Schneebesen gut verrühren.

3. Den Backofen vorheizen.
Ober-/Unterhitze: etwa 200 °C
Heißluft: etwa 180 °C

4. Die Blätterteigscheiben halbieren, sodass 12 Quadrate (je etwa 10 x 10 cm) entstehen. Blätterteigquadrate auf einer leicht mit Mehl bestäubten Arbeitsfläche zu Rechtecken (je etwa 10 x 15 cm) ausrollen.

5. In die Mitte eines jeden Teigrechtecks etwa 1 Teelöffel von der Quarkmasse geben und etwas verstreichen. Den Teig von der längeren Seite her fest aufrollen, dabei die Nahtstelle vorsichtig festdrücken, damit die Quarkfüllung nicht herausläuft. Die Teigenden wie Bonbonpapier zusammendrehen und je 6 Bonbons mit der Teignaht nach unten mit etwas Abstand auf ein Backblech (gefettet, mit Backpapier belegt) legen.

6. Zum Garnieren Eigelb mit Wasser gut verrühren. 6 Blätterteig-Bonbons damit bestreichen und mit den Zuckerperlen bestreuen (evtl. leicht andrücken).

7. Die Backbleche nacheinander (bei Heißluft zusammen) in den vorgeheizten Backofen schieben. Die Blätterteig-Bonbons **etwa 20 Minuten je Backblech backen.**

8. Das Backpapier auf Kuchenroste ziehen und die Blätterteig-Bonbons darauf erkalten lassen.

9. Den Puderzucker mit so viel Zitronensaft verrühren, dass ein zähflüssiger Guss entsteht. Den Zuckerguss auf die Bonbons ohne Zuckerperlen streichen. Danach sofort den Dessert-Schmuck daraufstreuen. Den Zuckerguss trocknen lassen. Die Gummischnüre an den zusammengedrehten Enden aller Blätterteig-Bonbons zu kleinen Schleifen binden.

Blaubeerblech | Fruchtig

20 Stücke

Pro Stück: E: 3 g, F: 5 g, Kh: 26 g, kJ: 685, kcal: 164, BE: 2,0

Für den Hefeteig:

200 ml lauwarme Milch (1,5 % Fett)
40 g Butter oder Margarine (zimmerwarm)
350 g Weizenmehl
1 Pck. Dr. Oetker Trockenbackhefe
50 g Zucker
1 Pck. Dr. Oetker Vanillin-Zucker
1 Ei (Größe M)

Für den Belag und zum Bestäuben:

1 kg Blaubeeren (Heidelbeeren)
50 g Butter
50 g Semmelbrösel
70 g Zucker
1 Pck. Dr. Oetker Vanillin-Zucker
1 gestr. TL gem. Zimt
20 g Puderzucker

Zubereitungszeit: 35 Minuten, ohne Teiggeh- und Abkühlzeit
Backzeit: etwa 25 Minuten

1. Für den Teig Milch erwärmen und Butter oder Margarine darin zerlassen. Lauwarm abkühlen lassen.

2. Mehl mit Hefe, Zucker und Vanillin-Zucker in einer Rührschüssel vermischen. Ei und lauwarme Milch-Butter-Mischung hinzufügen. Die Zutaten mit einem Mixer (Knethaken) zunächst kurz auf niedrigster, dann auf höchster Stufe in etwa 5 Minuten zu einem glatten Teig verarbeiten.

3. Den Teig zugedeckt so lange an einem warmen Ort gehen lassen, bis er sich sichtbar vergrößert hat, etwa 30 Minuten.

4. Teig leicht mit Mehl bestäuben und auf einer leicht bemehlten Arbeitsfläche nochmals kurz verkneten. Den Teig auf einem Backblech (etwa 30 x 40 cm, gefettet) ausrollen, dabei an den Kanten einen kleinen Rand hochziehen.

5. Die Teigplatte zugedeckt nochmals so lange an einem warmen Ort gehen lassen, bis sie sich sichtbar vergrößert hat, etwa 15 Minuten.

6. Den Backofen vorheizen.
Ober-/Unterhitze: etwa 200 °C
Heißluft: etwa 180 °C

7. In der Zwischenzeit für den Belag Blaubeeren entstielen, abspülen und gut abtropfen lassen. Butter zerlassen, Semmelbrösel dazugeben und kurz anrösten. Die Blaubeeren mit Zucker, Vanillin-Zucker, Zimt und der Bröselmasse vermischen und auf dem Teig verteilen.

8. Das Backblech in den vorgeheizten Backofen schieben und das Blaubeerblech **etwa 25 Minuten backen.**

9. Das Backblech auf einen Kuchenrost stellen. Den Kuchen darauf erkalten lassen und kurz vor dem Servieren mit Puderzucker bestäuben.

Blitz-Cake-Pops | Für die Party
8–10 Stück

Pro Stück: E: 2 g, F: 5 g, Kh: 17 g, kJ: 511, kcal: 122, BE: 1,5

Für die Cake-Pop-Masse:

50 g Zartbitter- oder weiße Kuvertüre
30 g beliebige Konfitüre, z. B. Kirsch- oder Aprikosenkonfitüre
150 g Gebäckreste, z. B. von ungefülltem Rühr-, Biskuit- oder Knetteiggebäck, Tortenböden u. ä.
25 g Doppelrahm-Frischkäse
evtl. je etwa 1 TL Lebkuchengewürz, gem. Zimt oder gem. Vanilleschote

Zum Garnieren:

etwa 30 g Raspelschokolade, z. B. Zartbitter-, Vollmilch- oder weiße Raspelschokolade, Zuckerstreusel oder Streudekor

Außerdem:

8–10 Cake-Pop-Stiele

Zubereitungszeit: 20 Minuten, ohne Kühlzeit

1. Für die Cake-Pop-Masse die Kuvertüre in Stücke brechen und im Wasserbad bei schwacher Hitze unter Rühren schmelzen.

2. Die Konfitüre in einen kleinen Topf geben und erwärmen.

3. Die Gebäckreste in eine Rührschüssel geben und mit den Händen sehr fein zerbröseln.

4. Frischkäse, geschmolzene Zartbitter-Kuvertüre und Konfitüre zu den Kuchenbröseln geben und alles rasch mit einem Mixer (Rührstäbe) zu einer gleichmäßigen, weichen Masse verrühren (bei der Verwendung von weißer Kuvertüre, diese erst zum Schluss unterrühren).

5. Die Cake-Pop-Masse nach Belieben mit Lebkuchengewürz, Zimt oder Vanille abschmecken. Evtl. kurz in den Kühlschrank stellen.

6. Zum Garnieren Raspelschokolade, Zuckerstreusel oder Streudekor auf einem flachen Teller verteilen. Jeweils etwa 1 gehäuften Teelöffel der Cake-Pop-Masse abnehmen, zwischen den Handflächen (mit Einweghandschuhen) zu 8–10 Kugeln (Ø etwa 4 cm) formen. Dann in der Raspelschokolade, den Zuckerstreuseln oder dem Streudekor wälzen.

7. Die Kugeln auf einen Teller legen und die Lollistiele oder -sticks vorsichtig etwa 2 cm tief in die Mitte der Kugeln stecken. Die Cake-Pops mindestens 1 Stunde in den Kühlschrank stellen und fest werden lassen.

8. Die Cake-Pops vor dem Servieren in ein mit Zucker gefülltes Glas stellen und servieren.

Tipps: Die Blitz-Cake-Pops sind gekühlt etwa 4 Tage haltbar. Alternativ kann man die Kugeln zunächst auch ohne Raspelschokolade in den Kühlschrank stellen und fest werden lassen, dann mit geschmolzener Kuvertüre (etwa 125 g) überziehen. Zum Trocknen dieser Cake-Pops wird dann allerdings ein Cake-Pop-Ständer benötigt oder alternativ die Cake-Pops in ein Stück Styropor stecken.

Blitzkuchen | Gut zum Mitnehmen

20 Stücke

Pro Stück: E: 6 g, F: 21 g, Kh: 27 g, kJ: 1344, kcal: 231, BE: 2,0

Für den Rührteig:

300 g Butter oder Margarine (zimmerwarm)
200 g Zucker
1 Pck. Dr. Oetker Vanillin-Zucker
1 Prise Salz
5 Eier (Größe M)
300 g Weizenmehl
2 gestr. TL Dr. Oetker Backin
100 g abgezogene, gem. Mandeln

Für den Belag:

100 g gehackte Mandeln
50 g gehobelte Mandeln
100 g feiner Kandiszucker (Grümmel)

Zubereitungszeit: 20 Minuten
Backzeit: 25–30 Minuten

1. Den Backofen vorheizen.
Ober-/Unterhitze: etwa 180 °C
Heißluft: etwa 160 °C

2. Für den Teig Butter oder Margarine mit einem Mixer (Rührstäbe) auf höchster Stufe geschmeidig rühren. Nach und nach Zucker, Vanillin-Zucker und Salz unterrühren. So lange rühren, bis eine gebundene Masse entstanden ist.

3. Eier nach und nach unterrühren (jedes Ei etwa ½ Minute). Mehl mit Backpulver und Mandeln mischen und in 2 Portionen auf mittlerer Stufe kurz unterrühren. Den Teig auf ein Backblech (30 x 40 cm, gefettet) geben und glatt streichen.

4. Für den Belag gehackte und gehobelte Mandeln mit Zucker mischen und auf den Teig streuen.

5. Das Backblech in den vorgeheizten Backofen schieben. Den Kuchen **25–30 Minuten backen.**

6. Das Backblech auf einen Kuchenrost stellen. Den Kuchen darauf erkalten lassen.

Blumentörtchen | Zum Geburtstag

12 Stück

Pro Stück: E: 4 g, F: 12 g, Kh: 25 g, kJ: 944, kcal: 225, BE: 2,0

	abgeriebene Schale von
1	*Bio-Orange*
	abgeriebene Schale von
1	*Bio-Zitrone*
400 ml	*Milch (3,5 % Fett)*
1	*Zimtstange*

Für den Teig:

200 g	*Weizenmehl*
50 g	*Puderzucker*
1 Prise	*Salz*
2	*Eigelb (Größe M)*
120 g	*Butter oder Margarine (zimmerwarm)*
1 EL	*Wasser*

Für die Füllung:

1 Pck.	*Gala Sahne-Pudding-Pulver*
30 g	*Zucker*
2	*Eigelb (Größe M)*
1 TL	*Speisestärke*

Außerdem:

12	*Muffin-Papierbackförmchen*

Zubereitungszeit: 50 Minuten, ohne Kühlzeit
Backzeit: 30–35 Minuten

1. Von der Zitronen- und Orangenschale jeweils ½ Teelöffel beiseitelegen. Milch mit Zimtstange und restlicher Zitronen- und Orangenschale einmal aufkochen. Erkalten lassen.

2. Für den Teig Mehl mit Puderzucker in einer Rührschüssel mischen. Salz, Eigelb, restliche Zitronen- und Orangenschale, Butter oder Margarine und Wasser mit dem Mixer (Knethaken) erst kurz auf niedrigster, dann auf höchster Stufe gut durcharbeiten. Auf der leicht bemehlten Arbeitsfläche kurz zu einem Teig verkneten. Teig in Frischhaltefolie gewickelt etwa 30 Minuten in den Kühlschrank legen.

3. Für die Füllung die erkaltete Milch durch ein feines Sieb gießen. Pudding-Pulver mit Zucker und 6 Esslöffeln von der Milch anrühren. Restliche Milch wieder zum Kochen bringen. Angerührtes Pudding-Pulver in die von der Kochstelle genommene Milch rühren. Topf wieder auf die Kochstelle stellen und unter Rühren aufkochen lassen, dann in eine hitzefeste Schüssel geben. Frischhaltefolie direkt auf die Oberfläche legen, damit sich keine Haut bildet.

4. Den Backofen vorheizen.
Ober-/Unterhitze: etwa 180 °C
Heißluft: etwa 160 °C

5. Eine Muffinform (gefettet, mit Papierbackförmchen ausgelegt) in den Kühlschrank stellen. Den Teig auf einer leicht bemehlten Arbeitsfläche 3–4 mm dick ausrollen. Mit einem Blumenausstecher 12 Blumen ausstechen. Teigblumen vorsichtig in die Papierbackförmchen legen. Die Blütenblätter sollen etwas über den Rand reichen.

6. Den Pudding mit einem Schneebesen gut durchrühren. Eigelb und Speisestärke hinzugeben und glatt unterrühren. Puddingcreme gleichmäßig in den Teigblumen verteilen.

7. Die Form auf dem Rost in den Backofen schieben. Törtchen **30–35 Minuten backen.**

8. Die Form auf einen Kuchenrost stellen. Blumentörtchen in der Form erkalten lassen.

Brezel-Würstchen-Schlangen I

Für die Party
10 Stück

Pro Stück: E: 18 g, F: 6 g, Kh: 48 g, kJ: 1383, kcal: 330, BE: 4,0

10 ungebackene TK-Laugenbrezeln
10 kleine Wiener Würstchen, z. B. Geflügel-Wiener (je 50–60 g)
1 kleines Stück rote Paprikaschote
20 schwarze oder grüne Pfefferkörner
evtl. etwas Sesamsamen

Zubereitungszeit: 15 Minuten, ohne Auftauzeit
Backzeit: 15–18 Minuten

1. Die Laugenbrezeln auf Backpapier legen und nach Packungsanleitung etwa 45 Minuten auftauen lassen.

2. Den Backofen vorheizen.
Ober-/Unterhitze: etwa 220 °C
Heißluft: etwa 200 °C

3. Die aufgetauten Brezeln jeweils vorsichtig zu einem langen Strang lösen, die schmalen Enden zur Mitte zusammenlegen, sodass ein etwas dickerer Strang von etwa 30 cm Länge entsteht. Die Würstchen mit je 1 Strang umwickeln und auf ein Backblech (gefettet, mit Backpapier belegt) legen.

4. Für den „Mund" die Würstchen-Schlangen an einem Ende mit einer Schere waagerecht etwa ½ cm tief einschneiden. Das Paprikastück abspülen, trocken tupfen und in 12 kleine Stücke schneiden. Je 1 kleines Stück davon als Zunge in den Einschnitt stecken. 2 Pfefferkörner als Augen ansetzen und etwas in den Teig drücken. Die Würstchen-Schlangen nach Belieben mit etwas Sesam bestreuen.

5. Das Backblech in den vorgeheizten Backofen schieben. Die Würstchen-Schlangen **15–18 Minuten backen.**

6. Das Backblech auf einen Kuchenrost stellen. Die Würstchen-Schlangen erkalten lassen.

Tipp: Wenn die „Schlangen" für kleinere Kinder gedacht sind, die Pfefferkörner kurz vor dem Servieren durch aufgetupften Ketchup ersetzen.

Brötchenkranz | Zum Abzupfen

12 Brötchen

Pro Stück: E: 6 g, F: 5 g, Kh: 33 g, kJ: 852, kcal: 203, BE: 2,5

Für den Hefeteig:

- *500 g Weizenmehl*
- *1 Pck. frische Hefe (42 g)*
- *½ TL Zucker*
- *125 ml lauwarmes Wasser*
- *125 ml lauwarme Milch*
- *1 gestr. TL Salz*
- *150 g Doppelrahm-Frischkäse mit Kräutern*

Zubereitungszeit: 25 Minuten, ohne Teiggehzeit
Backzeit: etwa 25 Minuten

1. Mehl in eine Rührschüssel geben und in die Mitte eine Vertiefung drücken. Hefe hineinbröckeln, Zucker und etwa ein Drittel des Wassers hinzufügen, mit einer Gabel vorsichtig verrühren. Rührschüssel zudecken und den Teigansatz etwa 10 Minuten stehen lassen.

2. Milch, Salz, Frischkäse und restliches Wasser hinzufügen. Die Zutaten mit einem Mixer (Knethaken) zunächst kurz auf niedrigster, dann auf höchster Stufe in etwa 5 Minuten zu einem glatten Teig verarbeiten. Den Teig zugedeckt so lange an einem warmen Ort gehen lassen, bis er sich sichtbar vergrößert hat, etwa 30 Minuten.

3. Teig leicht mit Mehl bestäuben und auf einer leicht bemehlten Arbeitsfläche nochmals kurz verkneten. Teig zu einer Rolle formen. Die Teigrolle in 12 gleich große Portionen teilen. Die Teigstücke zu runden Brötchen formen. Teigbrötchen mit 2–3 cm Abstand als Kranz auf ein Backblech (gefettet, mit Backpapier belegt) legen und leicht mit Mehl bestäuben. Mit einem sehr scharfen Messer die Brötchen an der Oberseite etwa 1 cm tief einschneiden.

4. Mit etwas Mehl bestäuben. Teigbrötchen nochmals zugedeckt so lange an einem warmen Ort gehen lassen, bis sie sich sichtbar vergrößert haben, etwa 20 Minuten.

5. In der Zwischenzeit den Backofen vorheizen.
Ober-/Unterhitze: etwa 200 °C
Heißluft: etwa 180 °C

6. Das Backblech in den vorgeheizten Backofen schieben. Den Kranz **etwa 25 Minuten backen**.

7. Den Brötchenkranz vorsichtig mit dem Backpapier auf einen Kuchenrost ziehen und erkalten lassen.

Brownie-Kuchen mit Frischkäse I

Beliebt

20 Stücke

Pro Stück: E: 6 g, F: 19 g, Kh: 24 g, kJ: 1196, kcal: 286, BE: 2,0

Für den Teig:

50 ml Milch (1,5 % Fett)
100 g Schogetten Zartbitter
200 g Butter oder Margarine (zimmerwarm)
150 g brauner Zucker
1 Pck. Dr. Oetker Bourbon-Vanille-Zucker
4 Eier (Größe M)
250 g Weizenmehl
20 g gesiebtes Kakaopulver
1 gestr. TL Dr. Oetker Backin

Für die Füllung:

300 g Doppelrahm-Frischkäse
30 g Zucker
20 g Speisestärke
abgeriebene Schale von
1 Bio-Zitrone
1 EL Zitronensaft
1 Ei (Größe M)

Für den Belag:

100 g Schogetten Zartbitter

Zubereitungszeit: 35 Minuten
Backzeit: 25–30 Minuten

1. Für den Teig Milch in einem Topf zum Kochen bringen. Den Topf von der Kochstelle nehmen. Schogetten in der Milch unter Rühren schmelzen lassen.

2. Den Backofen vorheizen.
Ober-/Unterhitze: etwa 180 °C
Heißluft: etwa 160 °C

3. Butter oder Margarine in einer Rührschüssel mit einem Mixer (Rührstäbe) geschmeidig rühren. Nach und nach Zucker und Vanille-Zucker unterrühren, bis eine gebundene Masse entstanden ist.

4. Eier nach und nach unterrühren (jedes Ei etwa ½ Minute). Geschmolzene Schogetten hinzufügen.

5. Das Mehl mit Kakao und Backpulver mischen, in 2 Portionen auf mittlerer Stufe kurz unterrühren. Den Teig auf ein Backblech (30 x 40 cm, gefettet, mit Backpapier belegt) geben und glatt streichen.

6. Für die Füllung den Frischkäse mit Zucker, Speisestärke, Zitronenschale, -saft und Ei gut verrühren. Die Frischkäsemasse mithilfe eines Teelöffels in kleinen Häufchen auf dem Teig verteilen. Die Frischkäsemasse mit einem Löffelstiel einmal durch die Teigmasse ziehen, sodass ein Marmormuster entsteht.

7. Das Backblech in den vorgeheizten Backofen schieben. Den Kuchen **25–30 Minuten backen.**

8. Das Backblech auf einen Kuchenrost stellen. Für den Belag die Kuchenoberfläche sofort mit den Schogetten belegen. Den Kuchen erkalten lassen.

Brownies | Schokoladig

48 Stücke

Pro Stück: E: 3 g, F: 5 g, Kh: 16 g, kJ: 893, kcal: 213, BE: 1,5

Für den All-in-Teig:

200 g Walnusskerne
450 g Weizenmehl
40 g gesiebtes Kakaopulver
4 gestr. TL Dr. Oetker Backin
175 g brauner Zucker
100 g Zucker
1 Pck. Dr. Oetker Bourbon-Vanille-Zucker
1/2 TL Salz
6 Eier (Größe M)
400 ml Sonnenblumenöl
100 g Schlagsahne
100 g gehackte Mandeln
150 g Schokotropfen

Zum Verzieren:

50 g weiße Schokolade
1/2 TL Sonnenblumenöl

Zubereitungszeit: 35 Minuten, ohne Abkühlzeit
Backzeit: etwa 25 Minuten

1. Den Backofen vorheizen.
Ober-/Unterhitze: etwa 180 °C
Heißluft: etwa 160 °C

2. Für den Teig Walnusskerne hacken. Mehl mit Kakao- und Backpulver in einer Rührschüssel mischen. Braunen Zucker, Zucker, Vanille-Zucker, Salz, Eier, Öl und Sahne hinzufügen. Die Zutaten mit einem Mixer (Rührstäbe) zunächst kurz auf niedrigster, dann auf höchster Stufe in etwa 1 Minute zu einem glatten Teig verarbeiten. Walnusskerne, Mandeln und Schokotropfen kurz unterrühren.

3. Den Teig auf ein Backblech (etwa 30 x 40 cm, gefettet, mit Backpapier belegt) geben und mit einem Teigschaber glatt streichen. Das Backblech in den vorgeheizten Backofen schieben. Das Teigplatte **etwa 25 Minuten backen.**

4. Das Backblech auf einen Kuchenrost stellen. Die Brownieplatte erkalten lassen.

5. Zum Verzieren Schokolade in kleine Stücke hacken oder brechen. Zwei Drittel davon mit dem Öl in einem Topf im Wasserbad bei schwacher Hitze unter Rühren schmelzen. Den Topf aus dem Wasserbad nehmen und die restliche Schokolade darin unter Rühren schmelzen.

6. Die Schokolade in einen kleinen Gefrierbeutel füllen. Gefrierbeutel verschließen und eine kleine Spitze abschneiden. Die Brownieplatte mit Schokolade verzieren. Schokolade fest werden lassen.

7. Vor dem Servieren das Gebäck in etwa 5 cm große Würfel schneiden.

Brüsseler Waffeln | Klassisch

9–10 Doppelwaffeln (Brüsseler Waffeleisen)

Pro Waffel: E: 7 g, F: 29 g, Kh: 31 g, kJ: 1754, kcal: 420, BE: 3,0

Für den Teig:

250 g Butter oder Margarine (zimmerwarm)
6 Eier (Größe M)
250 g Weizenmehl
125 g Crème fraîche (zimmerwarm)
1/2 gestr. TL Salz

Zum Bestäuben:

100 g Puderzucker
1 Pck. Dr. Oetker Vanillin-Zucker

Zubereitungszeit: 45 Minuten, ohne Abkühlzeit
Backzeit: 2–3 Minuten pro Waffel

1. Das Waffeleisen erhitzen und evtl. leicht fetten, dabei die Herstelleranleitung beachten.

2. Für den Teig Butter oder Margarine in einer Rührschüssel mit einem Mixer (Rührstäbe) geschmeidig rühren.

3. Eier in einer Schüssel im heißen Wasserbad schaumig schlagen. Abwechselnd Eierschaummasse und Mehl unter die Butter oder Margarine rühren. Crème fraîche und Salz unterheben.

4. Pro Waffel etwa 3 Esslöffel Teig in das Waffeleisen geben und leicht verstreichen. Die Waffeln in 2–3 Minuten goldbraun backen, herausnehmen und einzeln auf einen Kuchenrost legen.

5. Zum Bestäuben Puderzucker mit Vanillin-Zucker mischen. Die Waffeln dick damit bestäuben und heiß oder kalt servieren.

Buchteln I

Mögen schon die Kleinen

12 Stück

Pro Stück: E: 6 g, F: 11 g, Kh: 39 g,
kJ: 1165, kcal: 278, BE: 3,5

Für den Hefeteig:

250 ml Milch (3,5 % Fett)
1 Pck. Dr. Oetker Trockenbackhefe
500 g Weizenmehl
50 g Zucker
75 g Butter oder Margarine (zimmerwarm)
1 Pck. Dr. Oetker Vanillin-Zucker
4 Tropfen Zitronen-Aroma
1 Prise Salz
1 Ei (Größe M)

Zum Bestreichen:

50 g Butter

Zum Bestäuben:

evtl. etwas Puderzucker

Zubereitungszeit: 30 Minuten, ohne Teiggehzeit
Backzeit: etwa 25 Minuten

1. Für den Teig die Milch in einem kleinen Topf lauwarm erwärmen. Den Topf von der Kochstelle nehmen. Die Trockenbackhefe unter Rühren darin auflösen und etwa 5 Minuten stehen lassen.

2. Mehl in eine Rührschüssel geben. Zucker, Butter oder Margarine, Vanillin-Zucker, Aroma, Salz, Ei und die warme Milch-Hefe-Mischung hinzufügen.

3. Die Zutaten mit einem Mixer (Knethaken) zunächst kurz auf niedrigster, dann auf höchster Stufe in etwa 5 Minuten zu einem glatten Teig verarbeiten. Teig zugedeckt so lange an einem warmen Ort gehen lassen, bis er sich sichtbar vergrößert hat, etwa 30 Minuten.

4. Den gegangenen Teig auf einer leicht bemehlten Arbeitsfläche nochmals kurz verkneten und zu einer Rolle formen. Die Teigrolle in 12 gleich große Stücke schneiden.

5. Die Teigstücke zu Bällchen formen und mit etwas Abstand nebeneinander in eine Auflaufform (gefettet) setzen.

6. Zum Bestreichen die Butter zerlassen. Die Teigbällchen damit bestreichen und nochmals so lange an einem warmen Ort gehen lassen, bis sie sich sichtbar vergrößert haben, etwa 20 Minuten.

7. In der Zwischenzeit den Backofen vorheizen.
Ober-/Unterhitze: etwa 200 °C
Heißluft: etwa 180 °C

8. Die Form auf dem Rost in den vorgeheizten Backofen schieben und die Buchteln **etwa 25 Minuten backen.**

9. Die Form auf einen Kuchenrost stellen. Die Buchteln nach Belieben mit Puderzucker bestäuben und in der Form warm servieren.

Tipp: Zu den Buchteln Kompott und warme Vanillesauce servieren.

Bunte Blumentöpfe | Ohne Backen

8 Stück

Pro Stück: E: 4 g, F: 18 g, Kh: 45 g, kJ: 1516, kcal: 362, BE: 4,0

Für die Blumenkugeln:

70 g Butter
150 g Butterkekse
1 EL Aprikosenkonfitüre
125 g Kuchenglasur Zitrone

Für die Blumentöpfe:

4 Mini-Schokoriegel mit Kokosfüllung (je 25 g)
8 Waffelbecher
30 g Schokoladen-Rührkuchen (Fertigprodukt)
4 EL bunte Zuckerperlen (Nonpareilles)
8 feine Dekorblüten (aus Esspapier)

Außerdem:

5 Cake-Pop-Stiele

Zubereitungszeit: 1 Stunde, ohne Kühlzeit

1. Für die Blumenkugeln Butter in einem kleinen Topf bei schwacher Hitze zerlassen. Lauwarm abkühlen lassen. Kekse in einen Gefrierbeutel geben, fest verschließen und mit einer Teigrolle fein zerbröseln.

2. Butter, Keksbrösel und Konfitüre in einer Rührschüssel gut verrühren. Dann mit den Händen durchkneten, bis ein glatter Teig entstanden ist. Teig zugedeckt etwa 30 Minuten in den Kühlschrank stellen.

3. Den Teig in 8 gleich große Portionen teilen. Mit den Händen jede Teigportion zu einer Kugel formen. Kugeln zugedeckt auf einen Teller (mit Klarsichtfolie belegt) legen und 30 Minuten in den Kühlschrank stellen.

4. Kuchenglasur nach Packungsanleitung schmelzen und in eine Tasse geben. 4 von den Cake-Pop-Stielen halbieren, jeweils 2 cm tief in die Glasur tauchen. Dann sehr vorsichtig genauso tief in die Blumenkugeln stecken. Teigkugeln in den Kühlschrank stellen und die Glasur fest werden lassen.

5. Für die Blumentöpfe die Schokoriegel halbieren, evtl. an den Seiten etwas abschneiden und vorsichtig in die Waffelbecher geben. Leicht andrücken. Schokoladenkuchen fein zerbröseln, auf der Schoko-Kokos-Schicht verteilen und leicht andrücken. Mit dem ganzen Cake-Pop-Stiel in der Mitte ein Loch vorformen.

6. Die Tasse mit der Kuchenglasur in etwas warmes Wasser stellen und unter Rühren nochmals erwärmen. Nacheinander die Blumenkugeln in die Glasur tauchen. Durch Drehen die Kugel rundherum mit der Glasur überziehen und abtropfen lassen. Die Blumenkugeln über einen kleinen Teller halten. Von unten mit Zuckerperlen bestreuen. Die Kugeln umdrehen und obenauf eine Dekorblüte „kleben". Zum Trocknen in ein mit Zucker gefülltes Glas stellen.

7. Fertige Blumenkugeln vorsichtig in die vorbereiteten Blumentöpfe stecken.

Bunte Cookies

Zum Geburtstag

8–9 große Cookies

Pro Stück: E: 4 g, F: 18 g, Kh: 37 g, kJ: 1397, kcal: 333, BE: 3,0

Zum Vorbereiten:

75 g Marzipan-Rohmasse
50 g kleine oder große bunte Schokolinsen

Für den Teig:

80 g Butter (zimmerwarm)
50 g Zucker
1 Prise Salz
1 Ei (Größe M)
120 g Weizenmehl
1 Msp. Natron

Zum Garnieren:

75 g helle oder dunkle Kuchenglasur
100 g kleine bunte Schokolinsen

Zubereitungszeit: 40 Minuten, ohne Abkühlzeit
Backzeit: 12–15 Minuten

1. Zum Vorbereiten das Marzipan in sehr dünne Scheiben schneiden. Große Schokolinsen in grobe Stücke hacken (kleine Schokolinsen nicht hacken).

2. Den Backofen vorheizen.
Ober-/Unterhitze: etwa 200 °C
Heißluft: etwa 180 °C

3. Für den Teig Butter mit Zucker, Salz und Marzipan in einer Rührschüssel mit einem Mixer (Rührstäbe) zunächst kurz auf niedrigster, dann auf höchster Stufe schaumig schlagen. Ei etwa 1 Minute unterschlagen.

4. Das Mehl mit Natron mischen, auf die Butter-Ei-Masse geben und mit einem Teigschaber unterheben. Anschließend die Schokolinsen unterheben.

5. Den Cookieteig mit 2 Esslöffeln oder einem Eisportionierer in 8–9 gleich großen, runden Häufchen auf ein Backblech (gefettet, mit Backpapier belegt) setzen, dabei genügend Abstand zwischen den Teighäufchen lassen (sie laufen auseinander).

6. Die Teighäufchen mit einem in Wasser getauchten Löffel zu flachen Cookies verstreichen.

7. Das Backblech in den vorgeheizten Backofen schieben. Die Cookies **12–15 Minuten backen.**

8. Die Cookies mit dem Backpapier auf einen Kuchenrost ziehen und erkalten lassen.

9. Zum Garnieren die Kuchenglasur nach Packungsanleitung schmelzen lassen. Die Cookies mit einem Teelöffel oder Backpinsel damit bestreichen. Schokolinsen vorsichtig auf die feuchte Glasur setzen. Die Kuchenglasur fest werden lassen.

Bunte Obstvariationen I

Mögen alle gern

20 Stücke

Pro Stück: E: 3 g, F: 8 g, Kh: 34 g, kJ: 985, kcal: 235, BE: 3,0

Für den Rührteig:

150 g Butter oder Margarine (zimmerwarm)
100 g Zucker
1 Pck. Dr. Oetker Vanillin-Zucker
1 Prise Salz
2 Eier (Größe M)
200 g Weizenmehl
1 gestr. TL Dr. Oetker Backin

Für den Belag:

500 ml Milch (3,5 % Fett)
1 Pck. Dr. Oetker Pudding-Pulver Vanille-Geschmack
40 g Zucker
2 kg vorbereitete bunte Früchte, z. B. rote und schwarze Johannisbeeren, Brombeeren, Himbeeren, Erdbeeren und Heidelbeeren (links), Aprikosen, rote Pflaumen und Melonenkugeln (Mitte), Erdbeeren, Kiwis, grüne und blaue kernlose Weintrauben (rechts)

Für den Guss:

2 Pck. ungezuckerter Tortenguss, klar
500 ml Apfelsaft
3–4 gestr. EL Zucker

Zubereitungszeit: 50 Minuten, ohne Abkühlzeit
Backzeit: etwa 20 Minuten

1. Den Backofen vorheizen.
Ober-/Unterhitze: etwa 180 °C
Heißluft: etwa 160 °C

2. Für den Teig Butter oder Margarine mit einem Mixer (Rührstäbe) auf höchster Stufe geschmeidig rühren. Zucker, Vanillin-Zucker und Salz nach und nach unterrühren. So lange rühren, bis eine gebundene Masse entstanden ist.

3. Die Eier nach und nach unterrühren (jedes Ei etwa ½ Minute). Mehl mit Backpulver mischen, kurz auf mittlerer Stufe unterrühren.

4. Den Teig auf ein Backblech (30 x 40 cm, gefettet) geben und glatt streichen.

5. Anschließend das Backblech in den vorgeheizten Backofen schieben, den Gebäckboden **etwa 20 Minuten backen.**

6. Das Backblech auf einen Kuchenrost stellen. Den Gebäckboden erkalten lassen. Einen Backrahmen darumstellen.

7. Für den Belag aus Milch, Pudding-Pulver und Zucker einen Pudding nach Packungsanleitung zubereiten.

8. Die Puddingoberfläche mit Frischhaltefolie belegen damit sich keine Haut bildet. Den Pudding erkalten lassen.

9. Den kalten Pudding kurz mit einem Schneebesen verrühren und auf den Gebäckboden geben. Pudding glatt streichen. Die vorbereiteten Früchte (große Früchte halbieren oder in Spalten schneiden) dekorativ in drei unterschiedlichen Kombinationen auf dem Pudding verteilen.

10. Für den Guss aus Tortengusspulver, Apfelsaft und Zucker einen Guss nach Packungsanleitung zubereiten und gleichmäßig auf den Früchten verteilen. Den Guss fest werden lassen.

Tipps: Kinder freuen sich, wenn aus dem Obst einfache Motive wie z. B. ein Herz oder ein Stern gelegt werden. Zum Schulbeginn ist auch eine Schultüte hübsch oder ein „Ampelkuchen“. Bei einer Laktose-Intoleranz in der Familie können Sie den Kuchen auch mit laktosefreier Milch zubereiten. Der Pudding schmeckt dann etwas anders. Auch die Konsistenz des Puddings ist etwas weicher als gewohnt.

Bunte Puffreistorte

Ohne Backen

12 Stücke

Pro Stück: E: 6 g, F: 14 g, Kh: 22 g, kJ: 847, kcal: 202, BE: 2,0

Für den Boden:

100 g	*weiße Kuvertüre*
80 g	*bunter Knusper-Puffreis*

Für den Belag:

375 ml	*Milch (3,5 % Fett)*
80 g	*Zucker*
6 Blatt	*weiße Gelatine*
1 Pck.	*Dr. Oetker Pudding-Pulver Vanille-Geschmack*
100 ml	*Zitronensaft*
200 g	*Schlagsahne (mind. 30 % Fett)*
250 g	*Magerquark*

Zubereitungszeit: 35 Minuten, ohne Kühlzeit

1. Für den Boden Kuvertüre grob hacken. Zwei Drittel davon in einem Topf im Wasserbad bei schwacher Hitze unter Rühren schmelzen. Den Topf aus dem Wasserbad nehmen und die restliche Kuvertüre darin unter Rühren schmelzen. Puffreis (3 Esslöffel zum Garnieren beiseitelegen) mit der Kuvertüre verrühren.

2. Einen Springformrand (Ø 26 cm) auf eine mit Tortenspitze oder Backpapier belegte Tortenplatte stellen. Die Puffreismasse darin gleichmäßig verteilen, mit einem Löffel zu einem Boden andrücken. Den Boden bis zur Weiterverarbeitung in den Kühlschrank stellen.

3. Für den Belag die Milch mit Zucker in einem Topf zum Kochen bringen. Gelatine in kaltem Wasser nach Packungsanleitung einweichen. Pudding-Pulver mit Zitronensaft anrühren, in die von der Kochstelle genommene Milch rühren, unter Rühren nochmals aufkochen lassen. Den Topf von der Kochstelle nehmen.

4. Eingeweichte Gelatine leicht ausdrücken und in dem heißen Pudding unter Rühren auflösen. Pudding in eine Schüssel geben. Frischhaltefolie direkt auf die Puddingoberfläche legen, damit sich keine Haut bildet. Pudding erkalten lassen.

5. Sahne steif schlagen. Den erkalteten Pudding nochmals durchrühren. Zuerst den Quark, dann die Sahne unter den Pudding heben. Die Pudding-Sahne-Creme auf den Puffreisboden geben und glatt streichen. Torte 2–3 Stunden in den Kühlschrank stellen.

6. Den Springformrand lösen und entfernen. Die Tortenoberfläche mit dem beiseitegelegten Puffreis garnieren, dafür z. B. mithilfe eines runden Ausstechförmchens Puffreiskreise auf die Torte streuen.

Burger-Buns, klassisch

Ideal für Hamburger

8 Stück

Pro Stück: E: 11 g, F: 9 g, Kh: 66 g, kJ: 1635, kcal: 390, BE: 5,5

Für den Hefeteig:

675 g Weizenmehl
21 g frische Hefe
250 ml lauwarme Milch (3,5 % Fett)
50 g Butter (zimmerwarm)
125 ml Wasser
1 gestr. TL Salz
15 g Zucker
1 Ei (Größe L)

Zum Bestreichen und Bestreuen:

2 EL Milch
1 EL Sesamsamen

Zubereitungszeit: 25 Minuten, ohne Teiggehzeit
Backzeit: etwa 20 Minuten

1. Für den Teig Mehl in eine Rührschüssel geben und in die Mitte eine Vertiefung eindrücken. Hefe hineinbröckeln, mit etwas Milch verrühren und zugedeckt etwa 15 Minuten stehen lassen.

2. Anschließend restliche Zutaten hinzufügen und mit einem Mixer (Knethaken) zunächst kurz auf niedrigster, dann auf höchster Stufe in etwa 5 Minuten zu einem glatten Teig verarbeiten. Den Teig zugedeckt so lange an einem warmen Ort gehen lassen, bis er sich sichtbar vergrößert hat, etwa 30 Minuten.

3. Den gegangenen Teig leicht mit Mehl bestäuben und auf einer leicht bemehlten Arbeitsfläche nochmals kurz verkneten. Teig zu einer Rolle formen und in 8 gleich große Stücke schneiden. Jedes Teigstück zu einem runden, flachen Bun formen, dabei so wenig Mehl wie möglich zum Formen verwenden. Die Buns auf ein Backblech (gefettet, mit Backpapier belegt) legen. Zugedeckt so lange an einem warmen Ort gehen lassen, bis sie sich sichtbar vergrößert haben, etwa 1 Stunde.

4. Den Backofen vorheizen.
Ober-/Unterhitze: etwa 200 °C
Heißluft: etwa 180 °C

5. Die Buns mit Milch bestreichen und mit Sesam bestreuen.

6. Das Backblech in den vorgeheizten Backofen (unteres Drittel) schieben. Die Buns **etwa 20 Minuten backen.**

7. Die Buns mit dem Backpapier auf einen Kuchenrost ziehen und darauf erkalten lassen.

Tipps: Die Burger-Buns in Kunststoffbeuteln aufbewahren, damit sie schön weich bleiben. Kurz vor dem Servieren waagerecht durchschneiden und leicht toasten.

Butterhörnchen I

Für die Pause

12 Stück

Pro Stück: E: 4 g, F: 9 g, Kh: 24 g, kJ: 816, kcal: 195, BE: 2,0

Für den Hefeteig:

175 ml Wasser
70 g Butter (zimmerwarm)
375 g Weizenmehl (Type 550)
1 Pck. Dr. Oetker Trockenbackhefe
1/2 TL Salz
1 EL flüssiger Honig

Zum Bestreichen:

50 g Butter (zerlassen, zimmerwarm)
1 Eigelb
1 EL Wasser oder Milch

Zubereitungszeit: 40 Minuten, ohne Teiggeh- und Abkühlzeit
Backzeit: etwa 25 Minuten

1. Für den Teig Wasser erwärmen und Butter darin zerlassen. Wasser-Butter-Mischung lauwarm abkühlen lassen.

2. Mehl in eine Rührschüssel geben und mit Trockenbackhefe sorgfältig vermischen. Salz, Honig und warme Wasser-Butter-Mischung hinzufügen. Die Zutaten mit einem Mixer (Knethaken) zunächst kurz auf niedrigster, dann auf höchster Stufe in etwa 5 Minuten zu einem glatten Teig verarbeiten. Den Teig zugedeckt so lange an einem warmen Ort gehen lassen, bis er sich sichtbar vergrößert hat, etwa 20 Minuten.

3. Teig leicht mit etwas Mehl bestäuben und auf einer leicht bemehlten Arbeitsfläche nochmals kurz verkneten. Teig zu einer Kugel formen. Die Teigkugel zu einem großen Kreis (Ø etwa 50 cm) ausrollen und in 12 „Tortenstücke" schneiden.

4. Zum Bestreichen die 12 Teigdreiecke mit der Butter bestreichen. Teigdreiecke von der breiten Seite zur Spitze hin zu Hörnchen aufrollen.

5. Die Teighörnchen mit etwas Abstand auf ein Backblech (gefettet, mit Backpapier belegt) legen. Die Teighörnchen zugedeckt so lange an einem warmen Ort gehen lassen, bis sie sich sichtbar vergrößert haben, etwa 15 Minuten.

6. In der Zwischenzeit den Backofen vorheizen.
Ober-/Unterhitze: etwa 200 °C
Heißluft: etwa 180 °C

7. Eigelb mit Wasser oder Milch verschlagen. Die Teighörnchen damit bestreichen.

8. Das Backblech in den vorgeheizten Backofen schieben. Die Hörnchen **etwa 25 Minuten backen.**

9. Die Butterhörnchen mit dem Backpapier auf einen Kuchenrost ziehen. Die Hörnchen darauf erkalten lassen.

Butterkuchen | Klassisch

20 Stücke

Pro Stück: E: 4 g, F: 10 g, Kh: 21 g,
kJ: 796, kcal: 190, BE: 2,0

Für den Hefeteig:

200 ml Milch (1,5 % Fett)
50 g Butter
375 g Weizenmehl
1 Pck. Dr. Oetker Trockenbackhefe
40 g Zucker
1 Pck. Dr. Oetker Vanillin-Zucker
1 Prise Salz
1 Ei (Größe M)

Für den Belag:

100 g Butter
75 g Zucker
100 g gehobelte Mandeln

Zubereitungszeit: 30 Minuten, ohne Teiggehzeit
Backzeit: etwa 15 Minuten

1. Für den Teig Milch erwärmen und Butter oder Margarine darin zerlassen. Lauwarm abkühlen lassen.

2. Mehl mit Hefe, Zucker, Vanillin-Zucker und Salz in einer Rührschüssel vermischen. Ei und lauwarme Milch-Butter-Mischung hinzufügen. Die Zutaten mit einem Mixer (Knethaken) zunächst kurz auf niedrigster, dann auf höchster Stufe in etwa 5 Minuten zu einem glatten Teig verarbeiten. Den Teig zugedeckt so lange an einem warmen Ort gehen lassen, bis er sich sichtbar vergrößert hat, etwa 20 Minuten.

3. Teig leicht mit Mehl bestäuben und auf einer leicht bemehlten Arbeitsfläche nochmals kurz verkneten. Den Teig auf einem Backblech (etwa 30 x 40 cm, gefettet) ausrollen. Dabei an den Kanten einen kleinen Rand hochziehen. Die Teigplatte zugedeckt nochmals so lange an einem warmen Ort gehen lassen, bis sie sich sichtbar vergrößert hat, etwa 15 Minuten.

4. In der Zwischenzeit den Backofen vorheizen.
Ober-/Unterhitze: etwa 200 °C
Heißluft: etwa 180 °C

5. Mit bemehlten Fingern in etwa 3 cm breiten Abständen Vertiefungen in den Teig drücken.

6. Für den Belag Butter in kleinen Stücken in die Vertiefungen geben. Zucker und Mandeln gleichmäßig auf der Teigplatte verteilen.

7. Das Backblech in den vorgeheizten Backofen schieben. Den Kuchen **etwa 15 Minuten backen.**

8. Das Backblech auf einen Kuchenrost stellen und den Kuchen erkalten lassen.

Buttermilchkuchen | Schnell

20 Stücke

Pro Stück: E: 5 g, F: 13 g, Kh: 32 g, kJ: 1108, kcal: 265, BE: 2,5

Für den All-in-Teig:

300 g Weizenmehl
1 Pck. Dr. Oetker Backin
250 g Zucker
1 Pck. Dr. Oetker Vanillin-Zucker
3 Eier (Größe M)
300 g Buttermilch

Für den Belag:

150 g Butter
125 g Zucker
200 g gehobelte Mandeln oder gehobelte Haselnusskerne oder Kokosraspel

Zubereitungszeit: 20 Minuten
Backzeit: etwa 25 Minuten

1. Den Backofen vorheizen.
Ober-/Unterhitze: etwa 180 °C
Heißluft: etwa 160 °C

2. Für den Teig Mehl mit Backpulver in einer Rührschüssel mischen. Restliche Zutaten hinzufügen und mit einem Mixer (Rührstäbe) zunächst kurz auf niedrigster, dann auf höchster Stufe in etwa 2 Minuten zu einem glatten Teig verarbeiten.

3. Den Teig auf ein Backblech (30 x 40 cm, gefettet, bemehlt) geben und glatt streichen.

4. Das Backblech in den vorgeheizten Backofen schieben. Die Gebäckplatte **etwa 10 Minuten vorbacken.**

5. In der Zwischenzeit für den Belag Butter mit Zucker in einem Topf zerlassen. Mandeln oder Haselnusskerne oder Kokosraspel unterrühren.

6. Das Backblech auf einen Kuchenrost stellen. Die Buttermasse sofort gleichmäßig auf dem vorgebackenen Teig verteilen und mit einer Teigkarte oder einem Esslöffel verstreichen.

7. Das Backblech wieder in den heißen Backofen schieben und das Gebäck **bei gleicher Backofentemperatur in etwa 15 Minuten fertig backen.**

8. Den Kuchen auf dem Backblech auf einem Kuchenrost erkalten lassen.

Tipp: Verzieren Sie den Kuchen zusätzlich mit einem Sprenkelguss aus Schokolade. Erhitzen Sie dafür bei schwacher Hitze 50 g klein geschnittene Schokolade mit ½ Teelöffel Sonnenblumenöl unter Rühren in einer kleinen Schüssel über einem Wasserbad, bis sie geschmolzen ist. Füllen Sie die Schokolade in einen kleinen Gefrierbeutel und verschließen Sie ihn. Schneiden Sie eine kleine Spritze ab und sprenkeln Sie die Schokolade auf den Kuchen. Lassen Sie die Schokolade fest werden.

Butterplätzchen | Beliebt

etwa 55 Stück

Pro Stück: E: 0 g, F: 2 g, Kh: 3 g,
kJ: 116, kcal: 28, BE: 0,5

Für den Knetteig:

150 g Weizenmehl
1 Msp. Dr. Oetker Backin
50 g Zucker
1 Pck. Dr. Oetker Vanillin-Zucker
100 g Butter (zimmerwarm)

Zubereitungszeit: 35 Minuten
Backzeit: etwa 12 Minuten je Backblech

1. Den Backofen vorheizen.
Ober-/Unterhitze: etwa 180 °C
Heißluft: etwa 160 °C

2. Für den Teig Mehl mit Backpulver in einer Rührschüssel mischen. Die restlichen Zutaten hinzufügen, mit einem Mixer (Knethaken) zunächst kurz auf niedrigster, dann auf höchster Stufe gut durcharbeiten. Anschließend auf einer leicht bemehlten Arbeitsfläche kurz zu einem Teig verkneten. Sollte er kleben, ihn in Frischhaltefolie gewickelt eine Zeit lang in den Kühlschrank legen.

3. Den Teig auf einer leicht bemehlten Arbeitsfläche etwa ½ cm dick ausrollen. Mit Ausstechförmchen beliebige Motive ausstechen. Teigkekse auf 2 Backbleche (gefettet, mit Backpapier belegt) legen.

4. Die Backbleche nacheinander (bei Heißluft zusammen) in den vorgeheizten Backofen schieben. Die Plätzchen **etwa 12 Minuten je Backblech backen.**

5. Die Kekse mit dem Backpapier vom Backblech auf einen Kuchenrost ziehen und darauf erkalten lassen.

Tipp: Die Kekse nach Wunsch mit einer Puderzuckerglasur bestreichen, mit bunten Zuckerperlen, Zucker- oder Schokoladenstreuseln bestreuen.

Cheesy-Schoko-Muffins

Beliebt

12 Stück

Pro Stück: E: 5 g, F: 14 g, Kh: 30 g, kJ: 1114, kcal: 266, BE: 2,5

Zum Vorbereiten für den Teig:

100 g Blockschokolade
50 g Butter

Für die Käsecreme:

200 g Doppelrahm-Frischkäse
1 TL Dr. Oetker Finesse Orangenschalen-Aroma
60 g Zucker
1 Ei (Größe M)

Für den Teig:

2 Eier (Größe M)
140 g Zucker
1 Pck. Dr. Oetker Vanillin-Zucker
120 g Weizenmehl
1 gestr. TL Dr. Oetker Backin
1 Prise Salz

Außerdem:

12 Muffin-Papierbackförmchen

Zubereitungszeit: 25 Minuten, ohne Abkühlzeit
Backzeit: etwa 25 Minuten

1. Zum Vorbereiten für den Teig die Blockschokolade hacken. Zwei Drittel davon mit der Butter in einem Topf im Wasserbad bei schwacher Hitze unter Rühren schmelzen. Den Topf aus dem Wasserbad nehmen und die restliche Blockschokolade darin unter Rühren schmelzen. Die Schokoladen-Butter-Masse etwas abkühlen lassen.

2. In der Zwischenzeit den Backofen vorheizen.
Ober-/Unterhitze: etwa 180 °C
Heißluft: etwa 160 °C

3. Für die Käsecreme Frischkäse, Orangenschalen-Aroma, Zucker und Ei mit einem Mixer (Rührstäbe) verrühren.

4. Für den Teig Eier, Zucker und Vanillin-Zucker in eine Rührschüssel geben und mit einem Mixer (Rührstäbe) auf höchster Stufe geschmeidig rühren. Die Schokoladen-Butter-Masse unterrühren. Mehl, Backpulver und Salz mischen. Das Mehlgemisch kurz auf mittlerer Stufe unterrühren.

5. Etwa die Hälfte des Teiges in eine Muffinform (für 12 Muffins, mit Papierbackförmchen ausgelegt) verteilen. Käsecreme und restlichen Teig abwechselnd mit einem Teelöffel darauf verteilen.

6. Die Form auf dem Rost in den vorgeheizten Backofen schieben. Muffins **etwa 25 Minuten backen.**

7. Die Form auf einen Kuchenrost stellen. Nach etwa 10 Minuten die Muffins aus der Form lösen und auf dem Kuchenrost erkalten lassen.

Tipp: Diese Muffins eignen sich ganz wunderbar, um kleine „Überraschungen“, z. B. zum Geburtstag, mit einzubacken. Schneiden oder brechen Sie kleine, fertig gekaufte Schokoladenriegel in etwa 1 ½ cm lange Stücke. Verteilen Sie dann wie unter Punkt 5 beschrieben die Hälfte des Teiges in der Muffinform. Legen Sie anschließend jeweils 1 Stückchen des Schokoladenriegels auf den Teig in die Mulden. Geben Sie danach wie ebenfalls unter Punkt 5 beschrieben die Käsecreme und den restlichen Teig darauf. Wie beschrieben backen.

Chiffon-Cake-Muffins | Locker

12 Stück

Pro Stück: E: 4 g, F: 9 g, Kh: 29 g, kJ: 908, kcal: 217, BE: 2,5

Für den Teig:

5 Eigelb (Größe M)
1 Röhrchen Butter-Vanille-Aroma
100 ml Milch (3,5 % Fett)
70 ml Sonnenblumenöl
125 g Weizenmehl
5 Eiweiß (Größe M)
100 g Zucker

Für den Guss:

150 g Puderzucker
2–3 EL Zitronensaft

Zubereitungszeit: 25 Minuten, ohne Abkühlzeit
Backzeit: etwa 25 Minuten

1. Für den Teig das Eigelb in eine Rührschüssel geben. Aroma und Milch hinzufügen. Die Zutaten mit einem Schneebesen sorgfältig verrühren (nicht schaumig schlagen). Sonnenblumenöl unter ständigem Rühren einfließen lassen.

2. Den Backofen vorheizen.
Ober-/Unterhitze: etwa 180 °C
Heißluft: etwa 160 °C

3. Mehl nach und nach mit dem Schneebesen unter die Eigelbmasse rühren, dabei darauf achten, dass keine Klümpchen entstehen.

4. Eiweiß mit einem Mixer (Rührstäbe) auf niedrigster Stufe so lange schlagen, bis es beginnt weiß zu werden. Dann auf höchster Stufe 50 g Zucker unter Rühren einrieseln lassen. Der Schnee muss so fest sein, dass ein Messerschnitt sichtbar bleibt.

5. Anschließend den restlichen Zucker hinzugeben und so lange schlagen, bis der Eischnee stark glänzt. Den Eischnee vorsichtig in 2 Portionen unter den Teig heben. Den Teig in die Mulden einer Muffinform (für 12 Muffins, nur die Böden gefettet) verteilen.

6. Die Form auf dem Rost in den vorgeheizten Backofen schieben. Die Chiffon-Cake-Muffins **etwa 25 Minuten backen.**

7. Die Form auf einen Kuchenrost stellen. Sofort nach dem Backen einen Bogen Backpapier darauflegen. Mithilfe eines Kuchenrostes die Form vorsichtig stürzen. Die Form soll umgedreht auf dem mit Backpapier belegten Kuchenrost liegen. Chiffon-Cake-Muffins in der Form vollständig erkalten lassen.

8. Die Form wieder umdrehen. Muffins vorsichtig mithilfe eines Messers vom Rand lösen und aus den Mulden nehmen.

9. Für den Guss Puderzucker mit Zitronensaft zu einem zähflüssigen Zuckerguss verrühren. Zuckerguss in einen kleinen Gefrierbeutel geben. Eine kleine Ecke abschneiden. Chiffon-Cake-Muffins mit dem Guss besprenkeln.

Tipp: Damit die Chiffon-Cake-Muffins perfekt gelingen, sollten alle Zutaten zimmerwarm sein.

Choco-Cookies I

Löffelkekse

etwa 60 Stück

Pro Stück: E: 1 g, F: 4 g, Kh: 7 g, kJ: 299, kcal: 71, BE: 0,5

Für den Rührteig:

150 g Vollmilch-Schokolade
150 g Butter oder Margarine (zimmerwarm)
80 g Zucker
125 g brauner Zucker
1 Pck. Dr. Oetker Bourbon-Vanille-Zucker
1 Prise Salz
2 Eier (Größe M)
200 g Weizenmehl
100 g gehackte Haselnusskerne

Zubereitungszeit: 35 Minuten, ohne Abkühlzeit
Backzeit: 15–20 Minuten je Backblech

1. Für den Teig die Schokolade mit einem Messer fein hacken. Butter oder Margarine in einer Rührschüssel mit einem Mixer (Rührstäbe) auf höchster Stufe geschmeidig rühren. Beide Zuckersorten, Vanille-Zucker und Salz nach und nach unterrühren. So lange rühren, bis eine gebundene Masse entstanden ist.

2. Eier nach und nach unterrühren (jedes Ei etwa ½ Minute). Mehl kurz auf mittlerer Stufe unterrühren. Nusskerne und gehackte Schokolade ebenfalls kurz unterrühren.

3. Den Backofen vorheizen.
Ober-/Unterhitze: etwa 180 °C
Heißluft: etwa 160 °C

4. Vom Teig mithilfe von 2 Teelöffeln walnussgroße Häufchen abstechen und auf die Backbleche (gefettet, mit Backpapier belegt) setzen, dabei genügend Abstand zwischen den Teighäufchen lassen (die Kekse laufen beim Backen etwas auseinander).

5. Die Backbleche nacheinander (bei Heißluft zusammen) in den vorgeheizten Backofen schieben. Die Cookies **15–20 Minuten je Backblech backen.**

6. Die Cookies mit dem Backpapier von den Backblechen auf Kuchenroste ziehen und erkalten lassen.

Tipp: Die heißen Cookies nach dem Backen zusätzlich mit fein gehackter Schokolade bestreuen (Foto).

Chocolate-Cookies I

Gut zum Mitnehmen – einfach

8–9 große Cookies

Pro Stück: E: 4 g, F: 16 g, Kh: 30 g, kJ: 1174, kcal: 281, BE: 2,5

Zum Vorbereiten:

50 g Vollmilch-Schokolade

Für den Teig:

75 g Butter (zimmerwarm)
50 g weißer Zucker
75 g brauner Zucker
1 Pck. Dr. Oetker Bourbon-Vanille-Zucker
1 Prise Salz
1 Ei (Größe M)
100 g Weizenmehl
50 g gehackte Haselnusskerne
30 g Schokotröpfchen

Zum Garnieren:

1–2 EL Schokotröpfchen

Zubereitungszeit: 40 Minuten
Backzeit: etwa 15 Minuten

1. Zum Vorbereiten die Vollmilch-Schokolade in feine Stückchen hacken.

2. Den Backofen vorheizen.
Ober-/Unterhitze: etwa 180 °C
Heißluft: etwa 160 °C

3. Für den Teig die Butter mit beiden Zuckersorten, Vanille-Zucker und Salz in eine Rührschüssel geben. Die Zutaten mit einem Mixer (Rührstäbe) zunächst kurz auf niedrigster, dann auf höchster Stufe schaumig schlagen. Das Ei hinzugeben und etwa 1 Minute unterrühren.

4. Das Mehl auf die Butter-Ei-Masse geben und mit einem Teigschaber unterheben. Die Nüsse mit der fein gehackten Schokolade und 30 g Schokotröpfchen mischen und zuletzt unter den Teig heben.

5. Den Cookieteig mithilfe von 2 Esslöffeln oder einem Eisportionierer in 8–9 gleich großen, runden Häufchen auf ein Backblech (gefettet, mit Backpapier belegt) setzen, dabei genügend Abstand zwischen den Teighäufchen lassen.

6. Die Teighäufchen mit einem in Wasser getauchten Löffel leicht zu flachen Cookies verstreichen (der Teig läuft beim Backen noch etwas auseinander). Cookies mit 1–2 Esslöffeln Schokotröpfchen bestreuen und Schokotröpfchen leicht in den Teig drücken.

7. Das Backblech in den vorgeheizten Backofen schieben. Die Chocolate-Cookies **etwa 15 Minuten backen.**

8. Die Chocolate-Cookies mit dem Backpapier von dem Backblech auf einen Kuchenrost ziehen und erkalten lassen.

Cranberry-Hefekuchen I

Fruchtig – schnell

20 Stücke

Pro Stück: E: 6 g, F: 6 g, Kh: 22 g, kJ: 676, kcal: 161, BE: 2,0

Für den Hefeteig:

200 ml Milch (1,5 % Fett)
30 g Butter oder Margarine
350 g Weizenmehl
1 Pck. Dr. Oetker Trockenbackhefe
20 g Zucker
1 Ei (Größe M)

Für den Belag:

50 g getrocknete Cranberrys
250 g Speisequark (20 % Fett)
300 g Vanille-Joghurt (3,5 % Fett)
1 Ei (Größe M)
30 g Butter

Zum Bestreuen:

30 g gehobelte Mandeln
30 g Zucker

Zubereitungszeit: 25 Minuten, ohne Teiggehzeit
Backzeit: etwa 20 Minuten

1. Für den Teig Milch erwärmen und Butter oder Margarine darin zerlassen. Lauwarm abkühlen lassen.

2. Mehl in eine Rührschüssel geben und mit Trockenbackhefe sorgfältig vermischen. Zucker, Ei und die warme Milch-Fett-Mischung hinzufügen.

3. Die Zutaten mit einem Mixer (Knethaken) zunächst kurz auf niedrigster, dann auf höchster Stufe in etwa 5 Minuten zu einem glatten Teig verarbeiten. Zugedeckt so lange an einem warmen Ort gehen lassen, bis er sich sichtbar vergrößert hat, etwa 30 Minuten.

4. Teig leicht mit Mehl bestäuben und auf einer leicht bemehlten Arbeitsfläche nochmals kurz verkneten. Den Teig in einem tiefen Backblech (etwa 30 x 40 cm, gefettet) ausrollen. Dabei an den Kanten einen kleinen Rand hochziehen. Die Teigplatte nochmals zugedeckt so lange an einem warmen Ort gehen lassen, bis sie sich sichtbar vergrößert hat, etwa 30 Minuten.

5. In der Zwischenzeit für den Belag Cranberrys in kleine Stücke hacken und in eine Schüssel geben. Quark, Joghurt und Ei unterrühren. Butter zerlassen und unterziehen.

6. Den Backofen vorheizen.
Ober-/Unterhitze: etwa 180 °C
Heißluft: etwa 160 °C

7. Mit bemehlten Fingern in etwa 3 cm breiten Abständen Vertiefungen in den Teig drücken. Die Cranberry-Quark-Masse auf dem Teig verteilen und glatt streichen. Zuerst die Mandeln, danach den Zucker daraufstreuen.

8. Das Backblech in den vorgeheizten Backofen schieben. Cranberry-Hefekuchen **etwa 20 Minuten backen.**

9. Das Backblech auf einen Kuchenrost stellen. Den Kuchen erkalten lassen.

Di-Da-Donuts | Bunt und lecker

24 Stück

Pro Stück: E: 4 g, F: 9 g, Kh: 42 g, kJ: 1135, kcal: 271, BE: 3,5

Für den Teig:

250 ml Milch (3,5 % Fett)
70 g Butter oder Margarine
500 g Weizenmehl
1 Pck. Dr. Oetker Trockenbackhefe
125 g Zucker
1 Pck. Dr. Oetker Vanillin-Zucker
3 Eier (Größe M)
1 Prise Salz

Zum Ausbacken:

1 ½ l Speiseöl zum Frittieren

Zum Garnieren:

125 g helle Kuchenglasur
375 g Puderzucker
5–6 EL Zitronensaft
etwas Speisefarbe, z. B. rot, grün, gelb
4–5 EL Gebäckschmuck, z. B. Schokostreusel, Haselnusskrokant, bunte Zuckerperlen, Zuckerherzen

Zubereitungszeit: 1 Stunde, ohne Teiggeh- und Abkühlzeit
Ausbackzeit: 3–4 Minuten je 4 Donuts

1. Für den Teig Milch erwärmen und Butter oder Margarine darin zerlassen. Lauwarm abkühlen lassen.

2. Mehl in eine Rührschüssel geben und mit der Trockenbackhefe vermischen. Restliche Zutaten hinzufügen und mit einem Mixer (Knethaken) zunächst kurz auf niedrigster, dann auf höchster Stufe in etwa 5 Minuten zu einem glatten Teig verarbeiten. Den Teig zugedeckt so lange an einem warmen Ort gehen lassen, bis er sich sichtbar vergrößert hat, etwa 1 Stunde.

3. Dann den Teig auf einer leicht bemehlten Arbeitsfläche nochmals kurz verkneten und etwa 7 mm dick ausrollen. Insgesamt 24 Kreise (Ø etwa 7 cm) ausstechen und mit genügend Abstand zueinander auf ein Backblech (gefettet, mit Backpapier belegt) legen. Aus der Mitte der Teiglinge einen kleinen Kreis ausstechen. Restlichen Teig ebenso verarbeiten. Donuts zugedeckt so lange an einem warmen Ort gehen lassen, bis sie sich sichtbar vergrößert haben, etwa 30 Minuten.

4. In einem hohen Topf oder einer Fritteuse das Öl auf etwa 170 °C erhitzen. Die richtige Temperatur ist erreicht, wenn sich an einem Holzlöffelstiel, der in das Fett gehalten wird, kleine Bläschen bilden.

5. Einen Pfannenwender kurz in das Fett halten. Dann die Donuts vorsichtig mithilfe des Pfannenwenders vom Backpapier lösen und etwa 4 Stück nacheinander in das heiße Fett gleiten lassen. Sobald die Unterseite braun wird, Donuts mithilfe einer Schaumkelle wenden. Fertige Donuts auf Küchenpapier abtropfen und erkalten lassen.

6. Zum Garnieren Kuchenglasur nach Packungsanleitung schmelzen. Puderzucker und Zitronensaft zu einem dickflüssigen Guss verrühren und in 4 Portionen einteilen. 3 Portionen mit etwas Speisefarbe nach Wahl einfärben.

7. Donuts mit Zuckerguss und Kuchenglasur überziehen und mit buntem Gebäckschmuck verzieren.

Dinkelbrötchen mit Rosinen I

Gesunder Snack

16 Stück

Pro Stück: E: 7 g, F: 4 g, Kh: 28 g, kJ: 770, kcal: 184, BE: 2,5

Für den Hefeteig:

200 ml Wasser
50 g Butter oder Margarine (zimmerwarm)
500 g Dinkel-Vollkornmehl
1 Pck. Dr. Oetker Trockenbackhefe
1 TL Salz
4 EL flüssiger Honig (60 g)
250 g Magerquark
100 g Rosinen

Zum Bestreichen:

2 EL Wasser oder Milch

Zubereitungszeit: 35 Minuten, ohne Teiggehzeit
Backzeit: etwa 25 Minuten

1. Für den Teig Wasser erwärmen und Butter oder Margarine darin zerlassen. Die Wasser-Fett-Mischung lauwarm abkühlen lassen.

2. Das Mehl mit der Hefe in einer Rührschüssel sorgfältig vermischen. Salz, Honig, Quark und Wasser-Fett-Mischung hinzufügen.

3. Die Zutaten mit einem Mixer (Knethaken) erst kurz auf niedrigster, dann auf höchster Stufe in etwa 5 Minuten zu einem glatten Teig verarbeiten.

4. Den Teig zugedeckt so lange an einem warmen Ort gehen lassen, bis er sich sichtbar vergrößert hat, etwa 30 Minuten.

5. Teig leicht mit Mehl bestäuben und auf einer leicht bemehlten Arbeitsfläche nochmals kurz verkneten. Die Rosinen hinzufügen und mit unterkneten.

6. Den Teig zu einer Rolle formen und die Teigrolle in 16 gleich große Scheiben schneiden. Aus den Scheiben runde Brötchen formen.

7. Die Teigkugeln mit etwas Abstand auf ein Backblech (gefettet, mit Backpapier belegt) legen und zugedeckt so lange an einem warmen Ort gehen lassen, bis sie sich sichtbar vergrößert haben, etwa 15 Minuten.

8. In der Zwischenzeit den Backofen vorheizen.
Ober-/Unterhitze: etwa 200 °C
Heißluft: etwa 180 °C

9. Herausstehende Rosinen in den Teig drücken (sie verbrennen sonst schnell) und die Teigstücke mit Wasser oder Milch bestreichen.

10. Das Backblech in den vorgeheizten Backofen schieben. Die Brötchen **etwa 25 Minuten backen.**

11. Die Brötchen mit dem Backpapier auf einen Kuchenrost ziehen und darauf erkalten lassen.

Dinkel-Nuss-Muffins | Schnell

12 Stück

Pro Stück: E: 5 g, F: 18 g, Kh: 33 g, kJ: 1325, kcal: 317, BE: 3,0

Für den Teig:

170 g Dinkelmehl (Type 630)
100 g gem. Haselnusskerne
3 gestr. TL Dr. Oetker Backin
1 Prise Salz
130 g Zucker
1 Pck. Dr. Oetker Vanillin-Zucker
200 g Buttermilch
70 ml Speiseöl, z. B. Sonnenblumenöl
2 Eier (Größe M)

Zum Verzieren:

200 g Nuss-Nougat-Creme

Zubereitungszeit: 20 Minuten, ohne Abkühlzeit
Backzeit: etwa 25 Minuten

1. Den Backofen vorheizen.
Ober-/Unterhitze: etwa 180 °C
Heißluft: etwa 160 °C

2. Dinkelmehl, Haselnusskerne, Backpulver, Salz, Zucker und Vanillin-Zucker in eine Rührschüssel geben und mit einem Schneebesen verrühren. Buttermilch, Speiseöl und Eier in einem Rührbecher mit dem Schneebesen verrühren. Die flüssigen Zutaten zu der Nuss-Mehl-Mischung in die Rührschüssel geben und zu einem glatten Teig verrühren.

3. Den Teig in eine Muffinform (für 12 Muffins, gefettet, bemehlt) geben.

4. Die Form auf dem Rost in den vorgeheizten Backofen schieben. Muffins **etwa 25 Minuten backen.**

5. Die Form auf einen Kuchenrost stellen. Muffins etwa 5 Minuten in der Form abkühlen lassen, dann vorsichtig aus der Form lösen und auf dem Kuchenrost erkalten lassen.

6. Zum Verzieren mit einem Teelöffel jeweils 1 dicken Klecks Nuss-Nougat-Creme auf die Muffins geben.

Tipps: Dinkelmehl (Type 630) ist in den meisten Supermärkten erhältlich. Nach Belieben die einzelnen Muffinförmchen vor dem Einfüllen des Teiges mit Backpapier-Quadraten auslegen.

Double-Choc-Waffeln I

Für Schokoholics

8–10 Waffeln (Brüsseler Waffeleisen)

Pro Waffel: E: 9 g, F: 40 g, Kh: 38 g, kJ: 2274, kcal: 543, BE: 3,0

Für den Rührteig:

250 g Butter oder Margarine (zimmerwarm)
125 g Zucker
1 Pck. Dr. Oetker Vanillin-Zucker
4 Eigelb (Größe M)
150 g Weizenmehl
25 g gesiebtes Kakaopulver
1 Pck. Dr. Oetker Pudding-Pulver Schokoladen-Geschmack
2 gestr. TL Dr. Oetker Backin
200 g Schlagsahne (mind. 30 % Fett)
100 g abgezogene, gem. Mandeln
4 Eiweiß (Größe M)

Zum Bestäuben:

etwas Puderzucker

Zubereitungszeit: 15 Minuten, ohne Abkühlzeit
Backzeit: 2–3 Minuten pro Waffel

1. Das Waffeleisen erhitzen und evtl. leicht fetten, dabei die Herstelleranleitung beachten.

2. Für den Teig Butter oder Margarine mit einem Mixer (Rührstäbe) auf höchster Stufe geschmeidig rühren. Nach und nach Zucker und Vanillin-Zucker unterrühren. So lange rühren, bis eine gebundene Masse entstanden ist.

3. Das Eigelb nach und nach unterrühren (jedes Eigelb etwa ½ Minute). Mehl mit Kakao, Pudding-Pulver und Backpulver mischen, portionsweise abwechselnd mit der Sahne auf mittlerer Stufe kurz unterrühren. Zuletzt die Mandeln kurz unterrühren. Eiweiß steif schlagen und unterheben.

4. Pro Waffel 2–3 Esslöffel Teig in das Waffeleisen geben und leicht verstreichen. Die Waffeln knusprig backen, herausnehmen und einzeln auf einem Kuchenrost erkalten lassen. Waffeln mit Puderzucker bestäuben und servieren.

Eierschecke | Gut zum Mitnehmen

20 Stücke

Pro Stück: E: 8 g, F: 13 g, Kh: 28 g, kJ: 1106, kcal: 264, BE: 2,5

Für den Hefeteig:

125 ml Milch (3,5 % Fett)
100 g Butter oder Margarine
300 g Weizenmehl
1 Pck. Dr. Oetker Trockenbackhefe
50 g Zucker
1 Pck. Dr. Oetker Vanillin-Zucker
4 Tropfen Zitronen-Aroma
1 Prise Salz
1 Ei (Größe M)

Für den Quarkbelag:

1 Pck. Dr. Oetker Pudding-Pulver Vanille-Geschmack
40 g Zucker
500 ml Milch (3,5 % Fett)
500 g Magerquark
50 g Rosinen

Für die Eiercreme:

4 Eiweiß (Größe M)
125 g Butter (zimmerwarm)
125 g Zucker
4 Eigelb (Größe M)
15 g Speisestärke

Zubereitungszeit: 40 Minuten, ohne Teiggeh- und Abkühlzeit
Backzeit: etwa 30 Minuten

1. Für den Teig Milch erwärmen und Butter oder Margarine darin zerlassen. Lauwarm abkühlen lassen.

2. Mehl mit Hefe, Zucker, Vanillin-Zucker, Aroma und Salz in einer Rührschüssel vermischen. Ei und lauwarme Milch-Butter-Mischung hinzufügen. Die Zutaten mit einem Mixer (Knethaken) zunächst kurz auf niedrigster, dann auf höchster Stufe in etwa 5 Minuten zu einem glatten Teig verarbeiten. Den Teig zugedeckt so lange an einem warmen Ort gehen lassen, bis er sich sichtbar vergrößert hat, etwa 30 Minuten.

3. In der Zwischenzeit für den Quarkbelag aus Pudding-Pulver, Zucker und Milch einen Pudding nach Packungsanleitung zubereiten.

4. Dann den Vanille-Pudding in eine Schüssel geben. Frischhaltefolie direkt auf die Puddingoberfläche legen, damit sich keine Haut bildet. Den Pudding erkalten lassen.

5. Den Backofen vorheizen.
Ober-/Unterhitze: etwa 180 °C
Heißluft: etwa 160 °C

6. Quark und Rosinen unter den erkalteten Pudding rühren. Den Teig auf einer leicht bemehlten Arbeitsfläche nochmals kurz verkneten.

7. Teig auf eine leicht bemehlte Arbeitsfläche geben und nochmals kurz verkneten. Den Teig in einem tiefen Backblech (etwa 30 x 40 cm, gefettet) ausrollen. Dabei an den Kanten einen kleinen Rand hochziehen.

8. Den Quarkbelag auf den Teig geben und glatt streichen.

9. Für die Eiercreme Eiweiß steif schlagen. Die Butter mit dem Mixer (Rührstäbe) geschmeidig rühren. Nach und nach Zucker unterrühren. So lange rühren, bis eine gebundene Masse entstanden ist. Eigelb nach und nach unterrühren.

10. Den Eischnee auf die Eigelbmasse geben. Speisestärke daraufsieben und beides vorsichtig unterheben. Die Eiercreme auf dem Quarkbelag verteilen und glatt streichen.

11. Das Backblech in den vorgeheizten Backofen (unteres Drittel) schieben. Den Kuchen **etwa 30 Minuten backen.**

12. Das Backblech auf einen Kuchenrost stellen. Die Eierschecke darauf erkalten lassen.

Tipps: Mögen Sie keine Rosinen, können Sie sie einfach weglassen. Saftiger schmecken die Rosinen, wenn sie über Nacht in Rum oder Saft eingeweicht werden.

Eisenbahn | Zum Geburtstag

1 Stück

Insgesamt: E: 68 g, F: 139 g, Kh: 817 g, kJ: 20228, kcal: 4824, BE: 68,0

Für den Biskuitteig:

4 Eier (Größe M)
2 EL heißes Wasser
75 g Zucker
1 Pck. Vanillin-Zucker
75 g Weizenmehl
50 g Speisestärke
1 Msp. Backpulver

150 g Himbeerkonfitüre

Für das Führerhaus:

1 fertiger Zitronenkuchen

Für den Guss:

100 g Puderzucker
etwa 2 EL Zitronensaft

Zum Garnieren:

Lakritzschnecken und -stäbchen
saure Pfirsichringe
Zucker-Erdbeeren
Schokoladenplätzchen
Gebäckstäbchen mit Schokolade
1 Baisertupfen
Schokoladenplättchen

Zubereitungszeit: 40 Minuten, ohne Trockenzeit
Backzeit: etwa 12 Minuten

1. Den Backofen vorheizen.
Ober-/Unterhitze: etwa 200 °C
Heißluft: etwa 180 °C

2. Für den Teig Eier und Wasser mit einem Mixer (Rührstäbe) auf höchster Stufe in 1 Minute schaumig schlagen. Zucker mit Vanillin-Zucker mischen, in 1 Minute einstreuen, noch 2 Minuten schlagen.

3. Mehl mit Backpulver und Stärke mischen, die Hälfte davon auf die Eiercreme geben und kurz auf niedrigster Stufe unterrühren. Restliches Mehlgemisch auf die gleiche Weise unterarbeiten.

4. Den Teig auf ein Backblech (30 x 40 cm, gefettet, mit Backpapier belegt) geben und glatt streichen. Die offene Seite mit einem mehrfach geknickten Papierstreifen verschließen.

5. Das Backblech in den vorgeheizten Backofen schieben. Die Teigplatte **etwa 12 Minuten backen.**

6. Die Biskuitplatte sofort nach dem Backen auf ein mit Zucker bestreutes Geschirrtuch stürzen und das Backpapier vorsichtig, aber schnell abziehen. Himbeerkonfitüre durch ein Sieb streichen, die heiße Gebäckplatte damit bestreichen, von der langen Seite her sofort aufrollen und erkalten lassen.

7. Für das Führerhaus aus dem fertigen Kuchen das Führerhaus zuschneiden (etwa 8 x 6 x 3 cm). 3 Würfel mit je 2 cm Kantenlänge für die Schornsteine zuschneiden. 3 Scheiben Kuchen als Unterlage für die Anhänger zuschneiden (etwa 8 x 6 x 1 cm).

8. Die Lakritzschnecken auseinanderrollen und als Schienen auf eine Platte legen.

9. Von der erkalteten Biskuitrolle ein Stück in der Länge des Lokomotiven-Vorderteils abschneiden und auf die Lakritzschienen auf die Platte legen. Die restliche Biskuitrolle in 3 gleich große Stücke schneiden und jeweils 1 Stück auf jede Kuchenscheibe für die Anhänger legen.

10. Für den Guss Puderzucker mit Zitronensaft zu einer zähflüssigen Masse verrühren, in ein Papiertütchen füllen, eine kleine Spitze abschneiden und die Gebäckteile damit aneinanderkleben. Den Guss trocknen lassen.

11. Die Eisenbahn mit Pfirsichringen (Räder), Zucker-Erdbeeren, Schokoladenplätzchen, Gebäckstäbchen, Baisertupfen, Lakritzstäbchen und Schokoladenplättchen garnieren.

Tipp: Die Eisenbahn kann natürlich nach Belieben mit anderen Süßigkeiten garniert werden.

Energy-Discs | Für die Pause

16–20 Stück

Pro Stück: E: 7 g, F: 6 g, Kh: 21 g, kJ: 720, kcal: 172, BE: 2,0

75 g	*flüssiger Natur-Sauerteig (für 500 g Mehl)*
400 ml	*lauwarmes Wasser*
300 g	*dunkles Roggenmehl (Type 1150)*
15 g	*frische Hefe*
1 TL	*flüssiger Honig*
225 g	*Vollkorn-Weizenmehl*
2–3 TL	*Brotgewürz-Mischung (Koriander, Fenchel- und Kümmelsamen)*
1 ½ gestr. TL	*Salz*
150 g	*Salami*
50 g	*Sonnenblumenkerne*
75 g	*ger. Käse, z. B. Emmentaler*

Zubereitungszeit: 35 Minuten, ohne Teiggehzeit
Backzeit: etwa 25 Minuten je Backblech

1. Flüssigen Sauerteig mit 50 ml lauwarmem Wasser verrühren, dann etwas Roggenmehl unterrühren, bis ein leicht dicklicher Brei entstanden ist. Zugedeckt bei Zimmertemperatur bis zur Weiterverarbeitung stehen lassen.

2. Zerbröckelte Hefe mit Honig, etwa 50 ml lauwarmem Wasser und etwas Vollkorn-Weizenmehl in einer Rührschüssel verrühren. Den Vorteig zugedeckt an einem warmem Ort gehen lassen, bis er anfängt blasig zu werden, etwa 15 Minuten.

3. Angerührten Sauerteig, Hefe-Vorteig, restliches Roggen- und Vollkorn-Weizenmehl, Gewürzmischung und Salz in die Rührschüssel einer Küchenmaschine geben. Etwa 300 ml lauwarmes Wasser hinzugießen. Die Zutaten mit den Knethaken der Küchenmaschine auf niedrigster Stufe etwa 15 Minuten durchkneten.

4. Den Teig mit bemehlten Händen zu einer Kugel formen, dann in eine gut mit Mehl bestäubte Schüssel legen und zugedeckt an einem warmen Ort (etwa 24 °C) gehen lassen, etwa 30 Minuten.

5. Salami fein schneiden. Den Teig nochmals durchkneten, dabei Salamistückchen und Sonnenblumenkerne kurz mit unterkneten. Den Teig in 16–20 gleich große Portionen teilen. Die Teigportionen jeweils rund rollen, dann flach drücken und mit etwas Abstand auf Backbleche (gefettet, mit Backpapier belegt) verteilen. Teigfladen nochmals zugedeckt an einem warmen Ort (etwa 24 °C) gehen lassen, bis sie sich sichtbar vergrößert haben, etwa 1 Stunde.

6. In der Zwischenzeit den Backofen vorheizen.
Ober-/Unterhitze: etwa 230 °C
Heißluft: etwa 210 °C

7. Die Backbleche nacheinander (bei Heißluft zusammen) in den vorgeheizten Backofen schieben. Die Energy-Discs **etwa 15 Minuten je Backblech vorbacken.** Dann die Backofentemperatur auf Ober-/Unterhitze: etwa 180 °C, Heißluft: etwa 160 °C herunterschalten. Die vorgebackenen Fladen mit dem Käse bestreuen und **in weiteren etwa 10 Minuten fertig backen.**

8. Die Backbleche auf Kuchenroste stellen. Die Fladen etwas abkühlen lassen, dann vom Backblech nehmen und auf Kuchenrosten vollständig erkalten lassen.

Erdbeer-Cupcakes | Mögen alle gern
12 Stück

Pro Stück: E: 5 g, F: 29 g, Kh: 36 g, kJ: 1812, kcal: 433, BE: 3,0

Für den Teig:
2 Eiweiß (Größe M)
1 Prise Salz
1 Pck. Dr. Oetker Vanillin-Zucker
180 g Zucker
2 Eigelb (Größe M)
1 Ei (Größe M)
220 g Butter oder Margarine (zimmerwarm)
200 g Weizenmehl
1 1/2 gestr. TL Dr. Oetker Backin
1 Msp. Natron
100 g Joghurt (3,5 % Fett)

Für das Topping:
500 g Erdbeeren
50 g Baiser (fertig gekauft)
2 Pck. Sahnesteif
250 g Mascarpone (ital. Frischkäse)
100 g Schlagsahne (mind. 30 % Fett)
50 g Joghurt (3,5 % Fett)
evtl. einige Minzeblätter

Zubereitungszeit: 35 Minuten, ohne Abkühlzeit
Backzeit: etwa 30 Minuten

1. Den Backofen vorheizen.
Ober-/Unterhitze: etwa 180 °C
Heißluft: etwa 160 °C

2. Für den Teig Eiweiß mit Salz steif schlagen. Der Schnee muss so fest sein, dass ein Messerschnitt sichtbar bleibt. Den Eischnee etwa 3 Minuten weiterschlagen, dabei nach und nach Vanillin-Zucker und die Hälfte vom Zucker unterschlagen. Eiweiß bis zur Weiterverarbeitung in den Kühlschrank stellen.

3. In einer Rührschüssel Eigelb mit Ei, Butter oder Margarine und restlichem Zucker mit dem Mixer (Rührstäbe) schaumig rühren. Mehl mit Backpulver und Natron mischen, dann mit dem Joghurt abwechselnd unterrühren. Den Eischnee in 2 Portionen kurz auf niedrigster Stufe unterrühren.

4. Den Teig in der Muffinform (für 12 Muffins, mit Papierbackförmchen ausgelegt) verteilen. Die Form auf dem Rost in den vorgeheizten Backofen schieben. Muffins **etwa 30 Minuten backen.**

5. Die Form auf einen Kuchenrost stellen. Muffins etwa 5 Minuten abkühlen lassen. Dann die Muffins aus der Form lösen und vollständig erkalten lassen.

6. Für das Topping die Erdbeeren abspülen, trocken tupfen und entstielen. 6 Erdbeeren zum Garnieren beiseitelegen, restliche Erdbeeren klein würfeln. Das Baiser zunächst grob hacken, dann mit den Fingern zerbröseln. Baiserbrösel mit Erdbeerwürfeln und Sahnesteif in einer Schüssel mischen. Mascarpone mit Sahne in einer Rührschüssel mit dem Mixer (Rührstäbe) steif schlagen. Die Hälfte der Mascarpone-Sahne mit der Erdbeermasse mischen. Die Erdbeercreme mit einem Messer auf die Muffins streichen.

7. Den Joghurt kurz unter die restliche Mascarpone-Sahne rühren. Die Creme in einen Spritzbeutel mit Sterntülle füllen. Auf jeden Cupcake einen Tupfen Creme spritzen. Die Cupcakes je mit 1/2 Erdbeere und evtl. einem Minzeblatt garnieren und sofort servieren.

Erdnuss-Cupcakes | Etwas Besonderes

12 Stück

Pro Stück: E: 10 g, F: 36 g, Kh: 36 g, kJ: 2141, kcal: 511, BE: 3,0

Für den Teig:

50 g geröstete, gesalzene Erdnusskerne
3 Eier (Größe M)
1 Prise Salz
150 g brauner Zucker
2 Pck. Dr. Oetker Vanillin-Zucker
30 g Peanut Butter, creamy (Erdnusscreme)
150 g Butter oder Margarine (zimmerwarm)
90 g Weizenmehl
40 g Speisestärke
1 Msp. Dr. Oetker Backin
1 Msp. Natron
2 EL Milch (3,5 % Fett)

Für das Topping:

180 g Peanut Butter, creamy (Erdnusscreme)
50 g Butter
300 g Doppelrahm-Frischkäse
75 g Puderzucker
1 Pck. Dr. Oetker Vanillin-Zucker
1 Prise Salz

etwa 50 g Haselnuss-Krokant

Zubereitungszeit: 30 Minuten, ohne Abkühlzeit
Backzeit: etwa 30 Minuten

1. Den Backofen vorheizen.
Ober-/Unterhitze: etwa 180 °C
Heißluft: etwa 160 °C

2. Für den Teig die Erdnusskerne fein hacken. Die Eier mit dem Salz in einer Rührschüssel mit einem Mixer (Rührstäbe) auf höchster Stufe kurz aufschlagen. Die Eiermasse etwa 3 Minuten weiterschlagen, dabei nach und nach den braunen Zucker und den Vanillin-Zucker einrieseln lassen.

3. In einer anderen Schüssel Peanut Butter mit Butter oder Margarine mit einem Mixer (Rührstäbe) schaumig rühren). Die gehackten Erdnusskerne kurz unterrühren. Mehl mit Speisestärke, Backpulver und Natron mischen. Das Mehlgemisch zusammen mit der Milch kurz unter die Buttermasse rühren. Die Eiercreme in 2 Portionen kurz auf niedrigster Stufe unterrühren.

4. Teig in den Mulden einer Muffinform (für 12 Muffins, mit Papierbackförmchen ausgelegt) verteilen.

5. Die Muffinform auf dem Rost in den vorgeheizten Backofen schieben. Die Muffins **etwa 30 Minuten backen.**

6. Die Muffinform auf einen Kuchenrost stellen und die Muffins kurz abkühlen lassen. Anschließend mit den Förmchen aus der Muffinform nehmen und die Muffins auf dem Kuchenrost erkalten lassen.

7. Für das Topping die Zutaten in eine Rührschüssel geben und mit dem Mixer (Rührstäbe) kurz zu einer glatten Creme aufschlagen. Die Creme mit einem Löffel auf den Muffins verteilen. Vor dem Servieren die Cupcakes mit Haselnuss-Krokant bestreuen.

Feiner Schokoladen-Gugelhupf

Mögen alle gern

14 Stücke

Pro Stück: E: 5 g, F: 16 g, Kh: 25 g, kJ: 1110, kcal: 266, BE: 2,0

Für den Rührteig:

150 g Zartbitter-Schokolade (mind. 50 % Kakaoanteil)
4 Eiweiß (Größe M)
75 g Zucker
150 g Butter oder Margarine (zimmerwarm)
75 g Zucker
1 Pck. Dr. Oetker Vanillin-Zucker
1 Prise Salz
2 Eier (Größe M)
4 Eigelb (Größe M)
150 g Weizenmehl
1 gestr. TL Dr. Oetker Backin
10 g gesiebtes Kakaopulver

Zum Bestäuben:

1 EL Puderzucker

Zubereitungszeit: 30 Minuten, ohne Abkühlzeit
Backzeit: etwa 45 Minuten

1. Für den Teig Schokolade in Stücke brechen und in einem kleinen Topf im Wasserbad bei schwacher Hitze unter Rühren schmelzen lassen. Schokolade abkühlen lassen. Eiweiß mit Zucker so steif schlagen, dass ein Messerschnitt sichtbar bleibt.

2. Den Backofen vorheizen.
Ober-/Unterhitze: etwa 180 °C
Heißluft: etwa 160 °C

3. Butter oder Margarine mit einem Mixer (Rührbesen) auf höchster Stufe geschmeidig rühren. Nach und nach Zucker, Vanillin-Zucker, Salz und flüssige Schokolade unterrühren. So lange rühren, bis eine gebundene Masse entstanden ist.

4. Eier und Eigelb nach und nach unterrühren (jedes Ei etwa ½ Minute). Mehl mit Backpulver und Kakao vermischen und in 2 Portionen auf mittlerer Stufe unterrühren. Eischnee vorsichtig unterheben.

5. Den Teig in eine Gugelhupfform (Ø 22–24 cm, gefettet, mit Semmelbröseln ausgestreut) füllen und glatt streichen.

6. Die Form auf dem Rost in den vorgeheizten Backofen schieben. Kuchen **etwa 45 Minuten backen.**

7. Die Form auf einen Kuchenrost stellen. Nach etwa 10 Minuten den Kuchen auf einen mit Backpapier belegten Kuchenrost stürzen und erkalten lassen. Den Gugelhupf vor dem Servieren mit Puderzucker bestäuben.

Tipp: Der Kuchen kann bereits am Vortag gebacken werden.

FUN

Flammkuchen | Pikanter Snack
5 Stück

Pro Stück: E: 11 g, F: 13 g, Kh: 36 g, kJ: 1329, kcal: 317, BE: 3,0

Für den Hefeteig:

200 g Weizenmehl (Type 550)
2 gestr. TL Dr. Oetker Trockenbackhefe
1 gestr. TL Salz
1 EL Olivenöl
125 ml Mineralwasser mit Kohlensäure

Für den Belag:

200 g Schmand (Sauerrahm)
je 1 EL TK-Petersilie und Schnittlauch
gem. Pfeffer
1 Prise ger. Muskatnuss
2 mittelgroße Zwiebeln
125 g Schinkenwürfel

Zubereitungszeit: 20 Minuten, ohne Teiggehzeit
Backzeit: 15–20 Minuten je Backblech

1. Für den Teig Mehl mit Hefe in einer Rührschüssel sorgfältig vermischen. Salz, Olivenöl und Mineralwasser hinzugeben. Die Zutaten mit einem Mixer (Knethaken) zunächst kurz auf niedrigster, dann auf höchster Stufe in etwa 5 Minuten zu einem glatten Teig verarbeiten. Den Teig leicht mit Mehl bestäuben und zugedeckt so lange an einem warmen Ort gehen lassen, bis er sich sichtbar vergrößert hat, etwa 30 Minuten.

2. In der Zwischenzeit Schmand in eine Rührschüssel geben und mit Kräutern, Pfeffer und Muskatnuss verrühren. Masse zugedeckt beiseitestellen.

3. Zwiebeln abziehen, in dünne Scheiben schneiden, dann in Ringe teilen. Schinkenwürfel in einer Pfanne ohne Fett bei mittlerer Hitze etwa 3 Minuten anbraten. Zwiebelringe hinzugeben und weitere etwa 3 Minuten unter ständigem Rühren goldgelb andünsten. Die Schinken-Zwiebel-Mischung auf einen Teller geben und beiseitestellen.

4. Den Backofen vorheizen.
Ober-/Unterhitze: etwa 200 °C
Heißluft: etwa 180 °C

5. Den Teig leicht mit Mehl bestäuben und auf einer leicht mit Mehl bestäubten Arbeitsfläche mit den Händen kurz verkneten.

6. Den Teig in 5 gleich große Portionen teilen. Die Teigstücke jeweils zu ovalen Fladen (etwa 12 x 20 cm) ausrollen.

7. Die Teigfladen mit etwas Abstand auf Backbleche (gefettet, mit Backpapier belegt) legen. Teigfladen mit einer Gabel mehrmals einstechen.

8. Die Teigfladen mit je 2 Esslöffeln der Schmandmischung bestreichen, dabei am Rand etwa 1 cm frei lassen.

9. Die beiseitegestellte Schinken-Zwiebel-Mischung gleichmäßig auf der Schmandschicht verteilen. Dann vorsichtig mit etwas Pfeffer würzen.

10. Die Backbleche nacheinander (bei Heißluft zusammen) in den vorgeheizten Backofen schieben. Die Flammkuchen **15–20 Minuten je Backblech backen.**

11. Die Backbleche auf Kuchenroste stellen. Flammkuchen heiß oder lauwarm servieren.

Tipps: Essen kleinere Kinder mit, reduzieren Sie die Menge der Schinkenwürfel, da diese recht salzig sind. Die gebackenen Flammkuchen nach Belieben mit frischen Schnittlauchröllchen oder fein gehackter Petersilie bestreuen.

Variante für Vegetarier: Auf die Schmandschicht 200 g Mini-Roma- oder Cocktailtomaten (abgespült, trocken getupft, halbiert, Stängelansätze eventuell entfernt) geben. Mit wenig Salz und Pfeffer bestreuen. Flammkuchen wie beschrieben backen. In der Zwischenzeit etwa 30 g Rucola (Rauke) verlesen, dicke Stängel abschneiden. Rucola abspülen, dann trocken tupfen. Größere Blätter einmal durchschneiden. Rucola nach dem Backen auf die Flammkuchen streuen.

Flankuchen mit Äpfeln, Birnen und Pfirsichen | Gut vorzubereiten

30 Stücke

Pro Stück: E: 3 g, F: 13 g, Kh: 23 g, kJ: 921, kcal: 220, BE: 2,0

Für den All-in-Teig:

375 g Weizenmehl
3 gestr. TL Dr. Oetker Backin
200 g Butter (zimmerwarm)
125 g Zucker
3 Eier (Größe M)

Für den Belag:

3 säuerliche Äpfel, z. B. Boskop
3 Birnen
3–4 frische Pfirsiche oder 825 g abgetropfte Pfirsichhälften (aus Dosen)

Für den Flan-Guss:

1 Pck. Dr. Oetker Pudding-Pulver Vanille-Geschmack
100 ml Apfelsaft
600 g Schlagsahne
80 g Zucker
1 Pck. Dr. Oetker Finesse Bourbon-Vanille-Aroma
1 Eigelb (Größe M)

Zubereitungszeit: 35 Minuten, ohne Abkühlzeit
Backzeit: etwa 50 Minuten

1. Den Backofen vorheizen.
Ober-/Unterhitze: etwa 180 °C
Heißluft: etwa 160 °C

2. Für den Teig Mehl mit Backpulver in einer Rührschüssel mischen. Restliche Zutaten für den Teig hinzufügen und mit einem Mixer (Rührstäbe) zunächst kurz auf niedrigster, dann auf höchster Stufe in etwa 2 Minuten zu einem glatten Teig verarbeiten.

3. Den Teig auf ein Backblech (30 x 40 cm, gefettet) geben und glatt streichen, dabei einen etwa 1 cm hohen Rand formen.

4. Für den Belag Äpfel, Birnen und frische Pfirsiche abspülen und abtrocknen. Äpfel und Birnen nach Belieben schälen, dann vierteln und entkernen. Die Viertel in je 3 Spalten schneiden. Frische Pfirsiche halbieren und jeweils den Kern herauslösen. Die frischen oder die Pfirsiche aus der Dose vierteln und je in 3 Spalten schneiden.

5. Die Apfel-, Birnen- und Pfirsichspalten immer im Wechsel, leicht überlappend auf dem Teig verteilen.

6. Für den Guss Pudding-Pulver mit dem Apfelsaft gut verrühren. Sahne mit Zucker und Aroma in einem Topf unter Rühren zum Kochen bringen. Das angerührte Pudding-Pulver in die von der Kochstelle genommene Sahne rühren und anschließend nochmals kurz aufkochen lassen. Den Topf von der Kochstelle nehmen. Das Eigelb unterrühren. Den Guss sofort gleichmäßig auf den Obstspalten verteilen.

7. Das Backblech in den vorgeheizten Backofen schieben. Flankuchen **etwa 50 Minuten backen.**

8. Das Backblech auf einen Kuchenrost stellen. Den Kuchen darauf erkalten lassen. Flankuchen in Stücke schneiden.

Flocken-Cookies

Für die Pause

9 große Cookies

Pro Stück: E: 3 g, F: 12 g, Kh: 23 g, kJ: 906, kcal: 216, BE: 2,0

Für den Teig:

50 g weiße Schokolade
50 g Rosinen
100 g Butter (zimmerwarm)
40 g Zucker
1 Prise Salz
1 Pck. Dr. Oetker Finesse Geriebene Zitronenschale
1 Ei (Größe M)
50 g Weizenmehl
100 g 5-Korn-Getreideflocken-Mischung, z. B. Hafer, Weizen, Roggen, Gerste, Dinkel

Zubereitungszeit: 20 Minuten
Backzeit: etwa 25 Minuten

1. Den Backofen vorheizen.
Ober-/Unterhitze: etwa 160 °C
Heißluft: etwa 140 °C

2. Für den Teig die Schokolade und Rosinen in feine Stückchen hacken. Butter mit Zucker, Salz und Zitronenschale in eine Rührschüssel geben. Die Zutaten mit einem Mixer (Rührstäbe) zunächst kurz auf niedrigster, dann auf höchster Stufe schaumig schlagen.

3. Danach das Ei hinzugeben und etwa 1 Minute unterschlagen.

4. Die fein gehackte Schokolade und Rosinen mit dem Mehl und den 5-Korn-Getreideflocken gut vermischen. Die Mehl-Getreideflocken-Mischung auf die Butter-Ei-Masse geben und mit einem Teigschaber unterheben.

5. Teig mit 2 Esslöffeln in 9 gleich großen, runden Häufchen auf ein Backblech (gefettet) setzen. Dabei genügend Abstand zwischen den Teighäufchen lassen.

6. Die Teighäufchen mit einem in Wasser getauchten Löffel zu flachen Cookies verstreichen.

7. Backblech in den vorgeheizten Backofen schieben. Die Flocken-Cookies **etwa 25 Minuten backen.**

8. Die Flocken-Cookies mit dem Backpapier auf einen Kuchenrost ziehen und erkalten lassen.

Fruchtige Marmorschnitten

Einfach

20 Stücke

Pro Stück: E: 4 g, F: 18 g, Kh: 28 g, kJ: 1216, kcal: 290, BE: 2,5

Zum Vorbereiten:

100 g Edelbitter-Schokolade (etwa 60 % Kakaoanteil)
250 g abgetropfte Aprikosenhälften (aus der Dose)

Für den Rührteig:

300 g Butter oder Margarine (zimmerwarm)
200 g Zucker
1 Pck. Dr. Oetker Vanillin-Zucker
6 Eier (Größe M)
300 g Weizenmehl
2 gestr. TL Dr. Oetker Backin

145 g abgetropfte Cocktailfrüchte (Frucht-Cocktail, aus der Dose)
20 g gesiebtes Kakaopulver
1 EL Milch (3,5 % Fett)

Für den Guss:

50 g Edelbitter-Schokolade (etwa 60 % Kakaoanteil)
½ TL Sonnenblumenöl

Zubereitungszeit: 45 Minuten, ohne Abkühlzeit
Backzeit: etwa 30 Minuten

1. Zum Vorbereiten die Edelbitter-Schokolade in kleine Würfel schneiden. Die Aprikosenhälften in Spalten schneiden.

2. Den Backofen vorheizen.
Ober-/Unterhitze: etwa 180 °C
Heißluft: etwa 160 °C

3. Für den Teig Butter oder Margarine in einer Rührschüssel mit einem Mixer (Rührstäbe) auf höchster Stufe geschmeidig rühren.

4. Zucker und Vanillin-Zucker nach und nach unterrühren. So lange rühren, bis eine gebundene Masse entstanden ist. Eier nach und nach unterrühren (jedes Ei etwa ½ Minute).

5. Mehl mit Backpulver mischen und in 2 Portionen kurz auf mittlerer Stufe unterrühren.

6. Zwei Drittel des Teiges auf ein Backblech (gefettet, mit Backpapier belegt) geben und glatt streichen.

7. Zuerst die Aprikosenspalten, dann die Cocktailfrüchte darauf verteilen.

8. Vorbereitete Schokoladenwürfel, Kakao und Milch unter den restlichen Teig rühren. Den dunklen Rührteig mit 2 Teelöffeln in Klecksen auf den Früchten verteilen.

9. Das Backblech in den vorgeheizten Backofen schieben. Den Kuchen **etwa 30 Minuten backen.**

10. Das Backblech auf einen Kuchenrost stellen. Den Kuchen darauf erkalten lassen.

11. Für den Guss Schokolade in Stücke brechen, mit Sonnenblumenöl in einem kleinen Topf bei schwacher Hitze unter Rühren schmelzen.

12. Die Schokolade in einen kleinen Gefrierbeutel füllen und eine kleine Ecke abschneiden. Den Kuchen mit der Schokolade verzieren. Schokolade fest werden lassen.

Fußballfeld | Für die ganze Mannschaft

20 Stücke

Pro Stück: E: 5 g, F: 21 g, Kh: 51 g,
kJ: 1754, kcal: 418, BE: 4,0

Für den Knetteig (Figuren):

125 g Weizenmehl
1/2 gestr. TL Dr. Oetker Backin
40 g Zucker
1 Eigelb (Größe M)
60 g Butter oder Margarine (zimmerwarm)

Für den Rührteig (Fußballfeld):

250 g Butter oder Margarine (zimmerwarm)
200 g Zucker
1 Pck. Dr. Oetker Vanillin-Zucker
4 Eier (Größe M)
350 g Weizenmehl
3 gestr. TL Dr. Oetker Backin

Für den Guss:

150 g Puderzucker
rote und gelbe Speisefarben (oder z. B. Farbe des Lieblingsvereins)
dunkelbraune Zuckerschrift

Zum Garnieren:

250 g Schlagsahne (mind. 30 % Fett)
1 Pck. Sahnesteif
300 g grünes Dekor-Marzipan
grüne Speisefarbe
etwa 1 EL Kokosraspel

Zubereitungszeit: 45 Minuten, ohne Trockenzeit
Backzeit: etwa 30 Minuten

1. Den Backofen vorheizen.
Ober-/Unterhitze: etwa 200 °C
Heißluft: etwa 180 °C

2. Für den Knetteig Mehl mit Backpulver in einer Rührschüssel mischen. Restliche Zutaten hinzufügen und mit einem Mixer (Knethaken) zunächst kurz auf niedrigster, dann auf höchster Stufe gut durcharbeiten. Anschließend auf einer leicht bemehlten Arbeitsfläche kurz zu einem Teig verkneten. Sollte er kleben, ihn in Frischhaltefolie gewickelt eine Zeit lang in den Kühlschrank legen.

3. Den Teig auf einer leicht bemehlten Arbeitsfläche etwa ½ cm dick ausrollen. Mit einem Plätzchenausstecher (etwa 4 x 3 cm) Bärchen ausstechen. Die Teigbärchen auf ein Backblech (gefettet, mit Backpapier belegt) legen. Restlichen Teig zu beliebigen Plätzchen ausstechen, mit auf das Backblech legen.

4. Das Backblech in den vorgeheizten Backofen schieben. Die Plätzchen **etwa 10 Minuten backen.**

5. Plätzchen mit dem Backpapier auf einen Kuchenrost ziehen und erkalten lassen. Die Backofentemperatur um 20 °C auf Ober-/Unterhitze etwa 180 °C, Heißluft etwa 160 °C herunterschalten.

6. Für den Rührteig Butter oder Margarine mit einem Mixer (Rührstäbe) auf höchster Stufe geschmeidig rühren. Nach und nach Zucker und Vanillin-Zucker unterrühren. So lange rühren, bis eine gebundene Masse entstanden ist.

7. Eier nach und nach unterrühren (jedes Ei etwa 1/2 Minute). Mehl mit Backpulver mischen und in 2 Portionen auf mittlerer Stufe kurz unterrühren. Den Teig auf ein Backblech (30 x 40 cm, gefettet, mit Backpapier belegt) geben und glatt streichen. Die offene Seite mit einem mehrfach geknickten Papierstreifen verschließen.

8. Das Backblech in den vorgeheizten Backofen schieben. Die Teigplatte **etwa 20 Minuten backen.**

9. In der Zwischenzeit für den Guss Puderzucker mit so viel Wasser verrühren, dass eine dickflüssige Masse entsteht, in 4 kleinen Schälchen verteilen und 3 Portionen mit je einer anderen Farbe einfärben. Die Güsse in kleine Gefrierbeutel füllen und vorsichtig eine ganz kleine Ecke von den Beuteln abschneiden. Die Bärchen mit den Güssen verzieren und trocknen lassen. Nach Belieben mit Zuckerschrift Muster auf die Trikots und Gesichter zeichnen.

10. Das Backblech auf einen Kuchenrost stellen. Die Gebäckplatte darauf erkalten lassen. Dann den roten Guss um das Fußballfeld spritzen.

11. Zum Garnieren Sahne mit Sahnesteif steif schlagen, in einen Spritzbeutel mit Lochtülle (etwa 5 mm) füllen und Fußballfeldlinien und Tore auf den Kuchen spritzen. Eventuellen Rest von der Sahne auf der Kuchenoberfläche verteilen. Dekor-Marzipan durch eine Knoblauchpresse drücken und als Rasen auf dem Kuchen verteilen. Tore und Mittellinie mit Kokosraspeln bestreuen. Die restliche Sahne als „Halte"-Tupfen für die Bärchen auf das Feld spritzen.

12. Vor dem Servieren die Bärchen auf dem Marzipanrasen an die Sahnetupfen stellen.

Geburtstags-Gugelhupf

Beliebt

16 Stücke

Pro Stück: E: 7 g, F: 20 g, Kh: 57 g,
kJ: 1869, kcal: 446, BE: 4,5

Für den Hefeteig:

500 g Weizenmehl
1 Pck. Dr. Oetker Trockenbackhefe
125 g Zucker
1 Pck. Dr. Oetker Vanillin-Zucker
4 Eier (Größe M)
200 g lauwarme Schlagsahne
200 g zerlassene, abgekühlte Butter
6 Tropfen Zitronen-Aroma
1 Prise Salz
150 g Rosinen
50 g Korinthen
100 g nicht abgezogene, gehackte Mandeln

Für den Guss und zum Garnieren:

200 g Puderzucker
etwa 3 EL Zitronensaft
etwa 50 g bunte Schokolinsen
kleine Kerzen und Steck-Kerzenhalter für Kuchen

Zubereitungszeit: 25 Minuten,
ohne Teiggeh- und Abkühlzeit
Backzeit: etwa 55 Minuten

1. Für den Teig Mehl in eine Rührschüssel geben und mit der Trockenbackhefe sorgfältig vermischen. Zucker, Vanillin-Zucker, Eier, Sahne und Butter, Aroma und Salz hinzugeben. Die Zutaten mit einem Mixer (Knethaken) zunächst kurz auf niedrigster, dann auf höchster Stufe in etwa 5 Minuten zu einem glatten Teig verarbeiten. Den Teig zugedeckt so lange an einem warmen Ort gehen lassen, bis er sich sichtbar vergrößert hat, etwa 30 Minuten.

2. Den Teig leicht mit Mehl bestäuben und auf einer leicht bemehlten Arbeitsfläche nochmals kurz verkneten. Rosinen, Korinthen und Mandeln kurz unter den Teig arbeiten.

3. Den Teig in eine Napfkuchenform (Ø 24 cm, gefettet, bemehlt) füllen und zugedeckt nochmals so lange an einem warmen Ort gehen lassen, bis er sich sichtbar vergrößert hat, etwa 30 Minuten.

4. Danach herausstehende Rosinen in den Teig drücken, damit sie nicht verbrennen.

5. In der Zwischenzeit den Backofen vorheizen.
Ober-/Unterhitze: etwa 180 °C
Heißluft: etwa 160 °C

6. Den Kuchen auf einem Rost in den vorgeheizten Backofen schieben. Gugelhupf **etwa 55 Minuten backen.**

7. Die Form auf einen Kuchenrost stellen und den Kuchen etwa 5 Minuten abkühlen lassen. Dann aus der Form lösen, auf einen Kuchenrost stürzen und erkalten lassen.

8. Für den Guss Puderzucker mit Zitronensaft zu einer zähflüssigen Masse verrühren. Zuckerguss gleichmäßig über den Gugelhupf laufen lassen, so dass er in „Nasen" herunterläuft.

9. Zum Garnieren Schokoladenlinsen auf dem noch feuchten Zitronenguss verteilen.

10. Vor dem Servieren die Kerzen in den Haltern oben in den Kuchen stecken.

Gefüllte Apfel-Caramel-Donuts

Cremig

22 Stück

Pro Stück: E: 4 g, F: 13 g, Kh: 36 g, kJ: 1178, kcal: 1178, BE: 3,0

Für den Teig:

500 g Weizenmehl
3 1/2 gestr. TL Dr. Oetker Backin
160 g Zucker
1 Pck. Dr. Oetker Vanillin-Zucker
1 Ei (Größe M)
1 Eigelb (Größe M)
20 g Butter oder Margarine (zimmerwarm)
200 g saure Sahne
1 Apfel (etwa 250 g)

Zum Ausbacken:

1 1/2 l Speiseöl zum Frittieren, z. B. Erdnussöl

Für die Füllung:

330 g Schlagsahne (mind. 35 % Fett, Konditorsahne)
1 Pck. Gebäckcreme Schoko
250 g Caramel-Creme (aus dem Glas)

Zum Garnieren:

2 1/2 EL Zucker
1/2 TL gem. Zimt

Zubereitungszeit: 55 Minuten, ohne Abkühlzeit
Ausbackzeit: 3–4 Minuten je 4 Donuts

1. Für den Teig Mehl und Backpulver in einer Rührschüssel mischen, mit Zucker, Vanillin-Zucker, Ei, Eigelb, Butter oder Margarine und saurer Sahne mit dem Mixer (Knethaken) kurz auf niedrigster, dann auf höchster Stufe zu einem glatten Teig verarbeiten.

2. Den Apfel heiß abwaschen, abtrocknen und mit der Schale auf einer Haushaltsreibe grob raspeln. Apfelraspel auf mittlerer Stufe gründlich unter den Teig arbeiten.

3. Den Teig auf der leicht bemehlten Arbeitsfläche nochmals kurz verkneten und etwa 1 cm dick ausrollen. Insgesamt 22 Kreise (Ø etwa 7 cm) ausstechen, und mit etwas Abstand zueinander auf ein Backblech (gefettet, mit Backpapier belegt) legen. Aus der Mitte der Teiglinge einen kleinen Kreis ausstechen. Restlichen Teig ebenso verarbeiten.

4. In einem hohen Topf oder einer Fritteuse das Öl auf etwa 170 °C erhitzen. Die richtige Temperatur ist erreicht, wenn sich an einem Holzlöffelstiel, der in das Fett gehalten wird, kleine Bläschen bilden.

5. Einen Pfannenwender kurz in das Fett halten. Dann die Donuts vorsichtig mithilfe des Pfannenwenders vom Backpapier lösen und etwa 4 Stück nacheinander in das heiße Fett gleiten lassen. Sobald die Unterseite braun wird, Donuts mithilfe einer Schaumkelle wenden. Fertige Donuts auf Küchenpapier abtropfen und erkalten lassen.

6. Für die Füllung Sahne mit Gebäckcreme nach Packungsanleitung steif schlagen. Caramel-Creme vorsichtig unterrühren. Creme in einen Spritzbeutel mit Sterntülle (Ø 10 mm) füllen.

7. Zum Garnieren Zucker und Zimt in einer kleinen Schale mischen.

8. Donuts waagerecht durchschneiden. Die Creme auf die untere Hälfte spritzen. Die obere Seite in den Zimt-Zucker tauchen und den Deckel auf die Cremeschicht legen.

Gemüse-Käse-Küchlein

Für die Party
20 Stück

Pro Stück: E: 10 g, F: 13 g, Kh: 17 g, kJ: 931, kcal: 222, BE: 1,5

Für den Hefeteig:

400 g Weizenmehl
1 Pck. Dr. Oetker Trockenbackhefe
6 EL Speiseöl, z. B. Sonnenblumenöl
200 ml lauwarmes Wasser
100 g geriebener Gouda
1 gestr. TL Salz
½ TL Zucker

Für den Belag:

300 g Cocktailtomaten
1 kleine Zucchini
100 g Pilze, z. B. Champignons oder Austernpilze
je 1 rote und gelbe Paprikaschote
4 Frühlingszwiebeln
3 Knoblauchzehen
150 g Edelpilzkäse, z. B. Gorgonzola
150 g Camembert
50 g Salami, in Scheiben
50 g Blutwurst, in Scheiben
150 g geriebener Emmentaler
Salz
gem. Pfeffer
einige gehackte, frische Kräuter, z. B. Schnittlauch, Majoran, Thymian, Basilikum

Zubereitungszeit: 40 Minuten, ohne Teiggehzeit
Backzeit: etwa 15 Minuten je Backblech

1. Für den Teig Mehl in eine Rührschüssel geben und mit Trockenbackhefe sorgfältig vermischen. Speiseöl, Wasser, Gouda, Salz und Zucker hinzufügen. Die Zutaten mit einem Mixer (Knethaken) zunächst kurz auf niedrigster, dann auf höchster Stufe in etwa 5 Minuten zu einem glatten Teig verarbeiten. Den Teig zugedeckt so lange an einem warmen Ort gehen lassen, bis er sich sichtbar vergrößert hat, etwa 30 Minuten.

2. In der Zwischenzeit für den Belag die Tomaten abspülen, abtropfen lassen, entstielen und vierteln. Zucchini abspülen, abtrocknen und die Enden abschneiden. Zucchini in dünne Scheiben schneiden.

3. Pilze putzen, mit Küchenpapier abreiben, evtl. kurz abspülen, trocken tupfen und ebenfalls in dünne Scheiben schneiden.

4. Paprikaschoten halbieren, entstielen, entkernen und die weißen Scheidewände entfernen. Schotenhälften abspülen, abtropfen lassen und in kleine Würfel schneiden.

5. Frühlingszwiebeln putzen, abspülen, abtropfen lassen und in feine Scheiben schneiden. Knoblauch abziehen und in kleine Würfel schneiden. Edelpilzkäse grob zerteilen. Camembert in Scheiben schneiden.

6. Den Backofen vorheizen.
Ober-/Unterhitze: etwa 180 °C
Heißluft: etwa 160 °C

7. Den Teig auf einer leicht bemehlten Arbeitsfläche nochmals kurz verkneten. Den Teig halbieren und zu 2 langen Rollen formen. Jede Teigrolle in 10 gleich große Scheiben schneiden und anschließend zu je einer Kugel formen.

8. Die Teigkugeln je zu einer runden Platte (etwa Ø 10 cm) ausrollen. Dabei mit dem Daumen einen Rand eindrücken.

9. Die Teigplatten mit etwas Abstand auf Backbleche (gefettet, mit Backpapier belegt) legen und nach Belieben mit dem vorbereiteten Gemüse, den Wurstscheiben und den Käsesorten belegen.

10. Die Backbleche nacheinander (bei Heißluft zusammen) in den vorgeheizten Backofen schieben.

11. Die Gemüse-Käse-Küchlein **etwa 15 Minuten je Backblech backen.**

12. Die Backbleche auf Kuchenroste stellen. Die Küchlein nach Belieben mit Salz, Pfeffer und Kräutern bestreut servieren.

Glücksschweinchen I

Lecker gefüllt

10 Stück

Pro Stück: E: 7 g, F: 13 g, Kh: 47 g, kJ: 1406, kcal: 336, BE: 4,0

Für den Hefeteig:

200 ml lauwarme Milch (3,5 % Fett)
50 g Butter oder Margarine
375 g Weizenmehl
1 Pck. Dr. Oetker Trockenbackhefe
50 g Zucker
1 Pck. Dr. Oetker Vanillin-Zucker
1 Prise Salz
1 Ei (Größe M)

Für die Füllung und zum Bestreichen:

200 g Nuss-Nougat-Creme
1 Eiweiß

Zum Garnieren:

1 Eigelb
1 EL Milch
20 Gewürznelken
etwa 20 gehackte Haselnussstückchen

Zubereitungszeit: 1 Stunde, ohne Teiggehzeit
Backzeit: etwa 20 Minuten je Backblech

1. Für den Teig Milch erwärmen und Butter oder Margarine darin zerlassen. Dann Lauwarm abkühlen lassen.

2. Mehl in eine Rührschüssel geben und mit Trockenbackhefe sorgfältig vermischen. Dann Zucker, Vanillin-Zucker, Salz und Ei hinzufügen.

3. Die Zutaten mit einem Mixer (Knethaken) zunächst kurz auf niedrigster, dann auf höchster Stufe in etwa 5 Minuten zu einem glatten Teig verarbeiten.

4. Den Teig zugedeckt so lange an einem warmen Ort gehen lassen, bis er sich sichtbar vergrößert hat, etwa 30 Minuten.

5. Den Teig leicht mit Mehl bestäuben und auf einer leicht bemehlten Arbeitsfläche nochmals kurz verkneten.

6. Anschließend den Teig etwa 5 mm dünn ausrollen und daraus 20 Kreise (Ø etwa 10 cm) ausstechen. Die Hälfte davon auf 2 Backbleche (gefettet, mit Backpapier belegt) legen. Nuss-Nougat-Creme in die Mitte der Teigkreise auf den Blechen geben, dabei die Ränder frei lassen.

7. Die Teigränder mit verschlagenem Eiweiß bestreichen. Die restlichen Teigkreise darauflegen und an den Rändern gut andrücken.

8. Aus den Teigresten 10 kleine Kreise (Ø 3 cm) ausstechen und 20 kleine Dreiecke ausschneiden. Teigkreise und -dreiecke auf einer Seite mit Eiweiß bestreichen und als „Nasen" und „Ohren" auf die Schweinchen legen.

9. Die Glücksschweinchen zugedeckt nochmals so lange an einem warmen Ort gehen lassen, bis sie sich sichtbar vergrößert haben, etwa 15 Minuten.

10. In der Zwischenzeit den Backofen vorheizen.
Ober-/Unterhitze: etwa 200 °C
Heißluft: etwa 180 °C

11. Zum Garnieren Eigelb mit Milch verschlagen. Die Glücksschweinchen damit bestreichen.

12. Mit einem Holzstäbchen Augen und Nasenlöcher andeuten. Die Nelken als Augen und die Haselnussstückchen als Nasenlöcher eindrücken.

13. Die Backbleche nacheinander (bei Heißluft zusammen) in den vorgeheizten Backofen schieben. Die Glücksschweinchen **etwa 20 Minuten je Backblech backen.**

14. Die Glücksschweinchen mit dem Backpapier von den Backblechen auf Kuchenroste ziehen und erkalten lassen.

Tipp: Statt der Gewürznelken können auch Rosinen verwendet werden.

Grießrahm-Brombeer-Kuchen I

Fruchtig
20 Stücke

Pro Stück: E: 5 g, F: 23 g, Kh: 42 g,
kJ: 1658, kcal: 396, BE: 3,5

Für den Knetteig:

450 g Weizenmehl
300 g Butter oder Margarine (zimmerwarm)
150 g Zucker
1 Eigelb (Größe M)
1 Prise Salz

Für die Grieß-Vanille-Creme:

700 ml Milch (3,5 % Fett)
500 g Schlagsahne
150 g Zucker
1 Vanilleschote
70 g Weichweizengrieß
1 Eigelb (Größe M)

350 g frische oder TK-Brombeeren

Für den Guss:

1 Pck. ungezuckerter Tortenguss, klar
2 EL Zucker
250 ml schwarzer Johannisbeernektar

Zubereitungszeit: 50 Minuten, ohne Zieh- und Abkühlzeit
Backzeit: etwa 40 Minuten

1. Den Backofen vorheizen.
Ober-/Unterhitze: etwa 200 °C
Heißluft: etwa 180 °C

2. Für den Teig Mehl in eine Rührschüssel geben. Butter oder Margarine, Zucker, Eigelb und Salz hinzufügen. Die Zutaten mit einem Mixer (Knethaken) zunächst kurz auf niedrigster, dann auf höchster Stufe gut durcharbeiten. Anschließend auf einer leicht bemehlten Arbeitsfläche kurz zu einem Teig verkneten. Sollte er kleben, ihn in Frischhaltefolie gewickelt eine Zeit lang in den Kühlschrank legen.

3. Den Teig in einem tiefen Backblech oder einer Fettpfanne (30 x 40 cm, gefettet, mit Backpapier belegt) ausrollen, dabei einen kleinen Rand andrücken. Das Backblech oder die Fettpfanne in den vorgeheizten Backofen schieben und den Knetteigboden **etwa 15 Minuten vorbacken.**

4. In der Zwischenzeit für die Creme Milch, Sahne und Zucker in einem Topf verrühren. Die Vanilleschote längs aufschneiden und das Mark herausschaben. Vanillemark und -schote in die Sahnemilch geben, zum Kochen bringen und etwa 15 Minuten bei mittlerer Hitze ziehen lassen.

5. Den Grieß einstreuen und etwa 15 Minuten unter gelegentlichem Rühren bei schwacher Hitze kochen lassen. Den Topf von der Kochstelle nehmen. Vanilleschote entfernen und das Eigelb unterrühren.

6. Das Backblech oder die Fettpfanne auf einen Kuchenrost stellen.

7. Die Backofentemperatur um etwa 20 °C auf Ober-/Unterhitze etwa 180 °C, Heißluft etwa 160 °C herunterschalten.

8. Die Grießrahmcreme auf dem vorgebackenen Knetteigboden verteilen, Creme etwa 10 Minuten abkühlen lassen.

9. Frische Brombeeren putzen, abspülen, abtropfen lassen und evtl. entstielen. Brombeeren (TK-Brombeeren unaufgetaut) auf der Grießrahmcreme verteilen und etwas eindrücken. Den Rand dabei frei lassen.

10. Das Backblech oder die Fettpfanne wieder in den heißen Backofen schieben. Den Grießrahm-Brombeer-Kuchen **in etwa 25 Minuten fertig backen.**

11. Das Backblech oder die Fettpfanne auf einen Kuchenrost stellen. Den Kuchen erkalten lassen.

12. Für den Guss aus Tortengusspulver, Zucker und Johannisbeernektar einen Guss nach Packungsanleitung zubereiten. Den Guss mithilfe eines Löffels auf den Kuchen träufeln. Grießrahm-Brombeer-Kuchen erkalten lassen.

Gugelhupf, feiner | Klassisch

16–18 Stücke

Pro Stück: E: 7 g, F: 19 g, Kh: 45 g, kJ: 1581, kcal: 378, BE: 3,5

Für den Hefeteig:

200 g Schlagsahne
200 g Butter oder Margarine
500 g Weizenmehl
1 Pck. Dr. Oetker Trockenbackhefe
150 g Zucker
1 Pck. Dr. Oetker Vanillin-Zucker
6 Tropfen Zitronen-Aroma oder 1 EL Zitronensaft
1 Prise Salz
4 Eier (Größe M)
150 g Rosinen
150 g Korinthen
100 g gehackte Mandeln

etwas Puderzucker

Zubereitungszeit: 35 Minuten, ohne Teiggeh- und Abkühlzeit
Backzeit: etwa 1 Stunde

1. Für den Teig Sahne erwärmen und Butter oder Margarine darin zerlassen. Lauwarm abkühlen lassen.

2. Das Mehl in eine Rührschüssel geben und mit der Trockenbackhefe sorgfältig vermischen. Zucker, Vanillin-Zucker, Aroma oder Zitronensaft, Salz, Eier und die warme Sahne-Fett-Mischung hinzufügen.

3. Die Zutaten mit einem Mixer (Knethaken) zunächst kurz auf niedrigster, dann auf höchster Stufe in etwa 5 Minuten zu einem glatten Teig verarbeiten. Rosinen, Korinthen und Mandeln kurz unterarbeiten.

4. Den Teig zugedeckt so lange an einem warmen Ort gehen lassen, bis er sich sichtbar vergrößert hat, etwa 30 Minuten.

5. Den Teig mit dem Mixer (Knethaken) nochmals auf höchster Stufe kurz verkneten und in eine Napfkuchenform (Ø 24 cm, gefettet) geben.

6. Den Teig nochmals zugedeckt so lange an einem warmen Ort gehen lassen, bis er sich sichtbar vergrößert hat, etwa 30 Minuten.

7. In der Zwischenzeit den Backofen vorheizen.
Ober-/Unterhitze: etwa 180 °C
Heißluft: etwa 160 °C

8. Die Form auf dem Rost in den vorgeheizten Backofen schieben und den Gugelhupf **etwa 1 Stunde backen.**

9. Die Form auf einen Kuchenrost stellen. Den Gugelhupf etwa 10 Minuten in der Form stehen lassen. Anschließend den Gugelhupf aus der Form lösen und auf einen mit Backpapier belegten Kuchenrost stürzen.

10. Den Gugelhupf erkalten lassen und mit Puderzucker bestäuben.

Tipp: Der Gugelhupf lässt sich wunderbar einfrieren.

Abwandlungen: Statt mit den Mandeln, Rosinen und Korinthen können Sie den Gugelhupf mit 100 g gewürfelten bunten Belegkirschen, 200 g gewürfelten getrockneten Aprikosen und 50 g gehackten Pistazienkernen zubereiten. Oder nehmen Sie statt Rosinen getrocknete Cranberrys.

Haferflocken-Cranberry-Plätzchen | Einfach

etwa 60 Stück

Pro Stück: E: 1 g, F: 2 g, Kh: 6 g, kJ: 211, kcal: 50, BE: 0,5

Für den Teig:

125 g getrocknete Cranberrys
200 g blütenzarte Haferflocken
2 EL Weizenmehl (Type 405)
1 gestr. TL Dr. Oetker Backin
150 g Butter oder Margarine (zimmerwarm)
150 g brauner Zucker
1 Ei (Größe M)

Zubereitungszeit: 45 Minuten, ohne Kühlzeit
Backzeit: etwa 12 Minuten je Backblech

1. Für den Teig die Cranberrys fein hacken. Mit Haferflocken, Mehl und Backpulver in einer Schüssel mischen.

2. Butter oder Margarine in einer Rührschüssel mit einem Mixer (Rührstäbe) auf höchster Stufe geschmeidig rühren.

3. Nach und nach Zucker unterrühren. So lange rühren, bis eine gebundene Masse entstanden ist.

4. Danach das Ei unterrühren (etwa ½ Minute). Zwei Drittel des Haferflockengemisches auf mittlerer Stufe unterrühren.

5. Restliches Haferflockengemisch auf eine Arbeitsfläche streuen. Den Teig daraufgeben und das Haferflockengemisch mit den Händen kurz unterkneten. Aus dem Teig mit leicht bemehlten Händen 2 Rollen (je etwa 20 cm lang) formen.

6. Die Teigrollen in Frischhaltefolie wickeln und mindestens 3 Stunden in den Kühlschrank legen.

7. Den Backofen vorheizen.
Ober-/Unterhitze: etwa 180 °C
Heißluft: etwa 160 °C

8. Teigrollen in etwa 60 etwa ½ cm dicke Scheiben schneiden. Teigscheiben mit etwas Abstand auf Backbleche (gefettet, mit Backpapier belegt) legen.

9. Die Backbleche nacheinander (bei Heißluft zusammen) in den vorgeheizten Backofen schieben. Die Plätzchen **etwa 12 Minuten je Backblech backen.**

10. Die Haferflocken-Cranberry-Plätzchen mit dem Backpapier von den Backblechen auf Kuchenroste ziehen und darauf erkalten lassen.

Haferflocken-Nuss-Plätzchen I

Knusprig

etwa 60 Stück

Pro Stück: E: 1 g, F: 5 g, Kh: 5 g,
kJ: 262, kcal: 62, BE: 0,5

Für den Teig:

150 g blütenzarte Haferflocken
100 g gem. Haselnusskerne
50 g gehobelte Haselnusskerne
1 EL Weizenmehl
1 gestr. TL Dr. Oetker Backin
150 g Butter oder Margarine (zimmerwarm)
150 g brauner Zucker
1 Ei (Größe M)

Zum Bestreichen und Bestreuen:

2 EL Schlagsahne
50 g gehobelte Haselnusskerne

Zubereitungszeit: 35 Minuten, ohne Kühlzeit
Backzeit: etwa 12 Minuten je Backblech

1. Für den Teig Haferflocken mit Haselnusskernen, Mehl und Backpulver in einer Schüssel mischen.

2. Butter oder Margarine in einer Rührschüssel mit einem Mixer (Rührstäbe) auf höchster Stufe geschmeidig rühren. Zucker nach und nach unterrühren. So lange rühren, bis eine gebundene Masse entstanden ist.

3. Danach das Ei unterrühren (etwa ½ Minute). Zwei Drittel des Haferflockengemisches auf mittlerer Stufe unterrühren.

4. Das restliche Haferflockengemisch auf eine Arbeitsfläche streuen. Den Teig daraufgeben und das Haferflockengemisch mit den Händen kurz unterkneten. Aus dem Teig mit leicht bemehlten Händen 2 eckige Stangen (etwa 4 x 4 cm, je 20 cm lang) formen.

5. Die Teigstangen in Frischhaltefolie wickeln und mindestens 3 Stunden in den Kühlschrank legen.

6. Den Backofen vorheizen.
Ober-/Unterhitze: etwa 180 °C
Heißluft: etwa 160 °C

7. Teigstangen in etwa 60 etwa ½ cm dicke Scheiben schneiden. Teigscheiben mit etwas Abstand auf Backbleche (gefettet, mit Backpapier belegt) legen.

8. Die Teigquadrate mit Sahne bestreichen und mit gehobelten Haselnusskernen bestreuen.

9. Die Backbleche nacheinander (bei Heißluft zusammen) in den vorgeheizten Backofen schieben. Die Plätzchen **etwa 12 Minuten je Backblech backen.**

10. Die Haferflocken-Nuss-Plätzchen mit dem Backpapier von den Backblechen auf Kuchenroste ziehen und darauf erkalten lassen.

Hafer-Whoopies mit Frischkäsefüllung | Zum Geburtstag

24 Stück

Pro Stück: E: 2 g, F: 9 g, Kh: 17 g, kJ: 676, kcal: 161, BE: 1,5

Für den Rührteig:

125 g Butter oder Margarine (zimmerwarm)
100 g brauner Zucker
1 Pck. Dr. Oetker Vanillin-Zucker
1 Prise Salz
1 Pck. Dr. Oetker Finesse Orangenschalen-Aroma
1 Ei (Größe M)
125 g Weizenmehl
1 gestr. TL Dr. Oetker Backin
100 g blütenzarte Haferflocken
100 ml Milch (1,5 % Fett)

Zum Garnieren:

100 g Puderzucker
etwa 2 EL Zitronensaft
Zuckerschrift (rot, grün, gelb, braun)

Für die Füllung:

150 g Doppelrahm-Frischkäse
1 TL flüssiger Honig
150 g Schlagsahne (mind. 30 % Fett)
1 Pck. Dr. Oetker Bourbon-Vanille-Zucker

Zubereitungszeit: 1 1/2 Stunden, ohne Abkühlzeit
Backzeit: etwa 18 Minuten je Backblech

1. Den Backofen vorheizen.
Ober-/Unterhitze: etwa 180 °C
Heißluft: etwa 160 °C

2. Für den Teig Butter oder Margarine in einer Rührschüssel mit einem Mixer (Rührstäbe) auf höchster Stufe geschmeidig rühren. Nach und nach Zucker, Vanillin-Zucker, Salz und Aroma unterrühren. So lange rühren, bis eine gebundene Masse entstanden ist. Das Ei unterrühren (etwa ½ Minute). Mehl mit Backpulver mischen und auf mittlerer Stufe kurz unterrühren. Haferflocken und Milch dazugeben und beides ebenfalls kurz unterrühren.

3. Aus dem Rührteig mithilfe von 2 Teelöffeln 48 walnussgroße, möglichst runde Häufchen mit etwas Abstand auf Backbleche (gefettet, mit Backpapier belegt) setzen.

4. Die Backbleche nacheinander (bei Heißluft zusammen) in den vorgeheizten Backofen schieben. Die Plätzchen **etwa 18 Minuten je Backblech backen.**

5. Das Backpapier auf Kuchenroste ziehen und die Haferkekse darauf erkalten lassen.

6. Zum Garnieren aus Puderzucker und Zitronensaft einen zähflüssigen Guss herstellen.

7. 12 Plätzchen auf der Oberseite mit dem Guss bestreichen. Gut trocknen lassen.

8. Die 12 mit Guss bestrichenen und 12 weitere Plätzchen mit Zuckerschrift dekorieren. Zuckerschrift gut trocknen lassen.

9. In der Zwischenzeit für die Füllung Frischkäse mit Honig in eine Schüssel geben und mit einem Schneebesen glatt rühren. Sahne steif schlagen, dabei Vanille-Zucker unterrühren. Sahne mit einem Teigschaber in 2–3 Portionen vorsichtig unter die Frischkäsemasse heben.

10. Die Creme mithilfe eines Messers auf der glatten Seite der 24 ungarnierten Kekse verstreichen. Dann mit den garnierten Keksen belegen, dabei vorsichtig andrücken.

11. Hafer-Whoopies mit Frischkäsecreme sofort servieren, da sie schnell durchweichen.

Tipps: Die Hafer-Whoopies schmecken ganz frisch am besten. Die Plätzchen können bereits am Vortag gebacken und garniert werden. Dann die Creme am nächsten Tag frisch zubereiten, die Kekse füllen und zusammensetzen.

Handykuchen „Mobil Cake" I

Zum Geburtstag

20 Stücke

Pro Stück: E: 3 g, F: 13 g, Kh: 56 g, kJ: 1510, kcal: 359, BE: 4,5

Für den Teig:

250 g Butter oder Margarine (zimmerwarm)
150 g Zucker
2 Röhrchen Zitronen-Aroma
1 Pck. Dr. Oetker Finesse Geriebene Zitronenschale
4 Eier (Größe M)
350 g Weizenmehl
3 gestr. TL Dr. Oetker Backin
3 EL Zitronensaft

Außerdem:

500 g weißer Roll-Fondant
200 g schwarzer Roll-Fondant
je 50 g roter, gelber, blauer und grüner Roll-Fondant

Zubereitungszeit: 2 Stunden, ohne Abkühlzeit
Backzeit: etwa 25 Minuten

1. Den Backofen vorheizen.
Ober-/Unterhitze: etwa 180 °C
Heißluft: etwa 160 °C

2. Für den Teig die Butter oder Margarine mit einem Mixer (Rührstäbe) auf höchster Stufe geschmeidig rühren. Zucker, Aroma und Zitronenschale hinzugeben. So lange rühren, bis eine gebundene Masse entstanden ist. Eier nach und nach unterrühren (jedes Ei etwa ½ Minute). Mehl mit Backpulver mischen und in 2 Portionen auf mittlerer Stufe kurz unterrühren. Zitronensaft unterrühren.

3. Einen Backrahmen auf ein Backblech (etwa 30 x 40 cm, gefettet, mit Backpapier belegt) stellen. Den Teig hineingeben und glatt streichen.

4. Backblech in den vorgeheizten Backofen schieben. Den Gebäckboden **etwa 25 Minuten backen.**

5. Das Backblech auf einen Kuchenrost stellen. Gebäckboden erkalten lassen. Dann den Rahmen lösen und entfernen. Den Gebäckboden auf eine Platte legen und mit einem scharfen Messer an den Ecken so abrunden, dass eine Smartphone-Form entsteht.

6. Zwischen 2 Lagen Frischhaltefolie weißen Roll-Fondant auf etwa 30 x 35 cm ausrollen. Kuchen damit komplett einkleiden und den Fondant glatt streichen. Überstehende Kanten abschneiden, in Frischhaltefolie wickeln und beiseitelegen.

7. Schwarzen Roll-Fondant ebenso ausrollen. Ein Rechteck von 18 x 22 cm Größe ausschneiden. Als „Display" auf den weißen Fondant legen und andrücken. Aus dem restlichen schwarzem Fondant nun die Lautsprecherritze sowie das Kameraobjektiv formen und oberhalb des Displays ansetzen. Aus dem weißen Fondant einen Bedienknopf formen und unter dem Display anbringen. Vorsichtig festdrücken. Bunten Fondant wie beschrieben etwa 2 mm dick ausrollen. 12 Quadrate von 3 x 3 cm ausschneiden. Apps und Programmsymbole formen und anbringen.

Happy-Birthday-Cake-Cubes I

Einfach

16 Stücke

Pro Stück: E: 4 g, F: 14 g, Kh: 50 g, kJ: 1437, kcal: 343, BE: 4,0

Für den Teig:

250 g	*Butter oder Margarine (zimmerwarm)*
150 g	*Zucker*
2 Pck.	*Dr. Oetker Vanillin-Zucker*
1 Röhrchen	*Butter-Vanille-Aroma*
4	*Eier (Größe M)*
350 g	*Weizenmehl*
3 gestr. TL	*Dr. Oetker Backin*
3 EL	*Milch (3,5 % Fett)*

Für die Füllung:

3–4 EL	*Johannisbeerkonfitüre (ohne Kerne)*

Für den Zuckerguss:

250 g	*Puderzucker*
4–5 EL	*Zitronensaft*

Für die Schrift:

75 g	*Puderzucker*
etwa 1 EL	*Zitronensaft*
etwas	*rote Speisefarbe (aus der Tube)*

Zubereitungszeit: 45 Minuten, ohne Abkühlzeit
Backzeit: etwa 20 Minuten

1. Den Backofen vorheizen.
Ober-/Unterhitze: etwa 180 °C
Heißluft: etwa 160 °C

2. Für den Teig die Butter oder Margarine mit einem Mixer (Rührstäbe) auf höchster Stufe geschmeidig rühren. Zucker, Vanillin-Zucker und Aroma unterrühren, bis eine gebundene Masse entstanden ist.

3. Eier nach und nach unterrühren (je Ei etwa ½ Minute). Mehl mit Backpulver mischen, mit der Milch in 2 Portionen auf mittlerer Stufe kurz unterrühren.

4. Den Teig auf ein Backblech (etwa 30 x 40 cm, gefettet, mit Backpapier belegt) geben, glatt streichen und in den vorgeheizten Backofen schieben. Den Teigboden **etwa 20 Minuten backen.**

5. Das Backblech auf einen Kuchenrost stellen. Den Kuchen erkalten lassen.

6. Von der Gebäckplatte rundherum die Ränder etwa 1 cm breit abschneiden. Dann die Kuchenplatte in der Mitte halbieren und das Backpapier vorsichtig lösen. Eine Kuchenplatte mit Konfitüre bestreichen. Die andere darauflegen und leicht andrücken. Kuchenplatte in 16 gleich große Stücke schneiden.

7. Für den Zuckerguss Puderzucker mit 4 Esslöffeln Zitronensaft zu einem Guss verrühren. Evtl. tropfenweise noch etwas Zitronensaft zugeben. Der Guss soll streichfähig, aber noch fest sein. Die Kuchenwürfel damit bestreichen, Guss trocknen lassen.

8. Für die Schrift Puderzucker mit Zitronensaft und so viel Speisefarbe anrühren, dass der gewünschte Farbton entsteht. Den Guss in einen kleinen Gefrierbeutel geben. Eine sehr kleine Spitze abschneiden. Auf jeden Würfel dann einen Buchstaben für die Worte „HAPPY BIRTHDAY" schreiben. Die übrigen Stücke beliebig verzieren. Auf einer Platte so zusammensetzen, dass der Glückwunsch lesbar wird.

Haselnuss-Spritzgebäck-Tupfen I

Beliebt

etwa 70 Stück

Pro Stück: E: 1 g, F: 5 g, Kh: 7 g, kJ: 320, kcal: 76, BE: 0,5

Für den Rührteig:

250 g Butter oder Margarine (zimmerwarm)
175 g Zucker
1 Pck. Dr. Oetker Vanillin-Zucker
1 Ei (Größe M)
1 Eigelb (Größe M)
175 g Weizenmehl
175 g Speisestärke
10 g gesiebtes Kakaopulver
100 g gem. Haselnusskerne

Zum Garnieren:

1 Eiweiß (Größe M)
100 g Haselnusskerne

Zubereitungszeit: 50 Minuten, ohne Abkühlzeit
Backzeit: etwa 15 Minuten je Backblech

1. Für den Teig Butter oder Margarine in einer Rührschüssel mit einem Mixer (Rührstäbe) auf höchster Stufe geschmeidig rühren. Zucker und Vanillin-Zucker nach und nach unterrühren. So lange rühren, bis eine gebundene Masse entstanden ist.

2. Nacheinander das Ei und das Eigelb unterrühren (je etwa ½ Minute). Mehl mit Stärke und Kakao mischen, in 2 Portionen kurz auf mittlerer Stufe unterrühren. Haselnusskerne unterrühren.

3. Den Backofen vorheizen.
Ober-/Unterhitze: etwa 180 °C
Heißluft: etwa 160 °C

4. Ein Drittel des Teiges in den Spritzbeutel (Sterntülle Ø mindestens 1 cm) füllen.

5. Etwa 70 Tupfen (Ø etwa 4 cm) auf Backbleche (gefettet, mit Backpapier belegt) spritzen, dabei genügend Abstand zwischen den Tupfen lassen.

6. Das Eiweiß mit einer Gabel verschlagen. Jeden Haselnusskern einzeln mit der flachen Seite darin eintauchen und anschließend mittig auf die Teigtupfen setzen.

7. Die Backbleche nacheinander (bei Heißluft zusammen) in den vorgeheizten Backofen schieben. Die Haselnuss-Spritzgebäck-Tupfen **etwa 15 Minuten je Backblech backen.**

8. Die Kekse mit dem Backpapier auf Kuchenroste ziehen und erkalten lassen.

Tipps: Fertig gekaufte gemahlene Nusskerne oder Mandeln in 2 Portionen im Blitzhacker noch feiner mahlen. So werden evtl. vorhandene größere Stückchen zerteilt. Der Teig lässt sich dann besser durch die Spritztülle drücken. Wenn nur ein Backblech vorhanden ist, können die Kekse auch auf einem Stück Backpapier vorbereitet werden. Dann die Kekse zum Backen auf das Backblech ziehen. Die Dekoration der Tupfen können Sie sehr gut variieren. Besonders ganz kleine Kinder sollten Haselnüsse lieber nicht im Ganzen verzehren, da sie noch nicht gut genug kauen können und die Nussstückchen zu groß sind, um sie gut schlucken zu können. Lassen Sie die ganzen Haselnüsse weg und bestreichen Sie die Tupfen lediglich vor dem Backen mit dem Eiweiß. Nach dem Backen lassen Sie die Tupfen vollständig erkalten. Dann einfach mit Zuckerguss bunte Schokolinsen „aufkleben".

Hasengesichter I

Nicht nur zu Ostern

12 Stück

Pro Stück: E: 4 g, F: 3 g, Kh: 30 g, kJ: 702, kcal: 167, BE: 2,5

Für den Hefeteig:

270 g Weizenmehl
1 Pck. Dr. Oetker Trockenbackhefe
1 gestr. EL flüssiger Honig
2 gestr. EL Zucker
150 ml lauwarme Milch (3,5 % Fett)
1 Eigelb (Größe M)
1 Prise Salz
30 g Butter oder Margarine (zimmerwarm)

Zum Bestreichen und Bestreuen:

1 Eiweiß
1 TL Wasser
2 EL Hagelzucker

Für den Guss:

80 g Puderzucker
etwa 1 EL Zitronensaft

Nach Belieben:

rote Zuckerschrift

Außerdem:

12 Holzspatel oder -stäbchen

Zubereitungszeit: 1 Stunde, ohne Teiggeh- und Abkühlzeit
Backzeit: 15–20 Minuten je Backblech

1. Für den Teig Mehl in eine Rührschüssel geben und mit Trockenbackhefe sorgfältig vermischen. Honig, Zucker, Milch, Eigelb, Salz und Butter oder Margarine hinzugeben. Die Zutaten mit einem Mixer (Knethaken) zunächst kurz auf niedrigster, dann auf höchster Stufe in etwa 5 Minuten zu einem glatten Teig verarbeiten.

2. Den Teig zugedeckt so lange an einem warmen Ort gehen lassen, bis er sich sichtbar vergrößert hat, etwa 20 Minuten.

3. Den Teig leicht mit Mehl bestäuben und auf einer leicht bemehlten Arbeitsfläche nochmals kurz verkneten. Den Teig zu einer etwa 24 cm langen Rolle formen. Die Teigrolle in 12 gleich große Scheiben schneiden.

4. Die Teigscheiben jeweils zu etwa 20 cm langen Strängen rollen. Die Stränge sollen in der Mitte, auf etwa 4 cm Länge, ein dickes Stück haben und zu den Enden hin etwas flacher werden.

5. Die dünnen Enden jedes Stranges übereinanderschlagen, so dass die Enden die Hasenohren ergeben und die dicke Mitte den Kopf.

6. Die Teighasen auf Backbleche (gefettet, mit Backpapier belegt) legen. An einem warmen Ort gehen lassen, bis sie sich sichtbar vergrößert haben, etwa 10 Minuten.

7. In der Zwischenzeit den Backofen vorheizen.
Ober-/Unterhitze: etwa 200 °C
Heißluft: etwa 180 °C

8. Den Kopf evtl. vorsichtig nachformen.

9. Zum Bestreichen und Bestreuen Eiweiß mit Wasser verschlagen und die Hasen damit bestreichen. Die Enden der Hasenohren mit Hagelzucker bestreuen.

10. Die Backbleche nacheinander (bei Heißluft zusammen) in den vorgeheizten Backofen schieben. Die Hasengesichter **15–20 Minuten je Backblech backen.**

11. Die Hasen mit dem Backpapier auf Kuchenroste ziehen und darauf erkalten lassen. Anschließend die Holzspatel oder -stäbchen waagerecht mindestens bis zur Mitte in das Gebäck stecken.

12. Für den Guss Puderzucker mit so viel Zitronensaft verrühren, dass ein zähflüssiger Guss entsteht. Den Guss in einen kleinen Gefrierbeutel füllen. Eine kleine Ecke abschneiden und Augen, Nase und Barthaare auf die Hasen spritzen. Nach Belieben zusätzlich mit Zuckerschrift einen farbigen Klecks auf Nasen und Augen geben.

Heidelbeer-Vanille-Muffins I

Klassisch

12 Stück

Pro Stück: E: 4 g, F: 11 g, Kh: 29 g, kJ: 976, kcal: 233, BE: 2,5

Zum Vorbereiten:

250 g frische Heidelbeeren

Für den All-In-Teig:

225 g Weizenmehl
2 gestr. TL Dr. Oetker Backin
½ gestr. TL Natron
140 g Zucker
1 Pck. Dr. Oetker Vanillin-Zucker
1 Pck. Dr. Oetker Finesse Geriebene Zitronenschale
1 Prise Salz
200 g Schmand (Sauerrahm) oder saure Sahne
2 Eier (Größe M)
80 ml Speiseöl, z. B. Sonnenblumenöl

Zum Bestäuben:

etwas Puderzucker

Außerdem:

12 Muffin-Papierbackförmchen

Zubereitungszeit: 15 Minuten, ohne Abkühlzeit
Backzeit: etwa 25 Minuten

1. Zum Vorbereiten die Heidelbeeren verlesen, abspülen, abtropfen lassen und vorsichtig trocken tupfen. 1 Esslöffel Heidelbeeren beiseitestellen.

2. Den Backofen vorheizen.
Ober-/Unterhitze: etwa 180 °C
Heißluft: etwa 160 °C

3. Für den Teig Mehl mit Backpulver, Natron, Zucker, Vanillin-Zucker, Zitronenschale und Salz in einer Rührschüssel mischen. Restliche Zutaten hinzufügen und mit einem Schneebesen zu einem glatten Teig verrühren. Die Heidelbeeren vorsichtig unterheben.

4. Den Teig in einer Muffinform (für 12 Muffins, mit Papierbackförmchen ausgelegt) verteilen und mit den beiseitegestellten Heidelbeeren bestreuen.

5. Die Form auf dem Rost in den vorgeheizten Backofen schieben. Die Heidelbeermuffins **etwa 25 Minuten backen.**

6. Die Form auf einen Kuchenrost stellen. Muffins etwa 5 Minuten abkühlen lassen. Dann die Muffins aus der Form lösen und auf einem mit Backpapier belegten Kuchenrost vollständig erkalten lassen.

7. Heidelbeer-Vanille-Muffins vor dem Servieren mit etwas Puderzucker bestäuben.

Heidesand | Klassisch

etwa 160 Stück

Pro Stück: E: 0 g, F: 1 g, Kh: 3 g, kJ: 107, kcal: 26, BE: 0,5

Für den Knetteig:

250 g Butter
250 g Zucker
1 Pck. Dr. Oetker Vanillin-Zucker
1 Prise Salz
2 EL Milch
350 g Weizenmehl
1 Msp. Dr. Oetker Backin

Zubereitungszeit: 50 Minuten, ohne Kühlzeit
Backzeit: etwa 15 Minuten je Backblech

1. Für den Teig Butter in einem Topf zerlassen, leicht bräunen lassen. Anschließend in eine Edelstahl- oder Porzellanschüssel geben und etwa 45 Minuten kalt stellen.

2. Die wieder fest gewordene Butter mit einem Mixer (Rührstäbe) auf höchster Stufe geschmeidig rühren. Nach und nach Zucker, Vanillin-Zucker, Salz und Milch unterrühren. So lange rühren, bis eine cremige Masse entsteht.

3. Mehl mit Backpulver mischen und zwei Drittel davon portionsweise auf mittlerer Stufe unterrühren. Den Teig mit dem Rest des Mehls auf einer Arbeitsfläche zu einem glatten Teig verkneten.

4. Aus dem Teig etwa 2 cm dicke Rollen von je 40 cm Länge formen. Die Rollen in Frischhaltefolie gewickelt mindestens 1 Stunde in den Kühlschrank legen, bis sie hart geworden sind.

5. In der Zwischenzeit den Backofen vorheizen.
Ober-/Unterhitze: etwa 180 °C
Heißluft: etwa 160 °C

6. Die Rollen in etwa ½ cm dicke Scheiben schneiden. Dabei die Rolle immer leicht drehen, damit die Scheiben rund bleiben. Teigscheiben auf Backbleche (gefettet, mit Backpapier belegt) legen.

7. Die Backbleche nacheinander (bei Heißluft zusammen) in den vorgeheizten Backofen schieben. Die Plätzchen **etwa 15 Minuten je Backblech backen.**

8. In der Zwischenzeit die restlichen Teigrollen in Scheiben schneiden und auf Backpapier legen.

9. Gebackenen Heidesand mit dem Backpapier auf einen Kuchenrost ziehen und darauf erkalten lassen.

10. Den vorbereiteten Heidesand mit dem Backpapier auf Backbleche ziehen und wie angegeben backen.

Tipp: Die Teigrollen über Nacht in den Kühlschrank legen und dann den Heidesand am nächsten Tag wie angegeben backen.

Himbeer-Kokos-Cupcakes

Fruchtig – schnell

12 Stück

Pro Stück: E: 4 g, F: 17 g, Kh: 27 g, kJ: 1184, kcal: 283, BE: 2,0

Für den Teig:

170 g Weizenmehl
100 g Kokosraspel
3 gestr. TL Dr. Oetker Backin
1 Prise Salz
120 g Zucker
1 Pck. Dr. Oetker Vanillin-Zucker
200 g Buttermilch
70 ml Speiseöl, z. B. Sonnenblumenöl
1 Ei (Größe M)
300 g TK-Himbeeren (unaufgetaut)

Für den Belag:

150 g Mascarpone (ital. Frischkäse)
1 EL Buttermilch
50 g Himbeergelee

Außerdem:

12 Muffin-Papierbackförmchen

Zubereitungszeit: 25 Minuten, ohne Abkühlzeit
Backzeit: etwa 25 Minuten

1. Den Backofen vorheizen.
Ober-/Unterhitze: etwa 180 °C
Heißluft: etwa 160 °C

2. Für den Teig Mehl, Kokosraspel, Backpulver, Salz, Zucker und Vanillin-Zucker in einer Rührschüssel mit einem Schneebesen verrühren. Danach Buttermilch, Öl und Ei in einen Rührbecher geben und mit dem Schneebesen glatt rühren. Die Mischung zu der Mehl-Kokosraspel-Mischung in die Rührschüssel geben und die Zutaten zu einem glatten Teig verrühren. Die Hälfte der Himbeeren vorsichtig mit einem Löffel unterheben.

3. Den Teig in eine Muffinform (für 12 Muffins, mit Papierbackförmchen ausgelegt) verteilen, glatt streichen. Die restlichen Himbeeren darauf verteilen.

4. Die Muffinform auf dem Rost in den vorgeheizten Backofen schieben. Himbeer-Kokos-Cakes **etwa 25 Minuten backen.**

5. Die Form auf einen Kuchenrost stellen. Muffins etwa 5 Minuten in der Form stehen lassen, dann vorsichtig mit dem Papier aus der Form nehmen und auf dem Kuchenrost erkalten lassen.

6. Für den Belag Mascarpone und Buttermilch mit dem Schneebesen glatt rühren. Himbeergelee zerteilen und so unterrühren, dass kleine Stücke erhalten bleiben. Vor dem Servieren die Mascarpone-Himbeer-Creme auf den Cupcakes verteilen.

Holzfäller-Schnitten | Beliebt

20 Stücke

Pro Stück: E: 10 g, F: 9 g, Kh: 31 g, kJ: 1058, kcal: 253, BE: 2,5

Für den Hefeteig:

175 ml Milch (3,5 % Fett)
75 g Butter oder Margarine
375 g Weizenmehl
1 Pck. Dr. Oetker Trockenbackhefe
100 g Zucker
1 Prise Salz

Für den Belag:

1 Pck. Dr. Oetker Pudding-Pulver Vanille-Geschmack
100 g Zucker
500 ml Milch (3,5 % Fett)
4 Eigelb (Größe M)
750 g Magerquark
50 g Speisestärke
4 Eiweiß (Größe M)
100 g gestiftelte Mandeln

Zum Bestreuen:

2 EL Puderzucker

Zubereitungszeit: 35 Minuten, ohne Teiggeh- und Abkühlzeit
Backzeit: etwa 50 Minuten

1. Für den Teig Milch erwärmen und Butter oder Margarine darin zerlassen. Lauwarm abkühlen lassen.

2. Mehl in einer Rührschüssel mit Trockenbackhefe sorgfältig vermischen. Restliche Zutaten und die warme Milch-Fett-Mischung hinzufügen, mit einem Mixer (Knethaken) zunächst kurz auf niedrigster, dann auf höchster Stufe in etwa 5 Minuten zu einem glatten Teig verarbeiten. Den Teig zugedeckt so lange an einem warmen Ort gehen lassen, bis er sich sichtbar vergrößert hat, etwa 20 Minuten.

3. Den Backofen vorheizen.
Ober-/Unterhitze: etwa 200 °C
Heißluft: etwa 180 °C

4. Den Teig leicht mit Mehl bestäuben und auf einer leicht bemehlten Arbeitsfläche nochmals kurz verkneten. Den Teig zu einer Rolle formen und auf einem Backblech mit hohem Rand (30 x 40 cm, gefettet) ausrollen.

5. Für den Belag aus Pudding-Pulver, Zucker und Milch nach Packungsanleitung einen Pudding zubereiten. Puddingoberfläche mit Frischhaltefolie belegen (so bildet sich keine Haut), lauwarm abkühlen lassen.

6. Den Pudding mit einem Schneebesen glatt rühren. Eigelb, Quark und Speisestärke sorgfältig unterrühren. Eiweiß steif schlagen und vorsichtig unterheben. Die Masse auf den Teigboden geben und glatt streichen. Die Oberfläche gleichmäßig mit den gestiftelten Mandeln bestreuen.

7. Backblech in den vorgeheizten Backofen schieben. Die Holzfällerschnitten **etwa 50 Minuten backen.**

8. Das Backblech auf einen Kuchenrost stellen und darauf erkalten lassen. Vor dem Servieren mit Puderzucker bestreuen.

Joghurtschnitten I

Erfrischend

20 Stücke

Pro Stück: E: 5 g, F: 6 g, Kh: 29 g, kJ: 799, kcal: 191, BE: 2,5

Für den Biskuitteig:

4 Eier (Größe M)
150 g Zucker
1 Pck. Dr. Oetker Vanillin-Zucker
150 g Weizenmehl
1 gestr. TL Dr. Oetker Backin

Für den Belag:

300 g Erdbeeren (oder nach Belieben anderes, frisches Obst der Saison, z. B. Himbeeren, Heidelbeeren usw.)
200 g gut gekühlte Schlagsahne (mind. 30 % Fett)
750 g Joghurt (3,5 % Fett)
50 ml Zitronensaft
4 Beutel Gelatine Fix (je 15 g)
125 g Puderzucker
1 Pck. Dr. Oetker Vanillin-Zucker
500 g abgetropfter Frucht-Cocktail (aus der Dose)

Zum Bestreichen:

4 EL Aprikosenkonfitüre

Zubereitungszeit: 30 Minuten, ohne Kühlzeit
Backzeit: etwa 10 Minuten

1. Den Backofen vorheizen.
Ober-/Unterhitze: etwa 200 °C
Heißluft: etwa 180 °C

2. Für den Teig die Eier in einer Rührschüssel mit einem Mixer (Rührstäbe) auf höchster Stufe in etwa 1 Minute schaumig schlagen.

3. Den Zucker mit Vanillin-Zucker mischen, in etwa 1 Minute einstreuen und dann noch etwa 2 Minuten schlagen. Mehl mit Backpulver mischen und kurz auf niedrigster Stufe unterrühren.

4. Den Teig auf ein Backblech (30 x 40 cm, gefettet, mit Backpapier belegt) streichen.

5. Das Backblech in den vorgeheizten Backofen schieben. Den Gebäckboden **etwa 10 Minuten backen.**

6. Das Backblech auf einen Kuchenrost stellen und den Boden darauf erkalten lassen.

7. Für den Belag Früchte verlesen, abspülen, gut abtropfen lassen, putzen und klein schneiden.

8. Sahne steif schlagen. Joghurt mit Zitronensaft in einer Rührschüssel verrühren.

9. Gelatine Fix nach und nach mit einem Mixer (Rührbesen) auf niedrigster Stufe einrühren, dann noch etwa 1 Minute weiterrühren.

10. Puderzucker und Vanillin-Zucker einrieseln lassen und auf niedrigster Stufe einrühren. Sahne, Frucht-Cocktail-Stücke und Obststücke unter die Joghurtmasse heben.

11. Zum Bestreichen Konfitüre glatt rühren. Den erkalteten Biskuitboden mit der Konfitüre bestreichen und einen Backrahmen darumstellen.

12. Die Joghurt-Fruchtmasse auf den Boden geben, glatt streichen und etwa 2 Stunden in den Kühlschrank stellen.

13. Vor dem Servieren den Backrahmen mit einem Messer vorsichtig lösen und entfernen. Den Kuchen in Schnitten schneiden.

Tipps: Frisch zubereitet schmecken die Schnitten am besten. Vorsicht ist bei Verwendung von frischen Kiwis geboten. Kiwis enthalten das Enzym Bromelin, das das Gelieren verhindert. Verwenden Sie daher für Gelatinemassen keine frischen Früchte, sondern Kiwis aus der Dose. In Milchspeisen entwickeln Kiwis einen bitteren Beigeschmack. Diesen können Sie reduzieren, wenn Sie die geschälten Kiwis kurz mit heißem Wasser übergießen und erst danach in den Belag geben.

Johannisbeer-Pudding-Kuchen

Schnell – schön saftig

20 Stücke

Pro Stück: E: 4 g, F: 12 g, Kh: 23 g, kJ: 929, kcal: 222, BE: 2,0

Für den Quark-Öl-Teig:

300 g Weizenmehl
3 gestr. TL Dr. Oetker Backin
125 g Magerquark
100 ml Milch (3,5 % Fett)
100 ml Sonnenblumenöl
75 g Zucker
1 Pck. Dr. Oetker Vanillin-Zucker
1 Prise Salz

Für den Belag:

100 g Marzipan-Rohmasse
150 g Crème fraîche
150 g Schlagsahne
200 ml Milch (3,5 % Fett)
2 Pck. backfeste Puddingcreme

250 g TK-Johannisbeeren

Zubereitungszeit: 25 Minuten
Backzeit: etwa 30 Minuten

1. Für den Teig Mehl mit Backpulver in einer Rührschüssel mischen. Quark, Milch, Öl, Zucker, Vanillin-Zucker und Salz hinzufügen. Die Zutaten mit einem Mixer (Knethaken) auf niedrigster, dann auf höchster Stufe in etwa 1 Minute zu einem Teig verarbeiten (nicht zu lange, Teig klebt sonst).

2. Den Teig auf einem Backblech (30 x 40 cm, gefettet) ausrollen, dabei einen kleinen Rand formen.

3. Den Backofen vorheizen.
Ober-/Unterhitze: etwa 180 °C
Heißluft: etwa 160 °C

4. Für den Belag Marzipan in kleine Würfel schneiden und in einen Rührbecher geben. Crème fraîche hinzugeben und mit einem Mixer (Rührstäbe) zu einer glatten Masse verrühren.

5. Sahne und Milch hinzugeben und gut unterrühren. Dann die backfeste Puddingcreme nach Packungsanleitung unterrühren. Puddingmasse auf den Teigboden geben und glatt streichen.

6. Die Johannisbeeren (unaufgetaut) auf der Puddingmasse verteilen.

7. Das Backblech in den vorgeheizten Backofen schieben. Den Johannisbeer-Pudding-Kuchen **etwa 30 Minuten backen.**

8. Das Backblech auf einen Kuchenrost stellen. Der Kuchen schmeckt lauwarm am besten.

Tipp: Bereiten Sie den Kuchen mit Hefeteig zu. Dafür 375 g Weizenmehl mit 1 Päckchen Trockenbackhefe sorgfältig vermischen. 1 Prise Salz, 50 g Zucker, 200 ml lauwarme Milch (3,5 % Fett) und 50 g zerlassene, abgekühlte Butter hinzufügen. Alles mit einem Mixer (Knethaken) zunächst kurz auf niedrigster, dann auf höchster Stufe in etwa 5 Minuten zu einem glatten Teig verarbeiten. Zugedeckt etwa 40 Minuten gehen lassen. Auf einer leicht bemehlten Arbeitsfläche kurz verkneten und auf dem Backblech ausrollen. Dann ab Punkt 4 weiter nach Rezept vorgehen.

Kalter Hund | Ohne Backen

20 Stücke

Pro Stück: E: 3 g, F: 23 g, Kh: 25 g, kJ: 1360, kcal: 326, BE: 2,0

Für die Schokoladencreme:

200 g Zartbitter-Kuvertüre
400 g Vollmilch-Kuvertüre
150 g Kokosfett
200 g Schlagsahne
2 Pck. Dr. Oetker Vanillin-Zucker

Außerdem:

etwa 250 g Butterkekse

Zubereitungszeit: 45 Minuten, ohne Kühlzeit

1. Eine Kastenform (25 x 11 cm) mit einem großen aufgeschnittenen Gefrierbeutel auslegen.

2. Für die Schokoladencreme beide Kuvertüren grob hacken. Kokosfett in Stücke schneiden. Die Sahne in einem Topf erwärmen und die Kuvertüren und das Kokosfett darin unter Rühren schmelzen. Die Masse gut verrühren und Vanillin-Zucker unterrühren.

3. Die Kastenform mit 1 Schicht Butterkeksen auslegen, dabei die Kekse mit einem Sägemesser evtl. zurechtschneiden oder evtl. zerbrechen. So viel Schokoladencreme auf der Keksschicht verteilen, dass diese bedeckt ist. Abwechselnd 7–8-mal Schokoladencreme und Butterkekse in die Kastenform einschichten.

4. Die Kastenform etwa 5 Stunden in den Kühlschrank stellen (am besten über Nacht), damit die Creme fest wird.

5. Das Gebäck auf eine Platte stürzen. Gefrierbeutel vorsichtig abziehen und den Kalten Hund bis zum Servieren in den Kühlschrank stellen.

Tipp: Damit der Gefrierbeutel beim Einschichten nicht wegrutschen kann, die Form einfach etwas fetten und anschließend mit dem Gefrierbeutel auslegen. Anstelle des Gefrierbeutels kann man auch Frischhaltefolie verwenden. Das Rezept gelingt auch mit Schokolade statt Kuvertüre.

Abwandlung: Besonders lecker schmeckt die Schokocreme, wenn man 1 Päckchen Dr. Oetker Finesse Natürliches Orangenschalen-Aroma unterrührt.

Käseecken und Mäuse I

Zum Geburtstag

1 Stück

Insgesamt: E: 103 g, F: 371 g, Kh: 718 g, kJ: 27911, kcal: 6670, BE: 60,0

Für den Rührteig:

250 g	*Butter oder Margarine (zimmerwarm)*
200 g	*Zucker*
1 Pck.	*Dr. Oetker Vanillin-Zucker*
5	*Eier (Größe M)*
250 g	*Weizenmehl*
1 gestr. TL	*Dr. Oetker Backin*
125 g	*abgezogene, gem. Mandeln*

Für den Guss:

200 g	*Puderzucker*
etwas	*Wasser*
	gelbe Speisefarbe

Für die Mäuse:

	Gebäckreste vom Kastenkuchen
150 g	*weiße Kuvertüre*
2 EL	*Orangensaft*
	dunkelbraune Zuckerschrift
einige	*abgezogene, gehobelte Mandeln*
1	*Lakritzschnecke*

Zubereitungszeit: 35 Minuten, ohne Abkühl- und Trockenzeit
Backzeit: etwa 50 Minuten

1. Den Backofen vorheizen.
Ober-/Unterhitze: etwa 180 °C
Heißluft: etwa 160 °C

2. Für den Teig Butter oder Margarine mit einem Mixer (Rührstäbe) auf höchster Stufe geschmeidig rühren. Nach und nach Zucker und Vanillin-Zucker unterrühren. So lange rühren, bis eine gebundene Masse entstanden ist.

3. Eier nach und nach unterrühren (jedes Ei etwa ½ Minute). Mehl mit Backpulver mischen und in 2 Portionen auf mittlerer Stufe kurz unterrühren. Den Teig in eine Kastenform (25 x 11 cm, gefettet, bemehlt) geben und glatt streichen.

4. Die Form auf dem Rost in den vorgeheizten Backofen schieben und den Kuchen **etwa 50 Minuten backen.**

5. Den Kuchen in der Form auf einen Kuchenrost stellen und 10 Minuten abkühlen lassen. Dann den Kuchen auf den Kuchenrost stürzen und vollständig erkalten lassen.

6. Kuchen diagonal durchschneiden und an jedem breiten Ende 2 cm für die Mäuse abschneiden. Abschnitte beiseitelegen.

7. Für den Guss Puderzucker mit Wasser und Speisefarbe zu einem zähflüssigen Guss verrühren. Die beiden großen Gebäckstücke damit überziehen und trocknen lassen.

8. Anschließend mit einem Apfelausstecher Löcher in die Käseecken stechen.

9. Für die Mäuse die beiseitegestellten Abschnitte zerbröseln und in eine Schüssel geben.

10. Die Kuvertüre in kleine Stücke hacken oder brechen. Zwei Drittel davon in einem Topf im Wasserbad bei schwacher Hitze unter Rühren schmelzen. Den Topf aus dem Wasserbad nehmen und die restliche Kuvertüre darin unter Rühren schmelzen.

11. Kuvertüre und Orangensaft zu den Gebäckbröseln geben, verkneten und abkühlen lassen (die Masse wird dann fester).

12. Aus der Masse Mäuse formen. Mit Zuckerschrift Augen und Nase aufmalen.

13. Die Mandelblättchen als Ohren und kleine Lakritzstücken als Barthaare und Schwänzchen ansetzen.

Tipp: Nach Belieben können Sie auch erst die Löcher in die Käseecken stechen und dann mit dem Guss überziehen.

Käsekuchen

Mögen alle gern

12 Stücke

Pro Stück: E: 9 g, F: 12 g, Kh: 28 g, kJ: 1109, kcal: 265, BE: 2,5

Für den Knetteig:

150 g Weizenmehl
½ TL Dr. Oetker Backin
75 g Zucker
1 Pck. Dr. Oetker Vanillin-Zucker
1 Prise Salz
1 Ei (Größe M)
75 g Butter oder Margarine (zimmerwarm)

Für die Füllung:

2 Eiweiß (Größe M)
200 g kalte Schlagsahne (mind. 30 % Fett)
500 g Magerquark
100 g Zucker
2 EL Zitronensaft
35 g Speisestärke
2 Eigelb (Größe M)

Zubereitungszeit: 40 Minuten, ohne Abkühlzeit
Backzeit: etwa 1 Stunde und 25 Minuten

1. Den Backofen vorheizen.
Ober-/Unterhitze: etwa 200 °C
Heißluft: etwa 180 °C

2. Für den Teig Mehl mit Backpulver in einer Rührschüssel mischen. Restliche Zutaten hinzufügen und mit dem Mixer (Knethaken) zunächst kurz auf niedrigster, dann auf höchster Stufe gut durcharbeiten. Anschließend auf einer leicht bemehlten Arbeitsfläche kurz zu einem Teig verkneten. Sollte er kleben, ihn in Frischhaltefolie gewickelt eine Zeit lang in den Kühlschrank legen.

3. Gut zwei Drittel des Teiges auf dem Boden einer Springform (Ø 26 cm, gefettet) ausrollen und den Springformrand darumstellen. Den Boden mehrmals mit einer Gabel einstechen.

4. Die Form auf dem Rost in den vorgeheizten Backofen schieben. Den Teigboden **etwa 10 Minuten vorbacken.**

5. Die Form nach dem Vorbacken auf einen Kuchenrost stellen und den Boden abkühlen lassen.

6. Die Backofentemperatur um 40 °C auf Ober-/Unterhitze: etwa 160 °C, Heißluft: etwa 140 °C herunterschalten.

7. Restlichen Teig zu einer langen Rolle formen, auf den vorgebackenen Boden legen und so an die Form drücken, dass ein etwa 3 cm hoher Rand entsteht.

8. Für die Füllung zuerst Eiweiß, dann Schlagsahne steif schlagen. Quark mit Zucker, Zitronensaft, Speisestärke und Eigelb verrühren. Eischnee und Sahne unter die Quarkmasse heben. Die Quarkmasse gleichmäßig auf den vorgebackenen Boden streichen.

9. Die Form wieder in den heißen Backofen schieben. Den Kuchen **weitere etwa 1 Stunde und 15 Minuten backen.**

10. Den Kuchen nach der Backzeit noch 15 Minuten bei leicht geöffneter Backofentür im ausgeschalteten Backofen stehen lassen, damit die Oberfläche nicht reißt. Anschließend den Kuchen auf einen Kuchenrost stellen und in der Form erkalten lassen.

Käse-Muffins | Gut zum Mitnehmen

12 Stück

Pro Stück: E: 9 g, F: 13 g, Kh: 16 g, kJ: 927, kcal: 221, BE: 1,5

Für den All-in-Teig:

250 g Weizenmehl
3 gestr. TL Dr. Oetker Backin
3 Eier (Größe M)
125 g Buttermilch
75 ml Olivenöl
½ TL Salz
1 TL Paprikapulver edelsüß
200 g ger. Emmentaler

Zubereitungszeit: 15 Minuten
Backzeit: etwa 25 Minuten

1. Den Backofen vorheizen.
Ober-/Unterhitze: etwa 200 °C
Heißluft: etwa 180 °C

2. Für den Teig Mehl mit Backpulver in einer Rührschüssel mischen. Eier, Buttermilch, Öl und Salz hinzufügen. Die Zutaten mit einem Mixer (Rührstäbe) erst kurz auf niedrigster, dann auf höchster Stufe in etwa 1 Minute zu einem glatten Teig verarbeiten. Paprikapulver und Käse hinzufügen, kurz unterrühren.

3. Den Teig gleichmäßig mit einem Esslöffel in den Mulden einer Muffinform (für 12 Muffins, gefettet, bemehlt) verteilen.

4. Die Form auf dem Rost in den vorgeheizten Backofen schieben. Muffins **etwa 25 Minuten backen.**

5. Die Form auf einen Kuchenrost stellen und die Muffins etwa 10 Minuten abkühlen lassen. Anschließend die Muffins aus der Form nehmen und lauwarm servieren.

Tipp: Statt die Mulden der Muffinform zu fetten und zu mehlen, können Sie diese auch mit 12 Muffin-Papierbackförmchen auslegen.

Käse-Schinken-Hörnchen I

Pikanter Snack
8 Stück

Pro Stück: E: 13 g, F: 12 g, Kh: 26 g, kJ: 1121, kcal: 268, BE: 2,0

Zum Vorbereiten für die Füllung:
100 g Gouda, in Scheiben (ohne Rinde)
100 g Kochschinken, in Scheiben

Für den Quark-Öl-Teig:
250 g Weizenmehl (Type 550)
3 gestr. TL Dr. Oetker Backin
125 g Magerquark
50 ml Milch (1,5 % Fett)
50 ml Speiseöl, z. B. Sonnenblumenöl
1 Eiweiß (Größe M)
½ TL Salz

Zum Bestreichen und Bestreuen:
1 Eigelb
1 EL Milch
gem. Pfeffer
½ EL ungeschälte Sesamsamen

Zubereitungszeit: 30 Minuten
Backzeit: etwa 20 Minuten

1. Zum Vorbereiten für die Füllung Käse und Schinken zunächst in etwa ½ cm breite Streifen, dann in kleine Würfel schneiden und die Käse- und Schinkenstücke vermischen.

2. Für den Teig Mehl mit Backpulver in einer Rührschüssel vermischen. Quark, Milch, Öl, Eiweiß und Salz hinzufügen. Die Zutaten mit einem Mixer (Knethaken) kurz auf niedrigster, dann auf höchster Stufe in etwa 1 Minute zu einem Teig verarbeiten (nicht zu lange, Teig klebt sonst).

3. Den Teig auf einer leicht bemehlten Arbeitsfläche kurz zu einem glatten Teig verarbeiten. Teig zu einer Kugel formen. Die Teigkugel zu einem großen Kreis (Ø etwa 40 cm) ausrollen und in 8 gleich große „Tortenstücke" schneiden.

4. Den Backofen vorheizen.
Ober-/Unterhitze: etwa 180 °C
Heißluft: etwa 160 °C

5. Inzwischen die Käse-Schinken-Mischung auf den breiten Seiten der Teigstücke verteilen. Einen 1 ½ cm breiten Rand lassen, damit die Füllung beim Aufrollen nicht herausfällt. Von der breiten Seite aus zur Spitze hin zu Hörnchen aufrollen.

6. Die Teighörnchen mit etwas Abstand auf ein Backblech (mit Backpapier belegt) legen. Eigelb mit Milch in einer Tasse verschlagen. Die Teighörnchen damit bestreichen, mit Pfeffer und Sesam bestreuen.

7. Das Backblech in den vorgeheizten Backofen schieben. Die Hörnchen **etwa 20 Minuten backen.**

8. Die Hörnchen mit dem Backpapier auf einen Kuchenrost ziehen, etwas abkühlen lassen und lauwarm servieren.

Kernige Knäcke-Cracker I

Für die Pause

etwa 48 Stück

Pro Stück: E: 1 g, F: 2 g, Kh: 4 g,
kJ: 198, kcal: 47, BE: 0,5

Für den Teig:

125 ml Gemüsebrühe
80 g Butter oder Margarine
300 g Dinkel-Vollkornmehl
2 EL Sonnenblumenkerne
2 EL ungeschälte Sesamsamen
2 EL Leinsamen
1 TL Salz
1 Msp. Chilipulver
1 TL Paprikapulver edelsüß

Zubereitungszeit: 15 Minuten, ohne Abkühlzeit
Backzeit: etwa 20 Minuten

1. Für den Teig Gemüsebrühe erwärmen und Butter oder Margarine darin zerlassen.

2. Mehl mit Sonnenblumenkernen, Sesamsamen, Leinsamen, Salz, Chili- und Paprikapulver in einer Rührschüssel vermischen. Die Brühe-Fett-Mischung dazugeben, mit einem Mixer (Knethaken) zu einem glatten Teig verkneten.

3. Den Backofen vorheizen.
Ober-/Unterhitze: etwa 200 °C
Umluft: etwa 180 °C

4. Teig leicht mit Mehl bestäuben und auf einer leicht bemehlten Arbeitsfläche nochmals kurz verkneten. Den Teig auf einem Backblech (30 x 40 cm, gefettet) dünn ausrollen, dann mit einer Gabel mehrfach einstechen. Den Teig mit einem Messer in etwa 5 cm große Quadrate schneiden.

5. Das Backblech in den vorgeheizten Backofen schieben. Teigquadrate **etwa 20 Minuten backen.**

6. Die Knäcke-Cracker mit dem Backpapier auf einen Kuchenrost ziehen und darauf erkalten lassen. Die Cracker gegebenenfalls voneinander brechen.

Tipps: Die Cracker schmecken pur schon sehr gut, sind aber auch zu Kräuterquark, Joghurtdip oder Gemüsestiften sehr lecker. Luftdicht verpackt und trocken gestellt, hält sich der Knabberspaß etwa 3 Wochen. Für Cracker im Rautenformat den ausgerollten Teig auf dem Backblech zuerst schräg in etwa 3 ½ cm breite Streifen schneiden, danach gerade in etwa 4 cm breite Streifen schneiden, sodass Rauten entstehen. Der Teig lässt sich sehr gut mit einem Pizza-Schneider schneiden.

Ki-Ba-Ufo-Torte | Für die Party

12 Stücke

Pro Stück: E: 3 g, F: 10 g, Kh: 44 g, kJ: 1203, kcal: 287, BE: 3,5

Zum Vorbereiten:

350 g gut abgetropfte Sauerkirschen (aus dem Glas oder TK-Sauerkirschen)
1 Bio-Zitrone (unbehandelt, ungewachst)

Für den Teig:

125 g Butter oder Margarine (zimmerwarm)
1 Prise Salz
80 g Zucker
3 Eier (Größe M)
175 g reifes Bananen-Fruchtfleisch
150 g Weizenmehl
2 1/2 gestr. TL Dr. Oetker Backin

Für den Guss und zum Verzieren:

etwa 200 g Puderzucker
etwa 4 EL Zitronensaft
etwa 50 g Brausepulver-Ufos (Oblaten-Ufos)

Zubereitungszeit: 20 Minuten, ohne Abkühl- und Trockenzeit
Backzeit: 40–45 Minuten

1. Zum Vorbereiten TK-Sauerkirschen auf mehreren Lagen Küchenpapier auftauen bzw. in einem Sieb abtropfen lassen. Die Zitrone heiß abwaschen, abtrocknen und die Schale fein abreiben. Zitrone halbieren und den Saft auspressen.

2. Den Backofen vorheizen.
Ober-/Unterhitze: etwa 180 °C
Heißluft: etwa 160 °C

3. Für den Teig Butter oder Margarine und Salz in einer Rührschüssel mit einem Mixer (Rührstäbe) auf höchster Stufe hellcremig aufschlagen. Zucker und Zitronenschale hinzugeben und so lange weiterschlagen, bis der Zucker gelöst ist. Eier nach und nach unterrühren (jedes Ei etwa ½ Minute).

4. Bananen-Fruchtfleisch mit dem Zitronensaft pürieren. Mehl mit Backpulver mischen, abwechselnd mit dem Bananen-Fruchtfleisch kurz unter die Butter-Eier-Masse rühren. Die Kirschen unterheben.

5. Den Teig in einer Springform (Ø 22–24 cm, gefettet, mit Backpapier belegt) verteilen und glatt streichen. Die Form auf dem Rost in den vorgeheizten Backofen schieben. Die Ki-Ba-Ufo-Torte **40–45 Minuten backen.**

6. Die Form auf einen Kuchenrost stellen. Die Torte in der Form erkalten lassen.

7. Für den Guss Puderzucker mit so viel Zitronensaft verrühren, dass ein dickflüssiger Guss entsteht.

8. Die Torte aus der Form lösen und auf eine Platte setzen. Die Torte von der Mitte aus mit dem Guss vollständig überziehen. Sofort die Oblaten-Ufos dicht an dicht in den noch feuchten Guss setzen und die Torte damit vollständig belegen. Guss trocknen lassen.

Tipps: Durch die Brause-Ufos lässt sich der Kuchen nicht so einfach in klassische Stücke schneiden. Den Kindern ist das ganz egal, Hauptsache jedes Stück hat wenigstens 1 Brause-Ufo! Deshalb einfach munter drauflos schneiden und den Kuchen unkonventionell in Stückchen schneiden, die sich gut in die Hand nehmen lassen. Statt Zitronensaft kann auch die Kirschflüssigkeit aus dem Glas zum Anrühren des Gusses verwendet werden.

Kinder dieser Welt | Zum Geburtstag

12 Stück

Pro Stück: E: 4 g, F: 6 g, Kh: 42 g, kJ: 1013, kcal: 242, BE: 3,5

Für den Rührteig:

65 g Butter oder Margarine (zimmerwarm)
90 g Zucker
5 Tropfen Zitronen-Aroma
1 Prise Salz
2 Eier (Größe M)
250 g Weizenmehl
3 gestr. TL Dr. Oetker Backin
100 ml Milch (3,5 % Fett)

Zum Bestreichen:

3–4 EL Milch

Für den Guss:

200 g Puderzucker
2–3 EL Zitronensaft
1 gestr. TL gesiebtes Kakaopulver
Speisefarbe

Zubereitungszeit: 30 Minuten, ohne Abkühl- und Trockenzeit
Backzeit: 20–30 Minuten

1. Den Backofen vorheizen.
Ober-/Unterhitze: etwa 200 °C
Heißluft: etwa 180 °C

2. Für den Rührteig Butter oder Margarine mit einem Mixer (Rührstäbe) auf höchster Stufe geschmeidig rühren. Nach und nach Zucker, Aroma und Salz unterrühren. So lange rühren, bis eine gebundene Masse entstanden ist.

3. Eier nach und nach unterrühren (jedes Ei etwa 1/2 Minute). Mehl mit Backpulver mischen und in 2 Portionen auf mittlerer Stufe kurz unterrühren. Mithilfe von 2 Esslöffeln 12 Häufchen mit etwas Abstand auf 2 Backbleche (gefettet, mit Backpapier belegt) setzen. Mit einem feuchten Messer etwas nachformen.

4. Die Backbleche nacheinander (bei Heißluft zusammen) in den Backofen schieben. Die Amerikaner **etwa 15 Minuten backen.**

5. Das Backblech auf einen Kuchenrost stellen. Die Gebäckoberfläche mit Milch bestreichen.

6. Das Blech wieder in den heißen Backofen schieben. Gebäckstücke **bei gleicher Backofentemperatur in weiteren 5–10 Minuten fertig backen.**

7. Die Gebäckstücke mit dem Backpapier auf einen Kuchenrost ziehen und erkalten lassen.

8. Für den Guss Puderzucker mit Zitronensaft zu einem dickflüssigen Guss verrühren, in kleine Schalen verteilen und mit Kakao und Speisefarbe nach Belieben einfärben.

9. Die Gebäckunterseiten damit bestreichen und trocknen lassen. Das Gebäck dazu am besten auf eine Tasse legen.

10. Den restlichen Guss in kleine Gefrierbeutel füllen und eine sehr kleine Spitze davon abschneiden. Die Amerikaner mit unterschiedlichen Gesichtern bemalen.

Tipps: Für das Aufmalen der Gesichter eignet sich auch Zuckerschrift sehr gut. Die Gesichter können nach Belieben mithilfe von Kokosraspeln, Weingummischnüren, Marzipan und Lakritzschnecken (z. B. als Brille) u. ä. dekoriert werden.

Kirschbutter-Kuchen | Fruchtig – schnell

20 Stücke

Pro Stück: E: 4 g, F: 12 g, Kh: 31 g, kJ: 1052, kcal: 251, BE: 2,6

Für den Quark-Öl-Teig:

300 g Weizenmehl
1 Pck. Dr. Oetker Backin
150 g Magerquark
100 ml Milch (3,5 % Fett)
100 ml Sonnenblumenöl
80 g Zucker
1 Pck. Dr. Oetker Vanillin-Zucker
1 Prise Salz

740 g abgetropfte Sauerkirschen (aus Gläsern)

Für die Kirschbutter:

4 EL Kirschkonfitüre
125 g Butter (zimmerwarm)
3 Eigelb (Größe M)
3 Eiweiß (Größe M)
75 g Zucker

Zubereitungszeit: 25 Minuten
Backzeit: etwa 30 Minuten

1. Den Backofen vorheizen.
Ober-/Unterhitze: etwa 180 °C
Heißluft: etwa 160 °C

2. Für den Teig Mehl mit Backpulver in einer Rührschüssel mischen. Quark, Milch, Öl, Zucker, Vanillin-Zucker und Salz hinzufügen.

3. Die Zutaten mit einem Mixer (Knethaken) auf niedrigster, dann auf höchster Stufe in etwa 1 Minute zu einem Teig verarbeiten (nicht zu lange, Teig klebt sonst).

4. Den Teig auf einer bemehlten Arbeitsfläche zu einer Rolle formen. Die Teigrolle auf einem Backblech (30 x 40 cm, gefettet) ausrollen, dabei einen kleinen Rand formen. Die Sauerkirschen gleichmäßig darauf verteilen.

5. Für die Kirschbutter Konfitüre mit Butter und Eigelb gut verrühren. Eiweiß steif schlagen. Den Zucker unterschlagen. Die Eiweißmasse vorsichtig unter die Kirschbutter heben. Die Masse gleichmäßig auf dem mit Sauerkirschen belegten Teig verteilen und glatt streichen.

6. Das Backblech in den vorgeheizten Backofen schieben. Den Kuchen **etwa 30 Minuten backen.**

7. Das Backblech auf einen Kuchenrost stellen. Den Kuchen darauf erkalten lassen.

Tipps: Der Kuchen ist auch mit anderem Obst sehr lecker. Wählen Sie, wenn Sie die Obstsorte austauschen möchten, in jedem Fall eine passende Konfitüre: bei Aprikosen (aus der Dose) etwa Aprikosenkonfitüre. Bei Früchten, bei denen das nicht ohne Weiteres geht, wie z. B. bei Birnen, können Sie sehr gut Zitronengelee verwenden. Das verstärkt auch nicht noch die Süße der Birnen. Für frischen Rhabarber ist dieses Rezept allerdings nicht geeignet, da zu viel Saft austritt.

Abwandlung: Für einen **Kirschkuchen mit Streuseln** statt der Kirschbutter Mandelstreusel auf die Sauerkirschen gegeben. Dafür aus 250 g Weizenmehl, 200 g Zucker und 200 g Butter Streusel von gewünschter Größe zubereiten, 100 g gehobelte Mandeln unterheben. Die Streusel auf die Kirschen streuen. Den Kuchen bei der oben angegebenen Backofentemperatur etwa 40 Minuten backen.

Kirschkuchen, gedeckt | Fruchtig

20 Stücke

Pro Stück: E: 4 g, F: 11 g, Kh: 34 g, kJ: 1050, kcal: 251, BE: 3,0

Für den Hefeteig:

200 g Weizenmehl
1 Pck. Dr. Oetker Trockenbackhefe
25 g Zucker
1 Pck. Dr. Oetker Vanillin-Zucker
1 Eigelb (Größe M)
150 g Crème fraîche (zimmerwarm)

Für den Knetteig:

100 g Weizenmehl
1 gestr. TL Dr. Oetker Backin
25 g Zucker
50 g Butter oder Margarine (zimmerwarm)
evtl. 1 EL Wasser

Für die Füllung:

740 g abgetropfte Sauerkirschen (aus dem Glas)
150 ml Sauerkirschsaft (aus dem Glas)
50 g Speisestärke
100 g Zucker
2 EL Semmelbrösel

Für den Belag:

75 g Butter
50 g Zucker
1 Pck. Dr. Oetker Vanillin-Zucker
100 g gestiftelte Mandeln

Zubereitungszeit: 1 Stunde und 15 Minuten, ohne Teiggeh- und Abkühlzeit
Backzeit: etwa 25 Minuten

1. Für den Hefeteig Mehl in eine Rührschüssel geben und mit Trockenbackhefe sorgfältig vermischen. Zucker, Vanillin-Zucker, Eigelb und Crème fraîche hinzufügen. Die Zutaten mit einem Mixer (Knethaken) zunächst kurz auf niedrigster, dann auf höchster Stufe in etwa 5 Minuten zu einem glatten Teig verarbeiten. Den Teig zugedeckt so lange an einem warmen Ort gehen lassen, bis er sich sichtbar vergrößert hat, etwa 20 Minuten.

2. Für den Knetteig Mehl mit Backpulver in einer Rührschüssel mischen. Restliche Zutaten hinzufügen und mit dem Mixer (Knethaken) erst kurz auf niedrigster, dann auf höchster Stufe gut durcharbeiten.

3. Den Knet- und den Hefeteig auf einer leicht bemehlten Arbeitsfläche sorgfältig miteinander verkneten. Den Teig in 2 gleich große Portionen teilen. Eine Teigportion auf einem Backblech (30 x 40 cm, gefettet, mit Backpapier belegt) ausrollen.

4. Für die Füllung von den Kirschen 150 ml Saft auffangen. Speisestärke mit Zucker und 4 Esslöffeln von dem Saft in einem Topf verrühren. Den restlichen Kirschsaft hinzugeben, glatt rühren. Die Kirschen hinzugeben und unter vorsichtigem Rühren aufkochen lassen. Den Topf von der Kochstelle nehmen. Die Kirschmasse lauwarm abkühlen lassen.

5. In der Zwischenzeit den Backofen vorheizen.
Ober-/Unterhitze: etwa 200 °C
Heißluft: etwa 180 °C

6. Den ausgerollten Teig mit Semmelbröseln bestreuen. Die Kirschmasse gleichmäßig darauf verteilen und glatt streichen.

7. Den restlichen Teig auf einer leicht bemehlten Arbeitsfläche zu einem Rechteck in Größe des Backblechs ausrollen. Die Teigplatte über eine Teigrolle aufwickeln und auf der Kirschmasse wieder abrollen. Die Teigränder gut zusammendrücken.

8. Für den Belag Butter zerlassen. Zucker, Vanillin-Zucker und Mandeln unterrühren. Die Zutaten unter Rühren erhitzen, bis eine einheitliche Masse entstanden ist. Die Masse mit einem Esslöffel gleichmäßig auf der Teigdecke verteilen.

9. Das Backblech in den vorgeheizten Backofen schieben. Den Kuchen **etwa 25 Minuten backen.**

10. Das Backblech auf einen Kuchenrost stellen. Den Kirschkuchen darauf erkalten lassen.

Klecksel-Quark-Kuchen

Mögen alle gern

20 Stücke

Pro Stück: E: 13 g, F: 16 g, Kh: 61 g, kJ: 1873, kcal: 448, BE: 5,0

Für den Hefeteig:

200 ml Milch (3,5 % Fett)
50 g Butter oder Margarine
375 g Weizenmehl
1 Pck. Dr. Oetker Trockenbackhefe
50 g Zucker
1 Pck. Dr. Oetker Vanillin-Zucker
1 Ei (Größe M)

Für die Quarkmasse:

80 g Butter (zimmerwarm)
150 g Zucker
3 Eier (Größe M)
1 kg Magerquark
1 Pck. Dr. Oetker Pudding-Pulver Vanille-Geschmack
2 EL Milch
1 Pck. Dr. Oetker Finesse Geriebene Zitronenschale
1 Prise Salz

Für den Belag:

500 g Mohnback (backfertige Mohnfüllung)
350 g Sauerkirschkonfitüre

Für die Streusel:

200 g Weizenmehl
100 g Zucker
1 Pck. Dr. Oetker Vanillin-Zucker
125 g Butter (zimmerwarm)

Zubereitungszeit: 50 Minuten, ohne Teiggehzeit
Backzeit: etwa 45 Minuten

1. Für den Teig Milch in einem Topf erwärmen und Butter oder Margarine darin zerlassen. Lauwarm abkühlen lassen.

2. Mehl mit Hefe, Zucker und Vanillin-Zucker in einer Rührschüssel vermischen. Ei und lauwarme Milch-Butter-Mischung hinzufügen. Die Zutaten mit einem Mixer (Knethaken) zunächst kurz auf niedrigster, dann auf höchster Stufe in etwa 5 Minuten zu einem glatten Teig verarbeiten. Den Teig zugedeckt so lange an einem warmen Ort gehen lassen, bis er sich sichtbar vergrößert hat, etwa 30 Minuten.

3. Den Teig auf eine leicht bemehlte Arbeitsfläche geben und nochmals kurz verkneten. Den Teig auf einem Backblech (30 x 40 cm, gefettet) ausrollen. Einen Backrahmen darumstellen. Den Teig zugedeckt nochmals so lange an einem warmen Ort gehen lassen, bis er sich sichtbar vergrößert hat, etwa 30 Minuten.

4. Den Backofen vorheizen.
Ober-/Unterhitze: etwa 180 °C
Heißluft: etwa 160 °C

5. Für die Quarkmasse die Butter mit dem Mixer (Rührstäbe) schaumig rühren. Zucker, Eier, Quark, Pudding-Pulver, Milch, Zitronenschale und Salz nach und nach unterrühren. So lange rühren, bis eine cremige Masse entstanden ist.

6. Die Quarkmasse auf den Teigboden geben und glatt streichen.

7. Für den Belag die Mohnfüllung und die Konfitüre abwechselnd in Häufchen auf die Quarkmasse setzen.

8. Für die Streusel Mehl in eine Rührschüssel geben. Zucker, Vanillin-Zucker und Butter hinzufügen. Die Zutaten mit dem Mixer (Rührstäbe) zunächst kurz auf niedrigster, dann auf höchster Stufe zu Streuseln von gewünschter Größe verarbeiten. Die Streusel anschließend auf dem Mohn-Konfitüre-Belag verteilen.

9. Das Backblech in den vorgeheizten Backofen schieben. Den Kuchen **etwa 45 Minuten backen.**

10. Das Backblech auf einen Kuchenrost stellen. Den Kuchen darauf erkalten lassen.

Tipp: Sie können auch eine andere rote Konfitüre verwenden.

Knusperhaus I

Adventsklassiker

1 Haus

Insgesamt (ohne Garnierung):
E: 60 g, F: 105 g, Kh: 906 g,
kJ: 20341, kcal: 4861, BE: 75,5

Für den Teig:

240 g Honig
120 g Butter oder Margarine
375 g Weizenmehl
4 gestr. TL Dr. Oetker Backin
3 gestr. TL gesiebtes Kakaopulver
3 Eier (Größe M)
1 Pck. Lebkuchengewürz (15 g)
1 Pck. Dr. Oetker Finesse Natürliches Orangenschalen-Aroma
150 ml Milch (3,5 % Fett)

Für den Guss:

4 Blatt weiße Gelatine
500 g Puderzucker
40 g Speisestärke
5–6 EL heißes Wasser

Außerdem:

Süßigkeiten nach Belieben
Puderzucker

Zubereitungszeit: 1 Stunde und 30 Minuten, ohne Trockenzeit
Backzeit: etwa 15 Minuten

1. Das Backblech fetten und mit Backpapier belegen. Das Backpapier an der schrägen Seite des Backbleches zu einer Falte knicken. Eine Papierschablone nach Vorlage ausschneiden.

2. Für den Teig Honig und Butter oder Margarine in einem Topf unter Rühren zerlassen und einmal aufkochen. Honig-Fett-Mischung in eine Rührschüssel geben und erkalten lassen.

3. Den Backofen vorheizen.
Ober-/Unterhitze: etwa 180 °C
Heißluft: etwa 160 °C

4. Mehl mit Backpulver und Kakaopulver mischen und mit den Eiern, Gewürz, Aroma und Milch hinzufügen.

5. Die Zutaten mit einem Mixer (Rührbesen) zu einem glatten Teig verrühren.

6. Danach den Teig gleichmäßig auf dem Backblech verstreichen.

7. Backblech in den vorgeheizten Backofen schieben und die Gebäckplatte **etwa 15 Minuten backen.**

8. Das Backblech auf einen Kuchenrost stellen und die Gebäckplatte darauf erkalten lassen.

9. Die Einzelteile mithilfe der Schablone aus dem Gebäck ausschneiden. Gebäckstücke evtl. über Nacht trocknen lassen, damit sie mehr Stabilität bekommen.

10. Das Knusperhaus zusammensetzen. Dafür die Gelatine nach Packungsanleitung einweichen. Puderzucker und Speisestärke in eine Rührschüssel sieben.

11. Gelatine ausdrücken, mit 5–6 Esslöffeln Wasser in einen Topf geben und unter Rühren bei schwacher Hitze auflösen.

12. Die Gelatineflüssigkeit sofort vollständig zum Puderzucker-Stärke-Gemisch geben und mit einem Mixer (Rührbesen) zu einer zähen Masse verrühren. Die Masse sofort in einen Spritzbeutel mit Sterntülle (Ø etwa 12 mm) füllen und das Knusperhaus auf einem Brett oder einer Tortenplatte zusammensetzen.

13. Dazu die Rückwand mit einer Dachhälfte zusammenkleben und dann mit den übrigen Teilen fertigstellen.

14. Anschließend mit der Puderzuckermasse die Tür anbringen und sofort die Süßigkeiten an das Haus kleben. Das Knusperhaus gut trocknen lassen. Zuletzt das Knusperhaus mit Puderzucker bestäuben.

Tipps: Wenn Sie keinen Spritzbeutel haben, geben Sie den Guss in einen Gefrierbeutel und schneiden Sie eine Ecke ab. Gebäckreste in kleine Dreiecke schneiden, daraus einen Gartenzaun um das Haus setzen.

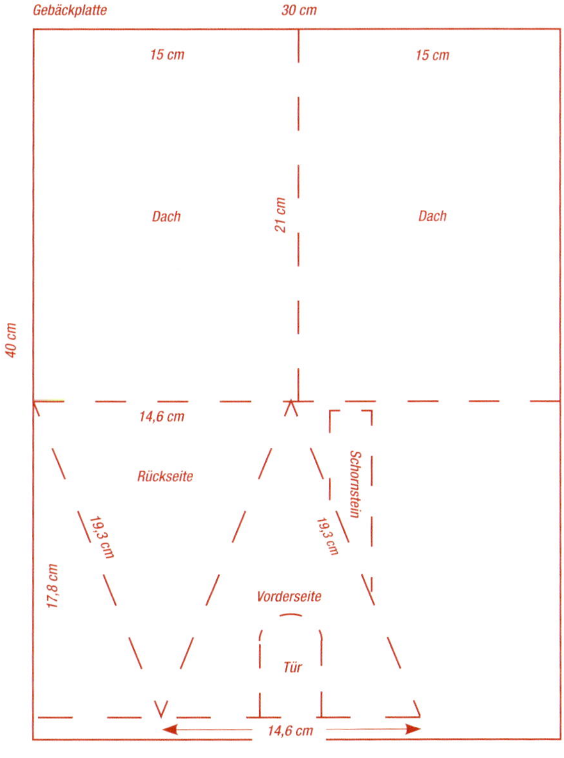
Gebäckplatte
30 cm
15 cm
15 cm
Dach
21 cm
Dach
40 cm
14,6 cm
Rückseite
Schornstein
19,3 cm
19,3 cm
17,8 cm
Vorderseite
Tür
14,6 cm

Knusperpäckchen | Pikanter Snack

15 Stück

Pro Stück: E: 5 g, F: 9 g, Kh: 7 g, kJ: 523, kcal: 125, BE: 0,5

1 Pck. Blätterteig (270 g, aus dem Kühlregal, 42 x 24 cm)
1 Eiweiß (Größe M)
1 EL Wasser
200 g Tomaten
200 g ger. Gouda
gem. Pfeffer

Zum Bestreichen:

1 Eigelb
1 EL Wasser

Zum Bestreuen:

1 EL gehackte Petersilie

Zubereitungszeit: 40 Minuten, ohne Abkühlzeit
Backzeit: etwa 15 Minuten

1. Blätterteig nach Packungsanleitung etwa 5 Minuten vor der Verarbeitung aus dem Kühlschrank nehmen.

2. Die Teigplatte vorsichtig abrollen. Die Blätterteigplatte zunächst in 15 gleich große Stücke (etwa 8 x 8 cm) einteilen und die Linien eindrücken.

3. Eiweiß mit Wasser in eine kleine Schüssel geben und verquirlen. Die Teigplatte damit bestreichen. Die Blätterteigplatte an den Markierungen durchschneiden. Die Ecken der Teigstücke etwa 2 cm weit zur Mitte umschlagen und andrücken. Die Teigstücke auf ein Backblech (mit Backpapier belegt) legen.

4. Den Backofen vorheizen.
Ober-/Unterhitze: etwa 200 °C
Heißluft: etwa 180 °C

5. Tomaten abspülen, abtrocknen, halbieren und die Stängelansätze herausschneiden. Die Tomaten entkernen und das Fruchtfleisch fein würfeln. Tomatenwürfel erst mit Käse mischen, dann mit Pfeffer würzen und abschmecken. Tomaten-Käse-Masse mithilfe von 2 Teelöffeln gleichmäßig in der Mitte der Teigstücke verteilen.

6. Zum Bestreichen das Eigelb mit Wasser verquirlen. Die Ränder der Teigstücke damit bestreichen.

7. Das Backblech in den vorgeheizten Backofen schieben und die Knusperpäckchen **etwa 15 Minuten backen.**

8. Die Knusperpäckchen mit dem Backpapier auf einen Kuchenrost ziehen und darauf erkalten lassen.

9. Knusperpäckchen vor dem Servieren mit gehackter Petersilie bestreuen.

Knusprige Herzen I

Für die Party

30 Stück

Pro Stück: E: 2 g, F: 7 g, Kh: 20 g, kJ: 620, kcal: 148, BE: 1,5

Für den Knetteig:

300 g Weizenmehl
½ TL Dr. Oetker Backin
2 gestr. EL Zucker
1 Prise Salz
150 g Butter oder Margarine
100 g saure Sahne (10 % Fett)

Für die Füllung:

200 g weiße Schokolade
30 g rotes Johannisbeergelee
2–3 Tropfen Zitronen-Aroma
2 EL saure Sahne (10 % Fett)

Zum Garnieren:

150 g Puderzucker
2–3 EL Zitronensaft
rote Speisefarbe
2 EL kleine Zuckerherzen

Außerdem:

30 Holzspatel oder -stäbchen

Zubereitungszeit: 45 Minuten, ohne Abkühl- und Trockenzeit
Backzeit: 10–15 Minuten je Backblech

1. Für den Teig Mehl mit Backpulver in einer Rührschüssel mischen. Restliche Zutaten hinzufügen und mit einem Mixer (Knethaken) zunächst kurz auf niedrigster, dann auf höchster Stufe gut durcharbeiten. Anschließend auf einer leicht bemehlten Arbeitsfläche kurz zu einem Teig verkneten. Sollte er kleben, ihn in Frischhaltefolie gewickelt eine Zeit lang in den Kühlschrank legen.

2. Den Backofen vorheizen.
Ober-/Unterhitze: etwa 200 °C
Heißluft: etwa 180 °C

3. Teig leicht mit Mehl bestäuben und auf einer leicht mit Mehl bestäubten Arbeitsfläche etwa 2 mm dick ausrollen. Mit einer Ausstechform 60 Herzen (Ø etwa 7 cm) ausstechen und auf Backbleche (gefettet, mit Backpapier belegt) legen. Teigherzen mit einer Gabel mehrmals einstechen.

4. Die Backbleche nacheinander (bei Heißluft zusammen) in den vorgeheizten Backofen schieben. Die Herzen **10–15 Minuten je Backblech backen.**

5. Die Herzen mit dem Backpapier auf Kuchenroste ziehen und darauf erkalten lassen.

6. Inzwischen für die Füllung Schokolade in Stücke brechen, mit Gelee und Aroma in einem kleinen Topf im heißen Wasserbad bei schwacher Hitze unter Rühren schmelzen. Saure Sahne glatt unterrühren.

7. Jeweils 1 Gebäckherz dick mit der Füllung bestreichen. Je 1 Holzspatel oder 1 Holzstäbchen in die Füllung drücken, 1 weiteres Herz darauflegen und andrücken. Füllung fest werden lassen.

8. Zum Garnieren Puderzucker mit Zitronensaft zu einem dickflüssigen Guss verrühren. Den Guss mit etwas Speisefarbe rot färben. Zuckerguss auf die Herzen streichen und mit Zuckerherzen garnieren. Guss trocknen lassen.

Kornknacker | Für die Pause

12 Stück

Pro Stück: E: 12 g, F: 15 g, Kh: 36 g, kJ: 1381, kcal: 330, BE: 3,0

Zum Vorbereiten:

400 ml Wasser
100 g Weizenkörner

Für den Hefeteig:

250 g Roggenmehl (Type 1150)
125 g Roggen-Vollkornschrot
75 g Weizenmehl (Type 550)
21 g frische Hefe
350 ml lauwarmes Wasser
1 geh. EL Zuckerrübensirup
2–3 gestr. TL Salz
2 EL dunkler Balsamico-Essig
100 g Sonnenblumenkerne

Zum Wälzen:

250 g Sonnenblumenkerne

Zubereitungszeit: 45 Minuten, ohne Abkühl- und Teiggehzeit
Backzeit: 25–30 Minuten

1. Zum Vorbereiten Wasser und Weizenkörner in einen Topf geben, aufkochen und zugedeckt bei schwacher Hitze etwa 12 Minuten kochen lassen. Den Topf von der Kochstelle nehmen, Weizenkörner in dem Wasser erkalten lassen.

2. Für den Teig das Roggenmehl, Roggen-Vollkornschrot und Weizenmehl in die Rührschüssel einer Küchenmaschine geben und vermischen.

3. In die Mitte eine Vertiefung drücken. Hefe hineinbröckeln, mit 100 ml von dem Wasser verrühren. Dann mit Mehl bedecken und den Vorteig gehen lassen, etwa 30 Minuten.

4. Restliches Wasser, Zuckerrübensirup, Salz und Essig hinzufügen.

5. Die Zutaten mit der Küchenmaschine (Knethaken) zunächst kurz auf niedrigster, dann auf mittlerer Stufe in etwa 5 Minuten zu einem glatten Teig verarbeiten.

6. Weizenkörner in einem Sieb abtropfen lassen. Die Weizenkörner und Sonnenblumenkerne unter den Teig kneten.

7. Den Teig zugedeckt an einem warmen Ort so lange gehen lassen, bis er sich sichtbar vergrößert hat, etwa 1 Stunde.

8. Den Teig mit etwas Mehl bestäuben und auf eine leicht bemehlte Arbeitsfläche geben. Teig flach drücken (nicht kneten) und in 12 gleich große Stücke schneiden.

9. Zum Wälzen die Sonnenblumenkerne in eine kleine Schüssel geben. Mit nassen Händen (der Teig klebt sonst sehr an den Händen) aus jedem Teigstück 1 längliches, ovales Teigbrötchen formen.

10. Die Teigbrötchen rundherum in den Sonnenblumenkernen wälzen und mit etwas Abstand auf ein Backblech (mit Backpapier belegt) legen.

11. Teiglinge nochmals zugedeckt so lange an einem warmen Ort gehen lassen, bis sie sich sichtbar vergrößert haben, etwa 40 Minuten.

12. Den Backofen vorheizen.
Ober-/Unterhitze: etwa 200 °C
Heißluft: etwa 180 °C

13. Das Backblech in den vorgeheizten Backofen schieben und die Kornknacker **25–30 Minuten backen.**

14. Das Backblech auf einen Kuchenrost stellen. Die Kornknacker erkalten lassen.

Tipps: Die Kornknacker sind ein gesunder und leckerer Pausensnack, den die meisten Kinder sehr gern mögen. Sie schmecken selbst ohne Belag richtig lecker, da sie so saftig sind. Eine knusprig-braune Kruste bekommen die Kornknacker, wenn Sie sie vor dem Backen dünn mit Malzbier (alkoholfrei) bestreichen.

Lebkuchenschloss | Für Prinzessinnen

1 Schloss

Insgesamt: E: 79 g, F: 102 g, Kh: 1255 g, kJ: 25834, kcal: 6173, BE: 102,0

Für den Lebkuchenteig:

80 ml Wasser
200 g Zucker
200 g flüssiger Honig
100 g Butter
1 Pck. Lebkuchengewürz (15 g)
1 TL Natron
1 Prise Salz
1 Ei (Größe M)
600 g Weizenmehl (Type 550)

Für den Guss:

2 Eiweiß (Größe M)
350 g gesiebter Puderzucker

Zum Garnieren und Verzieren:

50 g bunte Zuckerdragees
2 EL rosa Dekorzucker
1 EL Silberzuckerperlen
Dekor-Zuckerschrift

Außerdem Schablonen:

1 Bodenplatte (Ø etwa 20 cm)
1 Turm mit Zinnen
1 Turm mit Zwiebelturm
1 Rechteck (etwa 4 x 12 cm)
1 Vorderseite mit Tor

Zubereitungszeit: 1 Stunde und 30 Minuten, ohne Kühl- und Trockenzeit
Backzeit: etwa 15 Minuten je Backblech

1. Zum Vorbereiten Schablonen anfertigen.

2. Für den Teig Wasser und Zucker in einem Topf aufkochen. Den Topf von der Kochstelle nehmen. Honig und in Würfel geschnittene Butter mit einem Schneebesen unter die heiße Zucker-Honig-Masse rühren. Lebkuchengewürz, Natron, Salz und Ei unterrühren. Die Masse in eine Rührschüssel geben und auf Zimmertemperatur abkühlen lassen.

3. Mehl portionsweise unter die kalte Buttermasse kneten. Den Teig in Frischhaltefolie gewickelt etwa 4 Stunden (am besten über Nacht) kühl stellen.

4. Den Backofen vorheizen.
Ober-/Unterhitze: etwa 180 °C
Heißluft: etwa 160 °C

5. Den Teig kurz verkneten und portionsweise auf einer leicht bemehlten Arbeitsfläche etwa 6 mm dick ausrollen. Jeweils 2 Türme mit Zinnen und Zwiebeltürmen ausschneiden und auf ein Backblech (mit Backpapier belegt) legen. Restlichen Teig erneut ausrollen. 1 Vorderseite mit Tor, 6 Rechtecke (etwa 4 x 12 cm) und 1 runde Bodenplatte (Ø etwa 20 cm) ausschneiden. Die ausgeschnittenen Teile dünn mit Wasser bestreichen und auf Backbleche (gefettet, mit Backpapier belegt) legen.

6. Die Backbleche nacheinander (bei Heißluft zusammen) in den vorgeheizten Backofen schieben. Die Gebäckteile **etwa 15 Minuten je Backblech backen.** Die Gebäckteile mit dem Backpapier von den Backblechen auf Kuchenroste ziehen, erkalten lassen.

7. Für den Guss das Eiweiß sehr steif schlagen. Nach und nach Puderzucker unterschlagen. Den Guss in einen Spritzbeutel mit kleiner Lochtülle füllen.

8. Die Gebäckteile vor dem Fertigstellen des Schlosses mit dem Guss verzieren und mit den Zuckerdragees garnieren (Zuckerdragees in den noch feuchten Guss drücken). Mit Dekorzucker und Silberzuckerperlen bestreuen. Das Schloss mit Zuckerschrift verzieren. Guss trocknen lassen.

9. Zuerst die Vorderseite mit dem Guss auf der Bodenplatte festkleben und von hinten mit 2 Gebäckrechtecken stabilisieren. Das Tor separat mit dem Guss befestigen. An jede Turmrückseite 1 Gebäckrechteck ankleben und auf die Bodenplatte stellen. Mit dem restlichen Guss festkleben. Das Lebkuchenschloss 2–3 Stunden trocknen lassen.

Hinweis: Für den Guss nur ganz frisches Eiweiß verwenden, das nicht älter als 5 Tage ist (Legedatum beachten).

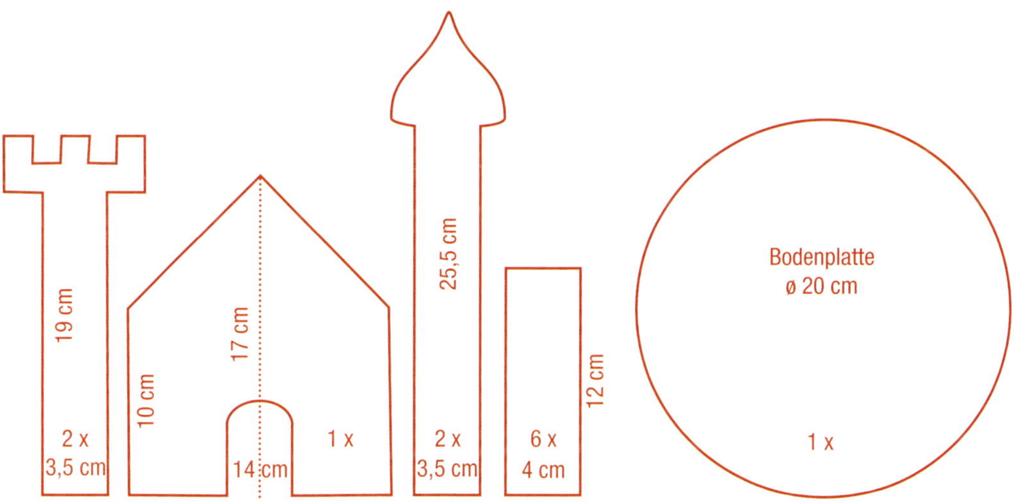
19 cm
2 x
3,5 cm
10 cm
17 cm
14 cm
1 x
25,5 cm
2 x
3,5 cm
12 cm
6 x
4 cm
Bodenplatte
ø 20 cm
1 x

Löffelbiskuits, bunte | Schnell

36 Stück

Pro Stück: E: 1 g, F: 4 g, Kh: 9 g, kJ: 321, kcal: 77, BE: 1,0

Für den Guss:

125 g dunkle Kuchenglasur
125 g Kuchenglasur Zitrone
250 g Löffelbiskuits

Zum Dekorieren:

1–2 EL gehackte Pistazien
je 1–2 EL Gebäckschmuck nach eigener Wahl, z. B. Glitzerzucker, Schokostreusel, Zuckerherzen und -streusel

Zubereitungszeit: 30 Minuten

1. Für den Guss die beiden Kuchenglasuren nach Packungsanleitung erwärmen.

2. In der Zwischenzeit ein Backblech oder ein Tablett mit Backpapier belegen.

3. Die erwärmte Kuchenglasur jeweils in eine Tasse füllen. Die eine Hälfte der Löffelbiskuits zu etwa einem Drittel in den dunklen Guss tauchen. Guss etwas abtropfen lassen und mit den unterschiedlichen Dekomaterialien bestreuen. Die andere Hälfte der Löffelbiskuits in die helle Kuchenglasur tauchen. Guss ebenfalls abtropfen lassen und mit den unterschiedlichen Dekomaterialien bestreuen. Anschließend zum Trocknen auf das Backpapier legen.

4. Verzierte Schoko-Löffelbiskuits in kleinen Pappbechern oder kleinen Gläsern anrichten.

Tipp: Sie können die **Löffelbiskuits auch selbst backen,** Dafür 2 Eiweiß (Größe M) und 1 Prise Salz mit einem Mixer (Rührstäbe) zu einem cremigen Schnee steif schlagen (es sollen sich keine Flocken bilden).
2 Eigelb (Größe M) mit dem Mixer (Rührstäbe) auf höchster Stufe 1 Minute schaumig schlagen. 50 g Zucker und ½ Päckchen Dr. Oetker Vanillin-Zucker dazugeben. Alles in 3 Minuten zu einer weißen dicken

Creme aufschlagen, dann mit einem Teigschaber vorsichtig unter den Eischnee heben.
40 g Speisestärke mit 20 g Weizenmehl mischen, daraufsieben und mit dem Teigschaber unterheben. Den Teig in einen Spritzbeutel mit Lochtülle (Ø 7–8 mm) füllen. Auf Backbleche (gefettet, mit Backpapier belegt) etwa 35 Streifen von je 8 cm Länge spritzen und mit 15 g sehr feinem Zucker bestreuen.
Die Backbleche nacheinander in den vorgeheizten Backofen (Ober-/Unterhitze: etwa 180 °C, Heißluft: etwa 160 °C) schieben. Löffelbiskuits nacheinander (bei Heißluft zusammen) etwa 10 Minuten je Backblech backen.
Das Backpapier mit den Löffelbiskuits von den Backblechen auf Kuchenroste ziehen und darauf erkalten lassen. Die Löffelbiskuits wie beschrieben dekorieren.

Lütticher Waffeln | Klassisch

7–8 Waffeln (Brüsseler Waffeleisen)

Pro Waffel: E: 10 g, F: 25 g, Kh: 69 g, kJ: 2301, kcal: 550, BE: 6,0

Für den Teig:

200 ml Milch (3,5 % Fett)
2 TL Zucker
25 g frische Hefe
350 g Weizenmehl
1 Prise Salz
1 Pck. Dr. Oetker Vanillin-Zucker
3 Eier (Größe M)
150 g Butter oder Margarine (zimmerwarm)

Für die Joghurtcreme:

100 g Schlagsahne (mind. 30 % Fett)
200 g Joghurt (3,5 % Fett)
1–2 EL Zitronensaft
2–3 EL Puderzucker

200 g Grümmel oder Teezucker (zerstoßener brauner Kandiszucker)

Zubereitungszeit: 20 Minuten, ohne Teiggehzeit
Backzeit: 2–3 Minuten pro Waffel

1. Für den Teig die Milch in einem Topf lauwarm erwärmen. Den Topf von der Kochstelle nehmen. Zucker hinzufügen und Hefe hineinbröckeln. Die Zutaten gut miteinander verrühren und zugedeckt etwa 5 Minuten stehen lassen.

2. In der Zwischenzeit Mehl mit Salz und Vanillin-Zucker in einer Rührschüssel mischen. Eier, Hefemilch und Butter oder Margarine hinzufügen. Die Zutaten mit einem Mixer (Knethaken) zunächst kurz auf niedrigster, dann auf höchster Stufe in 2–3 Minuten zu einem glatten Teig verkneten. Den Teig zugedeckt so lange an einem warmen Ort gehen lassen, bis er sich sichtbar vergrößert hat, etwa 45 Minuten.

3. Für die Joghurtcreme Sahne steif schlagen. Joghurt mit Zitronensaft und Puderzucker in einer Schüssel glatt rühren. Die Sahne vorsichtig unterheben. Joghurtcreme bis zum Servieren zugedeckt in den Kühlschrank stellen.

4. Das Waffeleisen erhitzen und evtl. leicht fetten, dabei die Herstelleranleitung beachten.

5. Den Teig mit dem Mixer (Knethaken) nochmals verkneten, dabei den Grümmel oder Teezucker gut unterarbeiten.

6. Pro Waffel 2–3 Esslöffel Teig in das Waffeleisen geben und leicht verstreichen. Die Waffeln in 2–3 Minuten goldbraun backen, herausnehmen und einzeln auf einen Kuchenrost legen.

7. Die lauwarmen Lütticher Waffeln mit der Joghurtcreme servieren.

Tipp: Zu den Lütticher Waffeln schmeckt ein bunter, Obstsalat. Dafür etwa 800 g gemischtes Obst der Saison abspülen und trocken tupfen bzw. schälen, in mundgerechte Stücke schneiden und mit 2 Esslöffeln Zitronensaft vermischen.

Makronenkuchen | Einfach – schnell

20 Stücke

Pro Stück: E: 76 g, F: 17 g, Kh: 28 g, kJ: 1176, kcal: 281, BE: 2,5

Für den All-in-Teig:

300 g Weizenmehl
2 TL Dr. Oetker Backin
125 g Zucker
1 Pck. Dr. Oetker Vanillin-Zucker
1 Prise Salz
4 Eigelb (Größe M)
200 g Butter oder Margarine (zimmerwarm)
200 ml Milch (3,5 % Fett)

Für den Belag:

4 Eiweiß (Größe M)
200 g Zucker
200 g Kokosraspel

Zubereitungszeit: 15 Minuten
Backzeit: etwa 35 Minuten

1. Den Backofen vorheizen.
Ober-/Unterhitze: etwa 180 °C
Heißluft: etwa 160 °C

2. Für den Teig Mehl mit Backpulver in einer Rührschüssel mischen. Restliche Zutaten hinzufügen und mit einem Mixer (Rührstäbe) /zunächst kurz auf niedrigster, dann auf höchster Stufe in etwa 2 Minuten zu einem glatten Teig verarbeiten.

3. Den Teig auf ein Backblech (30 x 40 cm, gefettet) geben und glatt streichen.

4. Backblech in den vorgeheizten Backofen schieben. Den Kuchenboden **etwa 20 Minuten vorbacken.**

5. Die Backofentemperatur um 20 °C auf Ober-/Unterhitze etwa 160 °C, Heißluft etwa 140 °C herunterschalten.

6. Für den Belag Eiweiß steif schlagen, Zucker nach und nach hinzufügen. Kokosraspel vorsichtig unterheben. Die Masse auf dem vorgebackenen Boden verteilen. Nach Belieben die Oberfläche mit einem Tortengarnierkamm wellenförmig verzieren.

7. Das Backblech wieder in den heißen Backofen schieben und den Kuchen **weitere etwa 15 Minuten backen.**

8. Das Backblech auf einen Kuchenrost stellen. Den Kuchen darauf vollständig erkalten lassen.

Mandarinen-Buttermilch-Kuchen

Fruchtig – schnell

20 Stücke

Pro Stück: E: 4 g, F: 8 g, Kh: 36 g, kJ: 960, kcal: 229, BE: 3,0

Für den All-in-Teig:

300 g Weizenmehl
1 Pck. Dr. Oetker Backin
300 g Zucker
1 Pck. Dr. Oetker Vanillin-Zucker
3 Eier (Größe M)
300 g Buttermilch (zimmerwarm)

Für den Belag:

75 g Butter
75 g Zucker
100 g Kokosraspel
480 g abgetropfte Mandarinen (aus der Dose)

Zubereitungszeit: 20 Minuten
Backzeit: etwa 25 Minuten

1. Den Backofen vorheizen.
Ober-/Unterhitze: etwa 180 °C
Heißluft: etwa 160 °C

2. Für den Teig Mehl mit Backpulver in einer Rührschüssel mischen. Die übrigen Teigzutaten hinzufügen und alles mit einem Mixer (Rührstäbe) zuerst kurz auf niedrigster, dann auf höchster Stufe in etwa 2 Minuten zu einem glatten Teig verarbeiten.

3. Den Teig auf ein Backblech (30 x 40 cm, gefettet) geben und glatt streichen.

4. Das Backblech in den vorgeheizten Backofen schieben. Den Buttermilch-Kuchen **etwa 10 Minuten vorbacken.**

5. Für den Belag Butter mit Zucker in einem Topf zerlassen. Die Kokosraspel unterrühren. Zuerst die Mandarinen und dann den Kokosbelag auf dem vorgebackenen Boden verteilen.

6. Das Backblech wieder in den heißen Backofen schieben. Den Kuchen **bei gleicher Backofentemperatur weitere etwa 15 Minuten backen.**

7. Den Kuchen auf dem Backblech auf einem Kuchenrost erkalten lassen.

Tipp: Statt der Kokosraspel können Sie für den Belag des Mandarinen-Buttermilch-Kuchens auch gemahlene Mandeln verwenden.

Mandarinen-Krokant-Muffins I

Gut zum Mitnehmen
12 Stück

Pro Stück: E: 4 g, F: 9 g, Kh: 40 g, kJ: 1074, kcal: 256, BE: 3,5

Für den All-in-Teig:

300 g	*Weizenmehl*
2 gestr. TL	*Dr. Oetker Backin*
125 g	*Zucker*
1 Pck.	*Dr. Oetker Bourbon-Vanille-Zucker*
1 Prise	*Salz*
1	*Ei (Größe M)*
175 ml	*Milch (1,5 % Fett)*
70 ml	*Speiseöl, z. B. Rapsöl*
175 g	*abgetropfte Mandarinen (aus der Dose)*
100 g	*Haselnuss-Krokant*

Zubereitungszeit: 25 Minuten, ohne Abkühlzeit
Backzeit: etwa 30 Minuten

1. Den Backofen vorheizen.
Ober-/Unterhitze: etwa 180 °C
Heißluft: etwa 160 °C

2. Für den Teig Mehl mit Backpulver in einer Rührschüssel mischen. Zucker, Vanille-Zucker, Salz, Ei, Milch und Öl hinzufügen. Die Zutaten mit einem Mixer (Rührstäbe) erst kurz auf niedrigster, dann auf höchster Stufe in etwa 2 Minuten zu einem glatten Teig verarbeiten.

3. Jeweils die Hälfte Mandarinen und Krokant vorsichtig unterrühren.

4. Teig gleichmäßig in den Mulden einer Muffinform (für 12 Muffins. gefettet, bemehlt) verteilen. Restliche Mandarinen und Krokant auf dem Teig verteilen.

5. Die Form auf dem Rost in den vorgeheizten Backofen schieben. Muffins **etwa 30 Minuten backen.**

6. Die Form auf einen Kuchenrost stellen. Muffins etwa 5 Minuten abkühlen lassen. Dann aus der Form lösen und auf einem mit Backpapier belegten Kuchenrost vollständig erkalten lassen.

Mandarinen-Mandel-Kuchen I

Schnell
20 Stücke

Pro Stück: E: 4 g, F: 21 g, Kh: 25 g, kJ: 1286, kcal: 307, BE: 2,0

Für den Belag:
350 g abgetropfte Mandarinen (aus Dosen)
125 g Butter
75 g Zucker
150 g gehobelte Mandeln

Für den Rührteig:
250 g Butter oder Margarine (zimmerwarm)
150 g Zucker
1 Prise Salz
1 Pck. Dr. Oetker Vanillin-Zucker
½ Pck. Dr. Oetker Finesse Orangenschalen-Aroma
3 Eier (Größe M)
250 g Weizenmehl
2 gestr. TL Dr. Oetker Backin
75 ml Milch (3,5 % Fett)

Zubereitungszeit: 25 Minuten, ohne Abkühlzeit
Backzeit: etwa 25 Minuten

1. Für den Belag von den Mandarinen den Saft auffangen und 4 Esslöffel abmessen. Butter mit Zucker und dem abgemessenen Saft in einem Topf unter Rühren erhitzen. Mandeln unterrühren. Die Masse aufkochen lassen. Den Topf von der Kochstelle nehmen und die Mandelmasse anschließend etwas abkühlen lassen.

2. Den Backofen vorheizen.
Ober-/Unterhitze: etwa 180 °C
Heißluft: etwa 160 °C

3. Für den Teig Butter oder Margarine mit einem Mixer (Rührstäbe) auf höchster Stufe geschmeidig rühren. Zucker, Salz, Vanillin-Zucker und Orangenschalen-Aroma nach und nach unterrühren. So lange rühren, bis eine gebundene Masse entstanden ist.

4. Die Eier nach und nach unterrühren (jedes Ei etwa ½ Minute). Mehl mit Backpulver mischen, abwechselnd mit der Milch in 2 Portionen kurz auf mittlerer Stufe unterrühren.

5. Den Teig auf ein Backblech (30 x 40 cm, gefettet) geben und glatt streichen.

6. Die Mandarinen gleichmäßig darauf verteilen. Die Mandelmasse mit einem Esslöffel daraufgeben.

7. Backblech in den vorgeheizten Backofen schieben und den Kuchen **etwa 25 Minuten backen.**

8. Das Backblech auf einen Kuchenrost stellen. Den Mandarinen-Mandel-Kuchen erkalten lassen und in Stücke schneiden.

Tipps: Der Mandarinen-Mandel-Kuchen lässt sich wunderbar bereits am Vortag zubereiten. Er ist aber auch gefriergeeignet und lässt sich so gut auf Vorrat backen.

Mandarinen-Marshmallow-Schnitten | Zum Geburtstag

20 Stücke

Pro Stück: E: 4 g, F: 11 g, Kh: 39 g, kJ: 1154, kcal: 276, BE: 3,5

Für den Teig:

225 g	*Butter oder Margarine (zimmerwarm)*
150 g	*Zucker*
1 Pck.	*Dr. Oetker Finesse Geriebene Zitronenschale*
5	*Eier (Größe M)*
350 g	*abgetropfte Mandarinen (aus Dosen)*
300 g	*Weizenmehl*
3 gestr. TL	*Dr. Oetker Backin*
75 g	*Weichweizengrieß*

Für den Marshmallow-Belag:

6 Blatt	*weiße Gelatine*
75 ml	*kochendes Wasser*
300 g	*feinster Zucker*
2 TL	*Zitronen- oder Limettensaft*
einige Tropfen	*Speisefarbe nach Wahl*

Zubereitungszeit: 40 Minuten, ohne Abkühlzeit
Backzeit: etwa 30 Minuten

1. Den Backofen vorheizen.
Ober-/Unterhitze: etwa 180 °C
Heißluft: etwa 160 °C

2. Butter oder Margarine mit einem Mixer (Rührstäbe) auf höchster Stufe geschmeidig rühren. Zucker und Zitronenschale nach und nach unterrühren. So lange rühren, bis eine gebundene Masse entstanden ist.

3. Eier nach und nach unterrühren (jedes Ei etwa ½ Minute). Mandarinen untermischen. Mehl mit Backpulver und Grieß mischen, in 2 Portionen kurz auf mittlerer Stufe unterrühren.

4. Den Teig auf ein Backblech (30 x 40 cm, gefettet, mit Backpapier belegt) geben und glatt streichen.

5. Das Backblech in den vorgeheizten Backofen schieben. Den Kuchen **etwa 30 Minuten backen.**

6. Das Backblech auf einen Kuchenrost stellen. Den Kuchen darauf erkalten lassen.

7. Für den Belag Gelatine nach Packungsanleitung einweichen. Gelatine leicht ausdrücken und in eine Rührschüssel (etwa 2-Liter-Inhalt) geben. 1 Esslöffel des kochenden Wassers hinzugeben.

8. Gelatine unter Rühren auflösen. Zügig den Zucker und das restliche kochende Wasser hinzufügen.

9. Die Zutaten sofort mit einem Mixer (Rührstäbe) auf höchster Stufe in etwa 10 Minuten aufschlagen, bis sich der Zucker gelöst hat und eine weiß-schaumige Masse entstanden ist.

10. Die Zuckerschaummasse evtl. halbieren. Jeweils 1 Teelöffel Zitronen- oder Limettensaft mit je einigen Tropfen Speisefarbe verrühren und jeweils unter die Zuckerschaummasse rühren.

11. Die Zuckerschaummasse getrennt in je einen Spritzbeutel mit glatter Tülle füllen und verschiedene Muster auf den Kuchen spritzen. Oder die Schaummasse sofort auf die Kuchenoberfläche geben und verstreichen. Die Zuckerschaummasse bei Zimmertemperatur fest werden lassen.

12. Mandarinen-Marshmallow-Kuchen in Schnitten teilen.

Tipps: Sie können den Kuchen auch mit einem **Zitronenguss** verzieren. Dafür 175 g Puderzucker mit 2–3 Esslöffeln Zitronensaft zu einer dickflüssigen Masse verrühren. Den Guss auf den noch warmen Kuchen geben und verstreichen. Kuchen erkalten lassen. Die Zuckerschaummasse nach Belieben auf eine mit Speiseöl bestrichene und leicht mit Puderzucker bestäubte Platte spritzen oder verstreichen. Masse fest werden lassen. Marshmallow in beliebige Figuren schneiden und auf den Kuchen legen. Zum Schneiden ein sehr scharfes Messer verwenden. Das Messer nach jedem Schnitt säubern und evtl. leicht mit Speiseöl bestreichen.

Mandarinen-Schmand-Kuchen I

Beliebt

20 Stücke

Pro Stück: E: 5 g, F: 14 g, Kh: 43 g, kJ: 1365, kcal: 326, BE: 3,5

Für den Quark-Öl-Teig:

300 g Weizenmehl
3 gestr. TL Dr. Oetker Backin
125 g Magerquark
100 ml Milch (3,5 % Fett)
100 ml Speiseöl, z. B. Sonnenblumenöl
75 g Zucker
1 Pck. Dr. Oetker Vanillin-Zucker
1 Prise Salz

Für den Belag:

2 Pck. Dr. Oetker Pudding-Pulver Vanille-Geschmack
100 g Zucker
750 ml Milch (3,5 % Fett)
500 g Schmand (Sauerrahm)
700 g abgetropfte Mandarinen (aus Dosen)
50 g gestiftelte Mandeln

Für den Guss:

200 g Puderzucker
3 EL Zitronensaft

Zubereitungszeit: 35 Minuten, ohne Abkühlzeit
Backzeit: etwa 40 Minuten

1. Den Backofen vorheizen.
Ober-/Unterhitze: etwa 180 °C
Heißluft: etwa 160 °C

2. Für den Teig Mehl mit Backpulver in einer Rührschüssel mischen. Quark, Milch, Öl, Zucker, Vanillin-Zucker und Salz hinzufügen. Die Zutaten mit einem Mixer (Knethaken) auf niedrigster, dann auf höchster Stufe in etwa 1 Minute zu einem glatten Teig verarbeiten (nicht zu lange, Teig klebt sonst).

3. Den Teig leicht mit Mehl bestäuben und auf einer leicht bemehlten Arbeitsfläche zu einer Rolle formen. Den Teig auf einem Backblech (30 x 40 cm, gefettet) ausrollen und einen Backrahmen darumstellen.

4. Für den Belag aus Pudding-Pulver, Zucker und Milch nach Packungsanleitung, aber mit den hier angegebenen Mengen, einen Pudding kochen. Schmand unterrühren und die warme Masse auf den Teig streichen. Mandarinen auf der Pudding-Schmand-Masse verteilen und Mandeln daraufstreuen.

5. Das Backblech in den vorgeheizten Backofen schieben. Den Kuchen **etwa 40 Minuten backen.**

6. Das Backblech auf einen Kuchenrost stellen und den Kuchen darauf erkalten lassen. Anschließend den Backrahmen vorsichtig mit einem Messer lösen und entfernen.

7. Für den Guss Puderzucker sieben und mit so viel Zitronensaft anrühren, dass ein dickflüssiger Guss entsteht. Den Guss mit einem Teelöffel auf den Kuchen sprenkeln.

Tipp: Wenn Sie keinen Backrahmen haben, können Sie stattdessen den Kuchen auch in einer Fettpfanne oder einem Backblech mit hohem Rand backen.

Mango-Maracuja-Muffins I

Exotisch

12 Stück

Pro Stück: E: 3 g, F: 9 g, Kh: 41 g, kJ: 1070, kcal: 256, BE: 3,5

Zum Vorbereiten:

1 reife Mango

Für den Teig:

200 g Weizenmehl
30 g Speisestärke
3 gestr. TL Dr. Oetker Backin
1 Prise Salz
120 g Zucker
150 ml Mango-Maracuja-Nektar
80 ml Speiseöl, z. B. Distelöl
1 Ei (Größe M)

Für den Guss:

150 g Puderzucker
1 EL Mango-Maracuja-Nektar
2–3 TL Zitronensaft
1 EL gehackte Pistazienkerne

Außerdem:

12 Muffin-Papierbackförmchen

Zubereitungszeit: 25 Minuten, ohne Abkühlzeit
Backzeit: etwa 25 Minuten

1. Den Backofen vorheizen.
Ober-/Unterhitze: etwa 180 °C
Heißluft: etwa 160 °C

2. Zum Vorbereiten die Mango halbieren. Das Fruchtfleisch vom Stein schneiden und schälen. Die Mango zuerst in breite Streifen, dann in etwa ½ cm große Würfel schneiden (ergibt etwa 200 g).

3. Für den Teig Mehl, Speisestärke, Backpulver, Salz und Zucker in einer Rührschüssel mit einem Schneebesen verrühren. Nektar, Speiseöl und Ei in einem Rührbecher mit dem Schneebesen verrühren. Die flüssigen Zutaten zu der Mehlmischung in die Rührschüssel geben und zu einem glatten Teig verrühren. Mangowürfel unterheben.

4. Den Teig in eine Muffinform (für 12 Muffins, mit Papierbackförmchen ausgelegt) geben. Die Form auf dem Rost in den vorgeheizten Backofen schieben. Muffins **etwa 25 Minuten backen.**

5. Die Form auf einen Kuchenrost stellen. Muffins etwa 5 Minuten in der Form abkühlen lassen, dann vorsichtig aus der Form lösen und auf dem Kuchenrost erkalten lassen.

6. Für den Guss Puderzucker mit Nektar und Zitronensaft zu einer dickflüssigen Masse verrühren, mit einem Teelöffel auf die Muffins streichen und sofort mit Pistazienkernen bestreuen. Guss trocknen lassen.

Maracujaschnitten | Fruchtig

20–25 Stücke

Pro Stück: E: 4 g, F: 14 g, Kh: 48 g, kJ: 1430, kcal: 341, BE: 4,0

Für den Teig:

4 Eier (Größe M)
5 EL heißes Wasser
200 g Zucker
2 Pck. Dr. Oetker Vanillin-Zucker
200 g Weizenmehl
50 g Speisestärke
2 gestr. TL Dr. Oetker Backin
100 g zerlassene, abgekühlte Butter

Für die Füllung:

940 g abgetropfte Pfirsichhälften (aus Dosen)
4 Pck. ungezuckerter Tortenguss, klar
80 g Zucker
1 l Maracujanektar oder Multivitaminsaft
600 g Schlagsahne (mind. 30 % Fett)
3 Pck. Sahnesteif
2 Pck. Dr. Oetker Vanillin-Zucker

Zum Bestreichen:

5 EL Fruchtaufstrich Aprikose, fein passiert

Für den Belag:

2 Pck. Aranca Aprikose-Maracuja-Geschmack (Dessertpulver)
200 ml Maracujanektar oder Multivitaminsaft
300 g Joghurt (3,5 % Fett)

Zubereitungszeit: 55 Minuten, ohne Kühlzeit
Backzeit: 20–25 Minuten

1. Den Backofen vorheizen.
Ober-/Unterhitze: etwa 180 °C
Heißluft: etwa 160 °C

2. Einen Backrahmen auf ein Backblech (30 x 40 cm, gefettet, mit Backpapier belegt) stellen.

3. Für den Teig Eier und Wasser mit einem Mixer (Rührstäbe) auf höchster Stufe in 1 Minute schaumig schlagen. Zucker mit Vanillin-Zucker mischen, in 1 Minute einstreuen, dann noch etwa 2 Minuten schlagen.

4. Mehl mit Speisestärke und Backpulver mischen, die Hälfte davon auf die Eiercreme geben und kurz auf niedrigster Stufe unterrühren. Restliches Mehlgemisch auf die gleiche Weise unterarbeiten. Zuletzt die Butter kurz unterrühren.

5. Den Teig gleichmäßig in dem Backrahmen verteilen. Das Backblech in den vorgeheizten Backofen schieben und den Gebäckboden **20–25 Minuten backen.**

6. Für die Füllung von den Pfirsichhälften den Saft auffangen und 200 ml abmessen. Pfirsichhälften fein würfeln.

7. Das Backblech auf einen Kuchenrost stellen. Den Gebäckboden darauf erkalten lassen und mit dem Fruchtaufstrich Aprikose bestreichen.

8. Aus Tortengusspulver, Zucker und Maracujanektar oder Multivitaminsaft einen Guss nach Packungsanleitung zubereiten. Die Pfirsichwürfel unterheben. Die Fruchtmasse auf dem Gebäckboden verteilen, glatt streichen und erkalten lassen.

9. Sahne mit Sahnesteif und Vanillin-Zucker steif schlagen und auf die Pfirsichmasse streichen.

10. Für den Belag Aranca nach Packungsanleitung, aber mit Maracujanektar oder Multivitaminsaft, abgemessenem Pfirsichsaft und Joghurt anstelle von Wasser, zubereiten. Die Creme auf die Sahnemasse streichen. Den Kuchen mindestens 1 Stunde in den Kühlschrank stellen.

Tipp: Vor dem Servieren mit einigen abgespülten, trocken getupften Zitronenmelisse- oder Minzeblättchen garnieren.

Marmorkuchen

Mögen alle gern

20 Stücke

Pro Stück: E: 3 g, F: 11 g, Kh: 20 g, kJ: 793, kcal: 190, BE: 1,5

Für den Rührteig:

225 g Butter oder Margarine (zimmerwarm)
150 g Zucker
1 Pck. Dr. Oetker Vanillin-Zucker
1 Prise Salz
4 Eier (Größe M)
275 g Weizenmehl
3 gestr. TL Dr. Oetker Backin
etwa 2 EL Milch

Außerdem:

15 g gesiebtes Kakaopulver
15 g Zucker
etwa 2 EL Milch

Zum Bestäuben:

etwas Puderzucker

Zubereitungszeit: 30 Minuten, ohne Abkühlzeit
Backzeit: etwa 55 Minuten

1. Den Backofen vorheizen.
Ober-/Unterhitze: etwa 180 °C
Heißluft: etwa 160 °C

2. Für den Teig Butter oder Margarine in einer Rührschüssel mit einem Mixer (Rührstäbe) auf höchster Stufe geschmeidig rühren. Nach und nach Zucker, Vanillin-Zucker und Salz unterrühren. So lange rühren, bis eine gebundene Masse entstanden ist. Jedes Ei etwa ½ Minute auf höchster Stufe unterrühren.

3. Mehl mit Backpulver mischen und abwechselnd mit der Milch in 2 Portionen auf mittlerer Stufe kurz unterrühren.

4. Zwei Drittel des Teiges in die Gugelhupfform (Ø 22 cm, gefettet, bemehlt) geben und glatt streichen. Kakaopulver mit Zucker und Milch unter den restlichen Teig rühren. Den dunklen Teig auf dem hellen Teig verteilen und eine Gabel spiralförmig leicht durch die Teigschichten ziehen, sodass ein Marmormuster entsteht.

5. Die Form auf dem Rost in den vorgeheizten Backofen schieben. Kuchen **etwa 55 Minuten backen.**

6. Den Kuchen in der Form auf einen Kuchenrost stellen und 10 Minuten abkühlen lassen. Dann den Kuchen auf den Kuchenrost stürzen und vollständig erkalten lassen.

7. Den Kuchen mit Puderzucker bestäuben.

Marzipan- und Schokohörnchen I

Mögen alle gern

12 Stück

Pro Stück: E: 6 g, F: 11 g, Kh: 31 g, kJ: 1038, kcal: 248, BE: 2,5

Für den Hefeteig:

175 ml Wasser
70 g Butter oder Margarine (zimmerwarm)
375 g Weizenmehl
1 Pck. Dr. Oetker Trockenbackhefe
1 Prise Salz
1 EL flüssiger Honig

Für die Füllung:

70 g Edelbitter-Schokolade (etwa 60 % Kakaoanteil)
100 g Marzipan-Rohmasse
1 Eiweiß (Größe M)

1 Eigelb
1 EL Milch

Zubereitungszeit: 45 Minuten, ohne Teiggehzeit
Backzeit: etwa 25 Minuten

1. Für den Teig Wasser erwärmen und Butter oder Margarine darin zerlassen. Lauwarm abkühlen lassen.

2. Mehl mit Hefe in einer Rührschüssel sorgfältig vermischen. Salz, Honig und Wasser-Fett-Mischung hinzufügen. Die Zutaten mit einem Mixer (Knethaken) erst kurz auf niedrigster, dann auf höchster Stufe in etwa 5 Minuten zu einem glatten Teig verarbeiten. Den Teig zugedeckt so lange an einem warmen Ort gehen lassen, bis er sich sichtbar vergrößert hat, etwa 20 Minuten.

3. In der Zwischenzeit für die Füllung die Schokolade in 6 gleich große Portionen schneiden oder brechen. Das Marzipan in Stücke schneiden, mit dem Eiweiß in einer Schüssel mit einer Gabel verkneten.

4. Den Teig auf einer Arbeitsfläche nochmals kurz verkneten. Den Teig zunächst zu einer Kugel formen. Die Teigkugel zu einem großen Kreis (Ø etwa 50 cm) ausrollen und in 12 „Tortenstücke" schneiden.

5. Jeweils 6 Teigstücke an der breiten Seite mit der Schokolade bzw. 1 gehäuften Teelöffel Marzipanmasse belegen und zur Spitze hin zu Hörnchen aufrollen.

6. Die Teighörnchen mit etwas Abstand auf ein Backblech (gefettet, mit Backpapier belegt) legen und zugedeckt an einem warmen Ort gehen lassen, bis sie sich sichtbar vergrößert haben, etwa 15 Minuten.

7. In der Zwischenzeit den Backofen vorheizen.
Ober-/Unterhitze: etwa 200 °C
Heißluft: etwa 180 °C

8. Eigelb mit Milch verschlagen. Die Teighörnchen damit bestreichen.

9. Das Backblech in den vorgeheizten Backofen schieben. Die Hörnchen **etwa 25 Minuten backen.**

10. Die Hörnchen mit dem Backpapier auf einen Kuchenrost ziehen und darauf erkalten lassen.

Maulwurftorte I

Beliebt
16 Stücke

Pro Stück: E: 4 g, F: 25 g, Kh: 26 g, kJ: 1449, kcal: 346, BE: 2,0

Für den Rührteig:

4 Eiweiß (Größe M)
125 g Butter oder Margarine (zimmerwarm)
125 g Zucker
1 Pck. Dr. Oetker Vanillin-Zucker
4 Eigelb (Größe M)
50 g Weizenmehl
10 g gesiebtes Kakaopulver
4 gestr. TL Dr. Oetker Backin
75 g gem. Haselnusskerne
100 g Zartbitter-Raspelschokolade

Für die Füllung:

350 g abgetropfte Sauerkirschen (aus dem Glas)
2 mittelgroße Bananen (etwa 250 g)
2 EL Zitronensaft
600 g gut gekühlte Schlagsahne (mind. 30 % Fett)
3 Pck. Sahnesteif
25 g Zucker
1 Pck. Dr. Oetker Vanillin-Zucker

Zubereitungszeit: 30 Minuten, ohne Kühlzeit
Backzeit: etwa 30 Minuten

1. Den Backofen vorheizen.
Ober-/Unterhitze: etwa 180 °C
Heißluft: etwa 160 °C

2. Für den Teig das Eiweiß so steif schlagen, dass ein Messerschnitt sichtbar bleibt. Butter oder Margarine in einer Rührschüssel mit einem Mixer (Rührstäbe) auf höchster Stufe geschmeidig rühren. Nach und nach Zucker und Vanillin-Zucker unterrühren. So lange rühren, bis eine gebundene Masse entstanden ist. Eigelb nach und nach unterrühren.

3. Das Mehl mit Kakao und Backpulver mischen, mit Haselnusskernen und Raspelschokolade mischen und auf mittlerer Stufe kurz unterrühren. Den Eischnee mit dem Mixer (Rührstäbe) vorsichtig kurz auf mittlerer Stufe unterrühren. Den Teig in eine Springform (Ø 26 cm, gefettet) füllen und glatt streichen.

4. Die Form auf dem Rost in den vorgeheizten Backofen (unteres Drittel) schieben. Den Tortenboden **etwa 30 Minuten backen.**

5. Boden etwa 10 Minuten in der Form auf einem Kuchenrost stehen lassen, dann aus der Form lösen und auf dem Kuchenrost erkalten lassen.

6. Erkalteten Boden mit einem Esslöffel etwa 1 cm tief aushöhlen, dabei einen 1–2 cm breiten Rand stehen lassen. Dazu vorher die Oberfläche am Rand mit einem Messer einschneiden. Die Gebäckreste in einer Schüssel zerbröseln.

7. Für die Füllung die Kirschen auf Küchenpapier legen. Bananen schälen, längs halbieren, mit Zitronensaft beträufeln und in den ausgehöhlten Boden legen. Die Kirschen dazwischen verteilen.

8. Sahne mit Sahnesteif, Zucker und Vanillin-Zucker steif schlagen, kuppelartig auf das Obst streichen und mit den Bröseln bestreuen (die Brösel evtl. leicht andrücken). Die Torte etwa 1 Stunde in den Kühlschrank stellen.

Mini-Blaubeer-Gugelhupfe I

Für die Party
24 Stück

Pro Stück: E: 2 g, F: 7 g, Kh: 13 g, kJ: 522, kcal: 125, BE: 1,0

Für den Teig:
120 g Butter oder Margarine (zimmerwarm)
100 g Zucker
2 Pck. Dr. Oetker Vanillin-Zucker
1 Röhrchen Butter-Vanille-Aroma
2 Eier (Größe M)
1 Eigelb (Größe M)
150 g Weizenmehl
1 gestr. TL Dr. Oetker Backin

Zum Garnieren:
125 g Kuchenglasur Zitrone
100 g Blaubeeren (Heidelbeeren)

Außerdem:
Mini-Gugelhupf-Form (für 24 Stück)

Zubereitungszeit: 25 Minuten, ohne Abkühlzeit
Backzeit: etwa 20 Minuten

1. Den Backofen vorheizen.
Ober-/Unterhitze: etwa 180 °C
Heißluft: etwa 160 °C

2. Für den Teig Butter oder Margarine mit einem Mixer (Rührstäbe) auf höchster Stufe geschmeidig rühren. Zucker, Vanillin-Zucker und Aroma nach und nach unterrühren. So lange rühren, bis eine gebundene Masse entstanden ist.

3. Eier nach und nach unterrühren (jedes Ei etwa ½ Minute). Dann das Eigelb unterrühren. Mehl mit Backpulver mischen und auf mittlerer Stufe kurz unterrühren. Den Teig gleichmäßig in der Form (gefettet, bemehlt) verteilen.

4. Die Form auf dem Rost in den vorgeheizten Backofen schieben. Kuchen **etwa 20 Minuten backen.**

5. Die Form auf einen Kuchenrost stellen und die Mini-Gugelhupfe erkalten lassen.

6. Zum Garnieren die Kuchenglasur nach Packungsanleitung schmelzen. Die Gugelhupfe vorsichtig aus der Form auf einen Bogen Backpapier stürzen. Dann Blaubeeren in die Vertiefungen geben, anschließend mit Kuchenglasur besprenkeln. Die Kuchenglasur fest werden lassen.

Mini-Calzone in Drachenform I

Pikanter Snack – für die Pause

10–12 Stück

Pro Stück: E: 10 g, F: 13 g, Kh: 34 g, kJ: 1233, kcal: 295, BE: 3,5

Für die Füllung:

150 g Kochschinken, im Stück
2–3 Stängel Basilikum
1 Tomate (etwa 65 g)
75 g Doppelrahm-Frischkäse
1 TL Pesto (aus dem Glas)
gem. Pfeffer

2 Pck. backfertiger Pizzateig, auf Backpapier eingerollt (je 36 x 24 cm, aus dem Kühlregal)
1 Eiweiß

1 kleine Möhre
1 kleines Stück Zucchini
1 kleines Stück rote Paprikaschote
etwa 3 EL Olivenöl

Zubereitungszeit: 25 Minuten, ohne Abkühlzeit
Backzeit: etwa 15 Minuten je Backblech

1. Für die Füllung den Schinken in sehr feine Würfel schneiden. Basilikum abspülen, trocken tupfen und die Blättchen von den Stängeln zupfen. Blättchen klein schneiden. Tomate abspülen, trocken tupfen, halbieren und den Stängelansatz herausschneiden. Tomate entkernen und das Fruchtfleisch fein würfeln.

2. Frischkäse mit Pesto und etwas Pfeffer verrühren. Schinken-, Tomatenwürfel und Basilikum untermischen.

3. Nach Belieben aus Papier eine Drachen-Viereck-Schablone (senkrechte Mittelachse etwa 12 cm lang, waagerechte Achse etwa 10 cm lang) zuschneiden. 1 Teigportion aus der Packung nehmen, entrollen und auf ein Backblech legen. Die Schablone auf den Teig legen und mit einem Messer nach und nach 10 Drachen markieren. Die Füllung gleichmäßig in die Mitte der markierten Vierecke geben (etwas von der Füllung für 2 weitere Mini-Calzone beiseitelegen. Die Ränder der Drachenvierecke mit verschlagenem Eiweiß bestreichen.

4. Die zweite Teigportion aus der Packung nehmen, entrollen und vorsichtig passgenau mit der Backpapierseite nach oben auf die vorbereitete Teigplatte legen. Das Papier vorsichtig abziehen. Den Teig dann leicht in den Zwischenräumen um die Füllungen andrücken, dabei mit eingeschlossene Luft möglichst zu den Rändern mit ausdrücken.

5. Die vormarkierten Drachenvierecke nun mit einem scharfen Messer um die Füllungen nachschneiden. Dabei entstehende Teigreste evtl. vorsichtig zwischen den Vierecken herausnehmen, verkneten und separat nochmals ausrollen. Zu 4 Drachen schneiden. Die beiseitegelegte Füllung in die Mitte von 2 Vierecken geben. Restliche Vierecke darauflegen, andrücken, auf ein zweites Backblech (mit Backpapier belegt) legen.

6. Den Backofen vorheizen.
Ober-/Unterhitze: etwa 220 °C
Heißluft: etwa 200 °C

7. Möhre putzen, schälen, abspülen, trocken tupfen und in Scheiben schneiden. Zucchini- und Paprikastück abspülen, trocken tupfen und beides in Streifen schneiden. Mit Möhrenscheiben, Zucchinistreifen und roten Paprikasteifen Gesichter auf die gefüllten Drachenvierecke legen und in den Teig drücken.

8. Mini-Calzone-Drachen mit Olivenöl bestreichen. Die Backbleche nacheinander (bei Heißluft zusammen) in den vorgeheizten Backofen schieben. Mini-Calzone-Drachen **etwa 15 Minuten je Backblech backen.**

9. Die Mini-Calzone-Drachen mit dem Backpapier von den Backblechen auf Kuchenroste ziehen und darauf erkalten lassen.

10. Nach Belieben an den unteren Spitzen jeweils ein Loch einbohren, mit buntem Schleifenband wie Flug-Drachen verzieren.

Mini-Focaccias I

Für die Pause

16 Stück

Pro Stück: E: 5 g, F: 7 g, Kh: 26 g, kJ: 812, kcal: 194, BE: 2,0

Für den Hefeteig:

550 g Weizenmehl
1/2 Pck. frische Hefe (21 g)
300 ml lauwarmes Wasser
2 TL frische, gehackte Rosmarinnadeln
2 gestr. TL Salz
2 EL Olivenöl

16 abgetropfte Mini-Mozzarella-Kugeln
500 g kleine Cocktailtomaten
1-2 EL Fenchelsamen
16 TL Olivenöl
gem. schwarzer Pfeffer
grobes Meersalz

Zubereitungszeit: 30 Minuten, ohne Teiggehzeit
Backzeit: etwa 20 Minuten

1. Für den Teig Mehl in eine Rührschüssel geben und in die Mitte eine Vertiefung eindrücken. Hefe hineinbröckeln, mit etwas Wasser verrühren und etwa 15 Minuten stehen lassen.

2. Anschließend Rosmarin, Salz und Öl hinzufügen und mit einem Mixer (Knethaken) zunächst kurz auf niedrigster, dann auf höchster Stufe in etwa 5 Minuten zu einem glatten Teig verarbeiten. Den Teig zugedeckt so lange an einem warmen Ort gehen lassen, bis er sich sichtbar vergrößert hat, etwa 25 Minuten.

3. Den Teig auf eine leicht bemehlte Arbeitsfläche geben, nochmals kurz verkneten und zu einer Rolle formen. Die Teigrolle in 16 gleich große Scheiben schneiden. Aus den Scheiben runde Fladen (Ø etwa 8 cm) formen. Teigfladen auf ein Backblech (gefettet, mit Backpapier belegt) legen. Teigfladen zugedeckt an einem warmen Ort gehen lassen, bis sie sich sichtbar vergrößert haben, etwa 30 Minuten.

4. In der Zwischenzeit den Backofen vorheizen.
Ober-/Unterhitze: etwa 220 °C
Heißluft: etwa 200 °C

5. Mit den Fingerspitzen viele kleine Mulden in die Teigfladen drücken. Die Mozzarellakugeln halbieren. Tomaten abspülen, trocken tupfen, halbieren und die Stängelansätze herausschneiden.

6. Die Tomatenhälften mit der Schale nach unten gleichmäßig auf den Fladen verteilen, mit Fenchelsamen bestreuen. 8 Fladen zusätzlich noch mit jeweils 4 Mozzarella-Hälften belegen. Die Fladen mit je 1 Teelöffel Olivenöl besprenkeln und mit Pfeffer bestreuen.

7. Das Backblech in den vorgeheizten Backofen schieben. Die Focaccias **etwa 20 Minuten backen.**

8. Das Backblech auf einen Kuchenrost stellen. Die Focaccias mit etwas Meersalz bestreuen und lauwarm oder kalt genießen.

Mini-Himbeer-Cheesecakes

Fruchtig

12 Stück

Pro Stück: E: 5 g, F: 13 g, Kh: 24 g,
kJ: 988, kcal: 236, BE: 2,0

Für die Böden:

154 g Doppelkakaokekse, mit Chocolate-Creme gefüllt
80 g Butter

Für den Belag:

3 Eier (Größe M)
80 g Zucker
100 g Doppelrahm-Frischkäse
150 g Speisequark (20 % Fett)
2 EL Zitronensaft
1 EL Speisestärke

Für das Topping:

2 Blatt weiße Gelatine
250 g frische oder TK-Himbeeren
30 g Zucker
60 g Himbeerkonfitüre

Zubereitungszeit: 25 Minuten, ohne Kühlzeit
Backzeit: etwa 30 Minuten

1. Für die Böden die Kekse vorsichtig mit einem Messer voneinander trennen. Die Creme mit dem Messerrücken abschaben und beiseitestellen. Kekse in einen großen Gefrierbeutel geben, den Beutel fest verschließen, mit einer Teigrolle fein zerbröseln und in eine Rührschüssel geben. Butter zerlassen, zu den Bröseln geben und gut vermischen.

2. Den Backofen vorheizen.
Ober-/Unterhitze: etwa 160 °C
Heißluft: etwa 140 °C

3. Den Bröselteig in die Mulden einer Muffinform (für 12 Muffins, mit Papierbackförmchen ausgelegt) geben und mit einem Löffel fest zu Böden andrücken.

4. Für den Belag Eier und Zucker in einen Rührbecher geben. Mit einem Mixer (Rührstäbe) zunächst auf mittlerer, dann auf höchster Stufe verrühren. Beiseitegestellte Füllung der Kekse, Frischkäse, Quark, Zitronensaft und Stärke hinzugeben und zu einer glatten Creme verrühren. Creme auf den Bröselböden verteilen (die Papierbackförmchen sollen nur bis höchstens ½ cm unter den Rand gefüllt werden).

5. Die Form auf dem Rost in den Backofen schieben, Cheesecakes **etwa 30 Minuten backen.**

6. In der Zwischenzeit für das Topping Gelatine nach Packungsanleitung einweichen. Frische Himbeeren verlesen, evtl. kurz abspülen und vorsichtig trocken tupfen. Nach Belieben 12 Stück zum Garnieren beiseitelegen. Himbeeren, Zucker und Konfitüre in einem Rührbecher mit einem Pürierstab fein pürieren.

7. Die Muffinform auf einen Kuchenrost stellen. Die Cheesecakes in der Form vollständig erkalten lassen.

8. Gelatine leicht ausdrücken und mit 2 Esslöffeln von dem Himbeerpüree in einem kleinen Topf erwärmen, die Gelatine auflösen. Dann die Masse unter das restliche Himbeerpüree rühren. Himbeerpüree auf dem Belag verteilen. Cheesecakes etwa 1 Stunde in den Kühlschrank stellen. Vor dem Servieren nach Belieben mit den beiseitegelegten Himbeeren garnieren.

Mini-Hot-Dogs I

Für die Party – mögen alle gern

24–32 Stück

Pro Stück: E: 2 g, F: 2 g, Kh: 7 g, kJ: 245, kcal: 58, BE: 0,5

Für die Hot-Dogs:

1 Pck. Sonntagsbrötchen (6 oder 8 Stück, aus dem Kühlregal)
24–32 abgetropfte Mini-Würstchen (aus dem Glas, je nach Menge der Sonntagsbrötchen)
2 EL Milch (3,5 % Fett)
1 gestr. EL Weizenmehl

Außerdem:

6–8 abgetropfte Cornichons (aus dem Glas)
2–3 EL Röstzwiebeln (Fertigprodukt)
Ketchup
Mayonnaise
Senf

Zubereitungszeit: 45 Minuten, ohne Abkühlzeit
Backzeit: 12–15 Minuten

1. Den Backofen vorheizen.
Ober-/Unterhitze: etwa 200 °C
Heißluft: etwa 180 °C

2. Die Brötchen nach Packungsanleitung aus der Packung lösen und auf eine leicht mit Mehl bestäubte Arbeitsfläche legen.

3. Die Teigstücke kreuzweise vierteln. Teigviertel mit den Fingern ausziehen, sodass je 1 Würstchen eingepackt werden kann.

4. Beim „Einpacken" darauf achten, dass das Würstchen vollständig vom Teig umschlossen ist. Die Nähte gut andrücken. Die Mini-Hot-Dogs mit der Nahtstelle nach unten auf ein Backblech (gefettet, mit Backpapier belegt) legen.

5. Mini-Hot-Dogs mit Milch bestreichen. Mehl in ein kleines Sieb geben und die Brötchen dünn damit bestäuben.

6. Das Backblech in den vorgeheizten Backofen schieben. Mini-Hot-Dogs **12–15 Minuten backen.**

7. In der Zwischenzeit die Cornichons längs in dünne Scheiben schneiden. Gurkenscheiben und Röstzwiebeln getrennt in Schälchen anrichten.

8. Die Mini-Hot-Dogs mit dem Backpapier auf einen Kuchenrost ziehen und etwas abkühlen lassen.

9. Zum Servieren die Mini-Hot-Dogs mit einem Sägemesser vorsichtig auf-, aber nicht durchschneiden. Hot-Dogs auf eine Platte legen.

10. Gurkenscheiben, Röstzwiebeln, Ketchup, Mayonnaise und Senf dazustellen. So können die Mini-Hot-Dogs individuell belegt werden.

Tipps: Möchten Sie die Hot-Dogs fertig gefüllt anbieten, stecken Sie kurze Holzstäbchen (z. B. Zahnstocher) von oben nach unten hinein. So halten sie gut zusammen. Vegetarische Tofuwürstchen eignen sich in etwa 3 cm lange Stücke geschnitten ebenfalls sehr gut zum Füllen der Brötchen. Oder statt der Mini-Würstchen 2–3 dünne Wiener Würstchen vom Metzger nehmen und in etwa 3 cm lange Stücke schneiden. Ketchup und Mayonnaise gibt es fertig gemischt in Tuben. Das sieht schön aus und ist sehr praktisch.

HOT
Victory to
Sam's Town
ITALIA
EXCEPTIONAL VALUE
Technician

Mini-Knusper-Pie-Pops

Zum Geburtstag
30 Stück

Pro Stück: E: 1 g, F: 4 g, Kh: 18 g, kJ: 485, kcal: 116, BE: 1,5

Für den Teig:

250 g Weizenmehl
50 g Zucker
1 Pck. Dr. Oetker Vanillin-Zucker
1 gestr. TL Dr. Oetker Backin
½ gestr. TL Salz
120 g Butter (zimmerwarm)
75 g Schmand (Sauerrahm)
1 Eigelb (Größe M)

Zum Bestreichen:

1 Eiweiß (Größe M)
etwa 7 EL Konfitüre oder Fruchtaufstrich, z. B. Kirsche, Aprikose oder Pflaume (aus dem Glas)

Zum Bestreuen:

10 EL feiner Zucker oder Hagelzucker

Außerdem:

30 Lolli- oder Holz-Eisstiele zum Mitbacken
evtl. buntes Schleifenband

Zubereitungszeit: 40 Minuten, ohne Kühlzeit
Backzeit: 10–12 Minuten je Backblech

1. Für den Teig Mehl mit Zucker, Vanillin-Zucker, Backpulver und Salz in einer Rührschüssel mischen. Die Butter hinzugeben.

2. Die Zutaten mit einem Mixer (Rührstäbe) auf niedrigster Stufe feinkrümelig verrühren. Sauerrahm und Eigelb verschlagen, hinzugeben und ebenfalls kurz auf niedrigster Stufe feinkrümelig unterarbeiten. Dann sofort mit den Händen zu einem glatten Teig verkneten.

3. Den Teig zwischen 2 Lagen Frischhaltefolie flach drücken. In Frischhaltefolie gewickelt etwa 30 Minuten in den Kühlschrank legen.

4. Den Backofen vorheizen.
Ober-/Unterhitze: etwa 210 °C
Heißluft: etwa 190 °C

5. Den Teig portionsweise auf einer leicht mit Mehl bestäubten Arbeitsfläche knapp ½ cm dick ausrollen.

6. Dann aus dem Teig mit einem Ausstecher etwa 60 Kreise oder Blüten (Ø etwa 5 ½ cm) ausstechen.

7. Die Hälfte davon auf Backbleche (gefettet, mit Backpapier belegt) verteilen und mit verschlagenem Eiweiß dünn bestreichen.

8. Die Lolli-oder Holz-Eisstiele so auf die Kreise oder Blüten legen, dass sie knapp bis zur Mitte der Kreise oder Blüten gehen. Je etwa ½ Teelöffel von der Konfitüre daraufgeben.

9. Die restlichen Teigkreise oder Blüten darauflegen. Die Teigränder mit einem Messerrücken rundum andrücken. Pie-Pops mit dem restlichen Eiweiß bestreichen, mit je etwa ⅓ Teelöffel Zucker oder Hagelzucker bestreuen.

10. Die Backbleche nacheinander (bei Heißluft zusammen) in den vorgeheizten Backofen schieben. Pie-Pops **10–12 Minuten je Backblech backen.**

11. Die Backbleche auf Kuchenroste stellen. Pie-Pops auf den Backblechen vollständig erkalten lassen.

12. Die Stiele nach Belieben vor dem Anrichten mit Schleifenband verzieren.

Tipps: Pie-Pops sind – in kleine Zellophantütchen verpackt und eventuell mit Schleifenband umwickelt – eine nette Geburtstagsüberraschung für die kleinen Gäste zum Mitnehmen. Statt mit Konfitüre oder Fruchtaufstrich können die Mini-Knusper-Pie-Pops auch mit kleinen Fruchtstückchen gefüllt werden. Eine leckere Mischung ist beispielsweise 1 Scheibe Banane mit ½ Teelöffel Nuss-Nugat-Creme. Oder Sie geben 1 Sauerkirsche (aus dem Glas) und etwas Sauerkirschkonfitüre hinein. Auch kleine Schokoladenstücke (können auch gefüllt sein) machen sich sehr gut als Füllung.

Mini-Pizzen, vegetarische I

Schmecken auch kalt

12 Stück

Pro Stück: E: 14 g, F: 18 g, Kh: 43 g, kJ: 1654, kcal: 395, BE: 3,5

Für den Hefeteig:

600 g Weizenmehl
1 Pck. Dr. Oetker Trockenbackhefe
1 Prise Zucker
1 TL Salz
250 ml lauwarmes Wasser
4 EL Olivenöl

Für den Belag:

800 g Tomaten
je 2 rote, gelbe und grüne Paprikaschoten
1 Zucchini (200 g)
6 EL Speiseöl
Salz
gem. Pfeffer
500 g abgetropfter Mozzarella
2 EL gehackte gemischte Kräuter, z. B. Oregano, Basilikum, Rosmarin

Zum Garnieren:

evtl. einige Basilikumblättchen

Zubereitungszeit: 1 Stunde, ohne Teiggehzeit
Backzeit: 10–12 Minuten je Backblech

1. Für den Teig Mehl in eine Rührschüssel geben und mit Trockenbackhefe sorgfältig vermischen. Zucker, Salz, Wasser und Olivenöl hinzufügen. Die Zutaten mit einem Mixer (Knethaken) zunächst kurz auf niedrigster, dann auf höchster Stufe in etwa 5 Minuten zu einem glatten Teig verarbeiten. Den Teig zugedeckt so lange an einem warmen Ort gehen lassen, bis er sich sichtbar vergrößert hat, etwa 30 Minuten.

2. Den Teig auf einer leicht bemehlten Arbeitsfläche nochmals kurz verkneten und etwa ½ cm dick ausrollen. Den Teig etwa 5 Minuten ruhen lassen.

3. Dann 12 Kreise (Ø etwa 8 cm) ausstechen. Die Teigkreise mit etwas Abstand auf 2 Backbleche (mit Backpapier belegt) legen.

4. Für den Belag anschließend Tomaten kreuzweise einschneiden und mit kochendem Wasser übergießen. Nach 1–2 Minuten herausnehmen und mit kaltem Wasser abschrecken. Tomaten enthäuten, halbieren und die Stängelansätze herausschneiden. Tomaten in kleine Würfel schneiden.

5. Paprikaschoten halbieren, entstielen, entkernen und die weißen Scheidewände entfernen. Schoten abspülen und abtropfen lassen.

6. Zucchini abspülen, abtrocknen und die Enden abschneiden. Paprika und Zucchini in kleine Würfel schneiden.

7. Den Backofen vorheizen.
Ober-/Unterhitze: etwa 180 °C
Heißluft: etwa 160 °C

8. Das Speiseöl portionsweise in einer großen Pfanne erhitzen. Nacheinander die Tomaten-, Paprika- und Zucchiniwürfel darin andünsten, jeweils mit Salz und Pfeffer abschmecken.

9. Zuerst die Tomaten-, dann die Paprika- und Zucchiniwürfel auf den Teigkreisen verteilen. Mozzarella in 12 Scheiben schneiden. Jeweils 1 Mozzarellascheibe auf eine Pizza legen. Die Pizzen mit den Kräutern bestreuen.

10. Die Backbleche nacheinander (bei Heißluft zusammen) in den vorgeheizten Backofen schieben. Die Mini-Pizzen **10–12 Minuten je Backblech backen.**

11. Die Backbleche auf Kuchenroste stellen. Mini-Pizzen nach Belieben mit abgespülten, trocken getupften Basilikumblättchen garniert servieren.

Tipps: Die Gemüsesorten können Sie je nach Saison und Geschmack variieren. Wenn es nicht nur vegetarisch sein soll, können einige Pizzen auch mit abgetropftem Thunfisch (aus der Dose), Kochschinkenwürfeln oder dünnen Salamischeiben belegt werden.

Mini-Soft-Ice-Cupcakes I

Für die Party

32 Stück

Pro Stück: E: 2 g, F: 11 g, Kh: 18 g, kJ: 760, kcal: 182, BE: 1,5

Für den Teig:

2 EL Milch
120 g Zucker
1 Pck. Dr. Oetker Vanillin-Zucker
100 ml Speiseöl, z. B. Sonnenblumenöl
1 Prise Salz
2 Eier (Größe M)
200 g Weizenmehl
1 ½ gestr. TL Dr. Oetker Backin
75 g Zartbitter-Raspelschokolade

32 kleine Waffelbecher (mit kakaohaltiger Fettglasur)

Für die Creme:

175 g Butter (zimmerwarm)
evtl. ½ TL Vanilleextrakt-Pulver oder Dr. Oetker Finesse Geriebene Zitronenschale
175 g Puderzucker
210 g abgetropfter Doppelrahm-Frischkäse (zimmerwarm) oder abgetropfter Schmand (Sauerrahm, zimmerwarm)
evtl. fettlösliche rote Speisefarbe

Zum Bestreuen:

evtl. Zuckerperlen

Zubereitungszeit: 45 Minuten, ohne Abkühlzeit
Backzeit: 17–19 Minuten

1. Den Backofen vorheizen.
Ober-/Unterhitze: etwa 180 °C
Heißluft: etwa 160 °C

2. Für den Teig Milch, Zucker, Vanillin-Zucker, Speiseöl, Salz und Eier in einer Rührschüssel mit einem Mixer (Rührstäbe) in 1 Minute dick cremig aufschlagen. Mehl und Backpulver mischen, zur Eier-Zucker-Masse geben und kurz auf mittlerer Stufe zu einem glatten Teig verrühren. Raspelschokolade gut unterrühren.

3. Den Teig in einen großen Einmal-Spritzbeutel aus Kunststoff füllen. Eine Spitze abschneiden. Die Waffelbecher auf einem Backblech (gefettet, mit Backpapier belegt) verteilen. Den Teig gleichmäßig mithilfe des Spritzbeutels in den Waffelbechern verteilen.

4. Das Backblech in den vorgeheizten Backofen schieben. Die Cupcakes **17–19 Minuten backen.**

5. Das Backblech vorsichtig aus dem Backofen nehmen und auf einen Kuchenrost stellen. Die Cupcakes erkalten lassen.

6. Für die Creme Butter und nach Belieben Vanilleextrakt oder Zitronenschale in einer Rührschüssel mit dem Mixer (Rührstäbe) auf höchster Stufe in etwa 5 Minuten hellcremig aufschlagen. Den Puderzucker sieben und nach und nach gut unter die Butter mixen. Frischkäse oder Schmand glatt rühren, dann esslöffelweise, aber nur kurz unter die Butter-Puderzucker-Masse schlagen (nicht zu lange schlagen, sonst trennen sich die Zutaten). Die Creme nach Belieben mit Speisefarbe einfärben und evtl. kurz in den Kühlschrank stellen.

7. Die Creme in einen Spritzbeutel mit feiner Sterntülle füllen und Tuffs auf die Cupcakes spritzen. Nach Belieben mit bunten Zuckerperlen bestreut servieren.

Mini-Zimtrollen

Gut zum Mitnehmen

20 Stück

Pro Stück: E: 3 g, F: 4 g, Kh: 23 g,
kJ: 577, kcal: 138, BE: 2,0

Für den Hefeteig:

200 ml Milch (3,5 % Fett)
50 g Butter oder Margarine
375 g Weizenmehl
1 Pck. Dr. Oetker Trockenbackhefe
50 g Zucker
1 Pck. Dr. Oetker Vanillin-Zucker
1 Prise Salz
1 Ei (Größe M)

Für die Füllung:

25 g Butter
100 g brauner Zucker
1 EL gem. Zimt

Zubereitungszeit: 50 Minuten, ohne Teiggehzeit
Backzeit: etwa 12 Minuten je Backblech

1. Für den Teig Milch erwärmen und Butter oder Margarine darin zerlassen. Lauwarm abkühlen lassen.

2. Mehl in einer Rührschüssel mit Trockenbackhefe sorgfältig vermischen. Restliche Zutaten und die warme Milch-Fett-Mischung hinzufügen.

3. Die Zutaten mit einem Mixer (Knethaken) zunächst kurz auf niedrigster, dann auf höchster Stufe in etwa 5 Minuten zu einem glatten Teig verarbeiten.

4. Den Teig zugedeckt so lange an einem warmen Ort gehen lassen, bis er sich sichtbar vergrößert hat, etwa 20 Minuten.

5. Für die Füllung Butter zerlassen. Zucker mit Zimt mischen.

6. Den Teig leicht mit Mehl bestäuben und auf einer leicht bemehlten Arbeitsfläche nochmals kurz verkneten. Den Teig zu einem Rechteck (etwa 50 x 30 cm) ausrollen.

7. Das Teigrechteck mit zerlassener Butter bestreichen und mit Zimt-Zucker bestreuen.

8. Den Teig von der langen Seite aus aufrollen. Die Kante vorsichtig festdrücken. Die Teigrolle in 20 gleich große Scheiben schneiden. Teigscheiben auf Backbleche (gefettet, mit Backpapier belegt) legen.

9. Die Mini-Zimtrollen nochmals so lange an einem warmen Ort gehen lassen, bis sie sich sichtbar vergrößert haben, etwa 15 Minuten.

10. In der Zwischenzeit den Backofen vorheizen.
Ober-/Unterhitze: etwa 200 °C
Heißluft: etwa 180 °C

11. Die Backbleche nacheinander (bei Heißluft zusammen) in den vorgeheizten Backofen schieben. Die Mini-Zimtrollen **etwa 12 Minuten je Backblech backen.**

12. Die Zimtrollen mit dem Backpapier auf Kuchenroste ziehen und darauf erkalten lassen.

Tipp: Wie in Schweden schmecken die Mini-Zimtrollen, wenn Sie in die Füllung ½–1 gestr. Teelöffel gemahlenen Kardamom geben.

Rezeptvariante: Apfeltaschen (14 Stück – im Foto rechts). Dafür den Teig wie beschrieben zubereiten. 500 g Äpfel (z. B. Elstar) schälen, vierteln, entkernen und klein schneiden. Mit 50 g Rosinen, 40 g Zucker und 20 g Butter unter Rühren andünsten, erkalten lassen. Gegangenen Teig auf einer leicht bemehlten Arbeitsfläche kurz verkneten. Dünn ausrollen, 14 Kreise (Ø etwa 12 cm) ausstechen. Die Füllung auf einer Hälfte jedes Teigkreises verteilen. Den Rand jedes Teigkreises mit Milch bestreichen. Die andere Teighälfte daraufklappen, Ränder mit einer Gabel andrücken. Apfeltaschen mit Milch bestreichen, mit gehobelten Mandeln bestreuen. Wie im Rezept beschrieben gehen lassen. 20 Minuten je Backblech backen. Für den Guss 100 g Puderzucker mit 1 Esslöffel Zitronensaft zu einer dickflüssigen Masse verrühren. 10 g Butter zerlassen und unterrühren. Die heißen Apfeltaschen sofort damit bestreichen und erkalten lassen.

Möhren-Gugelhupf | Schön saftig

20 Stücke

Pro Stück: E: 6 g, F: 15 g, Kh: 16 g, kJ: 895, kcal: 214, BE: 1,5

Für den Biskuitteig:

250 g Möhren
5 Eiweiß (Größe M)
1 Prise Salz
5 Eigelb (Größe M)
180 g Zucker
1 Pck. Dr. Oetker Vanillin-Zucker
100 g Weizenmehl
3 gestr. TL Dr. Oetker Backin
300 g gem. Haselnusskerne
100 g gehackte Haselnusskerne

Zum Bestäuben:

etwas Puderzucker

Zubereitungszeit: 30 Minuten, ohne Abkühlzeit
Backzeit: etwa 50 Minuten

1. Den Backofen vorheizen.
Ober-/Unterhitze: etwa 180 °C
Heißluft: etwa 160 °C

2. Für den Teig Möhren putzen, schälen, abspülen und abtropfen lassen. Möhren fein reiben. Eiweiß und Salz in einem Rührbecher mit dem Mixer (Rührstäbe) auf höchster Stufe sehr steif schlagen.

3. Eigelb, Zucker und Vanillin-Zucker in einer Rührschüssel mit dem Mixer (Rührstäbe) auf höchster Stufe etwa 4 Minuten schlagen.

4. Mehl mit Backpulver mischen und auf niedrigster Stufe kurz unterrühren. Gemahlene und gehackte Nüsse in 2 Portionen abwechselnd mit dem Eischnee unter den Teig heben. Die Möhrenraspel zuletzt sehr vorsichtig unterheben.

5. Den Teig in eine Gugelhupfform (Ø 22 cm, gefettet, bemehlt) füllen und glatt streichen.

6. Die Form auf dem Rost in den vorgeheizten Backofen schieben. Gugelhupf **etwa 50 Minuten backen.**

7. Die Form auf einen Kuchenrost stellen. Den Gugelhupf etwa 10 Minuten in der Form stehen lassen. Anschließend den Gugelhupf aus der Form lösen und auf einen mit Backpapier belegten Kuchenrost stürzen. Den Gugelhupf erkalten lassen und vor dem Servieren mit Puderzucker bestäuben.

Möhrenkuchen

Klassisch

15 Stücke

Pro Stück: E: 6 g, F: 13 g, Kh: 22 g, kJ: 975, kcal: 233, BE: 2,0

Zum Vorbereiten:

200–250 g Möhren

Für den Teig:

4 Eiweiß (Größe M)
4 Eigelb (Größe M)
160 g Zucker
1 Pck. Dr. Oetker Vanillin-Zucker
1 Prise Salz
2–3 EL Orangensaft
50 g Weizenmehl
2 1/2 gestr. TL Dr. Oetker Backin
300 g nicht abgezogene, gem. Mandeln

Für den Guss:

100 g Puderzucker
1–2 EL Zitronensaft

Zubereitungszeit: 30 Minuten, ohne Abkühlzeit
Backzeit: etwa 1 Stunde

1. Zum Vorbereiten für den Teig die Möhren putzen, schälen, abspülen, gut abtropfen lassen und auf einer Küchenreibe fein raspeln.

2. Den Backofen vorheizen.
Ober-/Unterhitze: etwa 180 °C
Heißluft: etwa 160 °C

3. Für den Teig das Eiweiß so steif schlagen, dass ein Messerschnitt sichtbar bleibt. Eiweiß bis zur Weiterverarbeitung in den Kühlschrank stellen. Eigelb mit Zucker, Vanillin-Zucker und Salz in einer Rührschüssel mit einem Mixer (Rührbesen) auf höchster Stufe in etwa 5 Minuten schaumig rühren.

4. Orangensaft kurz unterrühren. Mehl mit Backpulver mischen, mit der Hälfte der Mandeln auf niedrigster Stufe unterrühren.

5. Eischnee unterheben. Übrige Mandeln und die Möhrenraspel ebenfalls kurz unterrühren. Den Teig in eine Kastenform (25 x 11 cm, gefettet und bemehlt) füllen.

6. Die Form auf dem Rost in den vorgeheizten Backofen schieben. Den Kuchen **etwa 1 Stunde backen.**

7. Die Form auf einen Kuchenrost stellen und den Kuchen etwa 10 Minuten abkühlen lassen. Dann den Kuchen aus der Form lösen, auf den Kuchenrost stürzen und vollständig erkalten lassen.

8. Für den Guss Puderzucker und Zitronensaft zu einer dickflüssigen Masse verrühren. Den Kuchen mit dem Guss überziehen, fest werden lassen.

Tipps: Ohne Guss lässt sich der Möhrenkuchen gut einfrieren. Auch zum Vorbereiten ist er sehr gut geeignet. 1–2 Tage vorher gebacken und verpackt, kann er noch gut durchziehen.

Monster-Knusper-Stangen I

Knabberspaß für zwischendurch

etwa 40 Stück

Pro Stück: E: 2 g, F: 2 g, Kh: 9 g, kJ: 279, kcal: 67, BE: 1,0

75 g	*Vollkorn-Weizenmehl*
100 g	*Weizenmehl (Type 405)*
250 g	*Weizenmehl (Type 550)*
8–10 g	*Salz*
75 g	*Hartweizengrieß*
5 g	*frische Hefe*
1 TL	*flüssiger Honig*
etwa 290 ml	*kaltes Wasser*
2 EL	*Olivenöl*

Zum Bestreuen:

evtl. Sesam-, Mohnsamen, Gomasio (Sesamsalz), Sonnenblumen- und Kürbiskerne, Pizza-Gewürz-Mischung, ger. Käse

Zubereitungszeit: 40 Minuten, ohne Teiggehzeit
Backzeit: 17–19 Minuten je Backblech

1. Die drei Mehlsorten mit Salz und Hartweizengrieß in der Rührschüssel einer Küchenmaschine mischen. Hefe zerbröckeln, mit Honig und etwa 3 Esslöffeln kaltem Wasser verrühren, kurz stehen lassen.

2. Angerührte Hefe mit etwa 250 ml kaltem Wasser und Öl zur Mehlmischung in die Schüssel geben.

3. Die Zutaten mit den Knethaken der Küchenmaschine zunächst auf niedrigster Stufe etwa 5 Minuten verkneten. Dann auf mittlerer Stufe zu einem glatten, geschmeidigen Teig verkneten.

4. Den Teig in der Schüssel, mit Frischhaltefolie belegt, im Kühlschrank über Nacht gehen lassen.

5. Den Backofen vorheizen.
Ober-/Unterhitze: etwa 220 °C
Heißluft: etwa 200 °C

6. Den Teig in 2 Portionen teilen. Die Teigportionen nochmals verkneten. Dann die Teigportionen jeweils auf einer leicht mit Mehl bestäubten Arbeitsfläche etwa ½ cm dick zu je einem Rechteck (etwa 35 x 25 cm) ausrollen.

7. Die Teigrechtecke von der längeren Seite aus in 1 ½–2 cm breite Streifen schneiden und mit etwas Abstand zueinander auf 2 Backbleche (gefettet, mit Backpapier belegt) legen. Danach mit kaltem Wasser bestreichen.

8. Die Teigstreifen nach Belieben mit Sesam-, Mohnsamen, Gomasio, Sonnenblumen- und Kürbiskernen, Pizza-Gewürz-Mischung oder geriebenem Käse bestreuen.

9. Die Backbleche nacheinander (bei Heißluft zusammen) in den vorgeheizten Backofen (unterste Einschubleiste) schieben. Die Monster-Knusper-Stangen **17–19 Minuten je Backblech backen.**

10. Die Monster-Knusper-Stangen mit dem Backpapier auf Kuchenrosten ziehen und anschließend darauf erkalten lassen.

Tipps: Frischkäse-Dip, Obatzda oder Eier-Häckerle zu den Monster-Knusper-Stangen reichen. Die Monster-Knusper-Stangen bleiben in luftdicht verschließbaren Dosen etwa 1 Woche schön knusprig. Aus dem Teig lassen sich auch leckere Knusper-Kräcker backen. Dafür den Teig ausrollen und Plätzchen in beliebigen Formen ausstechen. Oder einfach den ausgerollten Teig in Rauten schneiden.

Monster-Mumien-Cookies I

Knusprig – zum Geburtstag

20 Stück

Pro Stück: E: 4 g, F: 12 g, Kh: 44 g, kJ: 1259, kcal: 300, BE: 3,5

Zum Vorbereiten:

75 g getrocknete Cranberrys
220 g Weizenmehl
3 g Natron
1/2 gestr. TL Dr. Oetker Backin

Für den Teig:

150 g Butter (zimmerwarm)
85 g brauner Zucker
25 g Puderzucker
evtl. 1 TL gem. Zimt
1 Eigelb (Größe M)
100 g gehackte Mandeln

Für den Guss:

250 g Puderzucker
2–3 EL Zitronensaft

Zum Garnieren:

125 g weiße und rosa Schokolinsen
etwa 100 g gepuffter Amaranth
grüne und rote Zuckerschrift (aus der Tube) oder etwa 40 g Zartbitter-Kuvertüre
150 g weißer Fondant

Zubereitungszeit: 35 Minuten, ohne Kühl- und Trockenzeit
Backzeit: etwa 14 Minuten je Backblech

1. Zum Vorbereiten die Cranberrys mit 1 Esslöffel von dem Mehl bestäuben und fein hacken. Restliches Mehl mit Natron und Backpulver gut vermischen.

2. Für den Teig Butter in einer Rührschüssel mit einem Mixer (Rührstäbe) auf höchster Stufe hellcremig aufschlagen.

3. Zucker, Puderzucker und Zimt gut unterrühren. Eigelb ebenfalls gut unterrühren.

4. Mehl hinzugeben und die Zutaten mit dem Mixer kurz krümelig verarbeiten. Mandeln und Cranberrys hinzugeben und alles mit den Händen kurz zu einem glatten Teig verkneten.

5. Den Teig in Frischhaltefolie gewickelt etwa 30 Minuten in den Kühlschrank legen.

6. Den Backofen vorheizen.
Ober-/Unterhitze: etwa 180 °C

7. Den Teig mit kalten, leicht bemehlten Händen zu 20 gut walnussgroßen Kugeln formen, mit etwas Abstand zueinander auf Backbleche (gefettet, mit Backpapier belegt) verteilen. Kugeln etwas flach drücken.

8. Die Backbleche nacheinander in den vorgeheizten Backofen schieben. Die Cookies bei Ober-/Unterhitze **in etwa 14 Minuten je Backblech hellgelb backen.**

9. Die Cookies mit dem Backpapier von den Backblechen vorsichtig auf Kuchenroste ziehen und darauf erkalten lassen.

10. Für den Guss Puderzucker und Zitronensaft zu einem zähflüssigen Guss verrühren. Die Cookies damit bestreichen.

11. Zum Garnieren je 2 Schokolinsen als Augen in den feuchten Guss setzen und die Cookies mit Amaranth bestreuen. Mit Zuckerschrift oder geschmolzener Kuvertüre Pupillen auf die Schokolinsen tupfen. Guss trocknen lassen.

12. Fondant portionsweise zwischen einem aufgeschnittenen Gefrierbeutel dünn ausrollen, in etwa 1/2 cm breite Streifen schneiden. Die Cookies damit unregelmäßig belegen, sodass ein Mumiengesicht entsteht. Fondant trocknen lassen.

Tipps: Die Cookies halten sich in einer luftdicht verschließbaren Dose etwa 1 Woche frisch. Statt Cranberrys können Sie auch einfach Rosinen mit unter den Teig kneten. Oder probieren sie doch einmal getrocknete Berberitzen, wenn Sie es gern säuerlich haben möchten. Sie bekommen diese Beeren im gut sortierten Supermarkt oder ganz leicht über das Internet.

Muffins mit Schoko-Bits | Klassisch

12 Stück

Pro Stück: E: 4 g, F: 22 g, Kh: 24 g, kJ: 1320, kcal: 315, BE: 2,0

250 g Butter oder Margarine
100 g Edelbitter-Schokolade (etwa 60 % Kakaoanteil)
220 g Weizenmehl (Type 405)
2 gestr. TL Dr. Oetker Backin
80 g Zucker
1 Pck. Dr. Oetker Vanillin-Zucker
3 Eier (Größe M)

Außerdem:

12 Muffin-Papierbackförmchen

Zubereitungszeit: 25 Minuten
Backzeit: etwa 25 Minuten

1. Butter oder Margarine in einem kleinen Topf zerlassen. Lauwarm abkühlen lassen.

2. Die Schokolade grob hacken und ein Drittel zum Bestreuen beiseitelegen.

3. Den Backofen vorheizen.
Ober-/Unterhitze: etwa 180 °C
Heißluft: etwa 160 °C

4. Mehl mit Backpulver, Zucker und Vanillin-Zucker in einer Rührschüssel mit einem Schneebesen verrühren. Die Eier nach und nach zum geschmolzenen Fett geben und mit dem Schneebesen verrühren.

5. Eier-Fett-Mischung in die Rührschüssel geben. Alles mit dem Schneebesen verrühren, bis ein glatter Teig entstanden ist. Gehackte Schokolade kurz unterrühren.

6. Den Teig gleichmäßig einer Muffinform (für 12 Muffins, mit Papierbackförmchen ausgelegt) verteilen. Die beiseitegelegten Schokoladenstücke gleichmäßig auf dem Teig verteilen.

7. Die Muffinform auf dem Rost in den vorgeheizten Backofen schieben. Die Muffins mit Schoko-Bits **etwa 25 Minuten backen.**

8. Die Form auf einen Kuchenrost stellen und die Muffins kurz abkühlen lassen. Aus der Muffinform nehmen und auf dem Kuchenrost erkalten lassen.

Müslistangen | Für die Pause

12 Stück

Pro Stück: E: 7 g, F: 11 g, Kh: 33 g, kJ: 1117, kcal: 267, BE: 3,0

Für den Quark-Öl-Teig:

100 g Müsli, z. B. 7-Korn-Müsli, Nüsse & Kerne
300 g Weizenmehl (Type 550)
1 Pck. Dr. Oetker Backin
150 g Magerquark
100 ml Milch (1,5 % Fett)
100 ml Speiseöl, z. B. Sonnenblumenöl
80 g Zucker
1 Prise Salz

Zum Bestreichen und Bestreuen:

1 Eigelb
1 EL Wasser oder Milch
50 g Müsli, z. B. 7-Korn-Müsli, Nüsse & Kerne

Zubereitungszeit: 30 Minuten
Backzeit: etwa 20 Minuten

1. Für den Teig das Müsli mit den Händen fein zerkrümeln. Mehl mit Backpulver in einer Rührschüssel vermischen. Quark, Milch, Öl, Zucker, Salz und Müsli zugeben. Die Zutaten mit einem Mixer (Knethaken) erst kurz auf niedrigster, dann auf höchster Stufe in etwa 1 Minute zu einem Teig verarbeiten (nicht zu lange, Teig klebt sonst).

2. Den Teig auf einer leicht bemehlten Arbeitsfläche zu einer Rolle formen.

3. Den Backofen vorheizen.
Ober-/Unterhitze: etwa 200 °C
Heißluft: etwa 180 °C

4. Die Teigrolle in 12 gleich große Scheiben schneiden. Aus jeder Scheibe mit leicht bemehlten Händen eine Stange (je etwa 12 cm lang) formen. Die Teigstangen mit etwas Abstand auf ein Backblech (gefettet, mit Backpapier belegt) legen.

5. Zum Bestreichen Eigelb mit Wasser oder Milch verschlagen und die Stangen damit bestreichen. Müsli mit den Händen zerkrümeln und gleichmäßig auf die Stangen streuen.

6. Backblech in den vorgeheizten Backofen schieben. Die Müslistangen **etwa 20 Minuten backen.**

7. Die Stangen mit dem Backpapier auf einen Kuchenrost ziehen und erkalten lassen.

Nussecken | Gut vorzubereiten

30 Stück

Pro Stück: E: 3 g, F: 15 g, Kh: 19 g, kJ: 921, kcal: 220, BE: 1,5

Für den Knetteig:

225 g Weizenmehl
1 gestr. TL Dr. Oetker Backin
100 g Zucker
1 Pck. Dr. Oetker Vanillin-Zucker
1 Ei (Größe M)
1 EL kaltes Wasser
100 g Butter oder Margarine (zimmerwarm)

Für den Belag:

150 g Butter
150 g Zucker
3 EL Wasser
100 g gem. Haselnusskerne
200 g gehobelte Haselnusskerne
3 EL Aprikosenkonfitüre

Für den Guss:

100 g Edelbitter-Schokolade (etwa 60 % Kakaoanteil)
1 TL Speiseöl, z. B. Sonnenblumenöl

Zubereitungszeit: 1 Stunde, ohne Abkühl- und Trockenzeit
Backzeit: etwa 25 Minuten

1. Für den Teig Mehl mit Backpulver in einer Rührschüssel mischen. Restliche Teigzutaten hinzufügen und mit einem Mixer (Knethaken) zunächst kurz auf niedrigster, dann auf höchster Stufe gut durcharbeiten. Anschließend auf einer leicht bemehlten Arbeitsfläche kurz zu einem Teig verkneten. Sollte er kleben, ihn in Frischhaltefolie gewickelt eine Zeit lang in den Kühlschrank legen.

2. Für den Belag Butter, Zucker und Wasser in einem Topf bei schwacher Hitze erwärmen, bis die Butter geschmolzen ist. Gemahlene und gehobelte Haselnusskerne unterrühren. Den Topf von der Kochstelle nehmen. Den Belag etwa 10 Minuten abkühlen lassen.

3. In der Zwischenzeit den Backofen vorheizen.
Ober-/Unterhitze: etwa 180 °C
Heißluft: etwa 160 °C

4. Den Knetteig auf ein Backblech (etwa 30 x 40 cm, gefettet, mit Backpapier belegt) legen, mit etwas Mehl bestäuben und ausrollen. Zunächst die Konfitüre auf dem Teig verstreichen. Dann die Nussmasse gleichmäßig darauf verteilen und ebenfalls verstreichen.

5. Das Backblech in den vorgeheizten Backofen schieben. Die Gebäckplatte **etwa 25 Minuten backen.**

6. Das Backblech auf einen Kuchenrost stellen. Die Gebäckplatte etwa 20 Minuten abkühlen lassen. Die Gebäckplatte in 15 Quadrate (etwa 8 x 8 cm) schneiden. Die Quadrate diagonal so halbieren, dass Dreiecke entstehen.

7. Für den Guss Schokolade in Stücke brechen und mit dem Öl in einem kleinen Topf im Wasserbad bei schwacher Hitze unter Rühren schmelzen.

8. Die Gebäckspitzen in den Guss tauchen. Den Schokoladenguss abtropfen lassen. Die Nussecken auf einen mit Backpapier belegten Kuchenrost legen. Guss fest werden lassen.

Tipp: Noch nussiger im Geschmack werden die Nussecken, wenn die Haselnusskerne vor dem Verarbeiten in einer Pfanne ohne Fett kurz angeröstet werden.

Nusskuchen I

Klassisch – schön saftig

15 Stücke

Pro Stück: E: 7 g, F: 33 g, Kh: 26 g, kJ: 1788, kcal: 427, BE: 2,0

Für den Rührteig:

200 g gem. Haselnusskerne
100 g gehackte Haselnusskerne
275 g Butter oder Margarine (zimmerwarm)
150 g Zucker
1 Pck. Dr. Oetker Vanillin-Zucker
4 Eier (Größe M)
150 g Weizenmehl
1 gestr. TL Dr. Oetker Backin

Zum Aprikotieren:

3 EL Aprikosenkonfitüre
1 EL Wasser

Für den Guss:

100 g Edelbitter-Schokolade (etwa 60 % Kakaoanteil)
1 TL Sonnenblumenöl

Zubereitungszeit: 30 Minuten, ohne Abkühlzeit
Backzeit: etwa 45 Minuten

1. Für den Teig gemahlene und gehackte Nüsse in einer Pfanne ohne Fett unter Wenden goldbraun rösten und auf einen Teller geben. Nüsse erkalten lassen.

2. Den Backofen vorheizen.
Ober-/Unterhitze: etwa 180 °C
Heißluft: etwa 160 °C

3. Butter oder Margarine mit einem Mixer (Rührstäbe) auf höchster Stufe geschmeidig rühren. Zucker und Vanillin-Zucker nach und nach unterrühren. So lange rühren, bis eine gebundene Masse entstanden ist.

4. Eier nach und nach unterrühren (jedes Ei etwa ½ Minute). Mehl mit Backpulver und Haselnusskernen mischen. Mehl-Nuss-Masse in 2 Portionen auf mittlerer Stufe kurz unterrühren.

5. Den Teig in ein Kastenform (etwa 25 x 11 cm, gefettet, bemehlt) füllen und glatt streichen.

6. Die Form auf dem Rost in den vorgeheizten Backofen (unteres Drittel) schieben. Den Kuchen **etwa 45 Minuten backen.**

7. Den Kuchen in der Form auf einen Kuchenrost stellen und etwa 15 Minuten abkühlen lassen. Dann den Kuchen auf einen mit Backpapier belegten Kuchenrost stürzen. Den Kuchen in die Form zurückgeben und vollständig erkalten lassen.

8. Kuchen aus der Form auf einen Kuchenrost stürzen und umdrehen.

9. Zum Aprikotieren Konfitüre mit Wasser in einem kleinen Topf unter Rühren einmal kräftig aufkochen. Den Kuchen damit bestreichen und etwa 2 Stunden erkalten lassen.

10. Für den Guss Schokolade in Stücke brechen und mit dem Öl in einem kleinen Topf im Wasserbad bei schwacher Hitze unter Rühren schmelzen.

11. Die Schokolade gleichmäßig auf den Kuchen gießen, verteilen und fest werden lassen.

Tipps: Der Kuchen ist besonders lecker, wenn er 1–2 Tage gut verpackt durchziehen kann. Statt der Kastenform können Sie auch eine Gugelhupfform (Ø 24 cm) verwenden. Die Zutatenmenge bleibt gleich, evtl. verlängert sich die Backzeit um 5–10 Minuten (Stäbchenprobe).

Nussküchlein | Zum Nikolaustag

12 Stück

Pro Stück: E: 5 g, F: 17 g, Kh: 22 g, kJ: 1075, kcal: 257, BE: 2,0

Für den Rührteig:

60 g Butter oder Margarine (zimmerwarm)
25 g Puderzucker
1 Pck. Dr. Oetker Vanillin-Zucker
2–3 Tropfen Rum-Aroma
1 Pck. Dr. Oetker Finesse Weihnachtsaroma
4 Eigelb (Größe M)
150 g gem. Haselnusskerne
25 g gehackte Haselnusskerne
½ TL Dr. Oetker Backin

Für den Eischnee:

4 Eiweiß (Größe M)
1 Prise Salz
30 g Puderzucker

Zum Garnieren und für den Guss:

50 g grünes Dekor-Marzipan
etwa 30 g rotes Dekor-Marzipan
125 g Puderzucker
1 EL Zitronensaft
einige Tropfen Wasser

Außerdem:

12 Mini-Kastenförmchen (je etwa 9 x 5 cm)

Zubereitungszeit: 45 Minuten, ohne Abkühlzeit
Backzeit: 20–25 Minuten

1. Den Backofen vorheizen.
Ober-/Unterhitze: etwa 180 °C
Heißluft: etwa 160 °C

2. Für den Teig Butter oder Margarine mit einem Mixer (Rührstäbe) auf höchster Stufe geschmeidig rühren. Nach und nach Puderzucker, Vanillin-Zucker und Aromen unterrühren. So lange rühren, bis eine gebundene Masse entstanden ist. Eigelb nach und nach kurz unterrühren. Gemahlene und gehackte Haselnusskerne mit Backpulver mischen, auf mittlerer Stufe kurz unterrühren.

3. Für den Eischnee Eiweiß und Salz mit dem Mixer (Rührstäbe) sehr steif schlagen. Puderzucker nach und nach hinzugeben. So lange schlagen, bis die Eischneemasse stark glänzt.

4. Eischnee in 2 Portionen vorsichtig mit einem Teigschaber unter den Teig ziehen, dabei auch den am Rand haftenden Teig unterarbeiten.

5. Den Teig in die Kastenförmchen (evtl. gefettet – Silikonförmchen müssen nicht gefettet werden) geben und leicht glatt streichen.

6. Die Förmchen auf dem Rost in den vorgeheizten Backofen schieben. Die Nussküchlein **20–25 Minuten backen.**

7. In der Zwischenzeit zum Garnieren das grüne Marzipan ausrollen und 24 Blätter ausschneiden. Mit dem Messerrücken Blattrispen eindrücken. Die Marzipanblätter auf einem Küchenbrett beiseitestellen. Aus dem roten Marzipan zwischen den Handflächen erbsengroße Kügelchen rollen, beiseitestellen.

8. Die gebackenen Küchlein auf einem Kuchenrost erkalten lassen. Anschließend vorsichtig aus den Förmchen lösen und auf den Kuchenrost stellen.

9. Für den Guss Puderzucker und Zitronensaft in eine Rührschüssel geben. Nach und nach nur so viel Wasser unterrühren, dass ein zäh- oder dünnflüssiger Guss entsteht.

10. Die Nussküchlein mit dem Guss bestreichen, mit den beiseitegestellten Marzipanblättern und -kügelchen garnieren, vorsichtig andrücken. Mit dem Holzspieß in jedes Marzipankügelchen eine Vertiefung eindrücken. Guss und Marzipan trocknen lassen.

Tipp: Sehr hübsch sieht es aus, wenn in die Vertiefungen der roten Kügelchen goldfarbene Zuckerperlen gedrückt werden.

Obsttorte mit Erdbeeren I

Klassisch

12 Stücke

Pro Stück: E: 5 g, F: 6 g, Kh: 28 g, kJ: 795, kcal: 190, BE: 2,5

Für den All-in-Teig:

125 g Weizenmehl
2 ½ gestr. TL Dr. Oetker Backin
100 g Zucker
1 Pck. Dr. Oetker Vanillin-Zucker
4 Eier (Größe M)
3 EL Speiseöl, z. B. Sonnenblumenöl
2 EL Essig, z. B. Obstessig

Für die Vanillecreme:

1 Pck. Saucenpulver Vanille-Geschmack zum Kochen
250 ml Milch (3,5 % Fett)
20 g Zucker

Für den Belag:

1 kg Erdbeeren

Für den Tortenguss:

1 Pck. ungezuckerter Tortenguss, rot
2 EL Zucker
250 ml Wasser

Zubereitungszeit: 30 Minuten, ohne Abkühlzeit
Backzeit: etwa 15 Minuten

1. Den Backofen vorheizen.
Ober-/Unterhitze: etwa 200 °C
Heißluft: etwa 180 °C

2. Für den Teig Mehl mit Backpulver in einer Rührschüssel mischen. Restliche Zutaten nacheinander hinzufügen und alles mit einem Mixer (Rührstäbe) kurz auf niedrigster, dann auf höchster Stufe in etwa 1 Minute zu einem glatten Teig verarbeiten.

3. Den Teig in eine Obstbodenform (Ø 28 cm, gefettet) füllen und glatt streichen.

4. Die Form auf dem Rost in den vorgeheizten Backofen (unteres Drittel) schieben. Den Obstboden **etwa 15 Minuten backen.**

5. Den Obstboden auf einen mit Backpapier belegten Kuchenrost stürzen und erkalten lassen.

6. Für die Vanillecreme einen Pudding aus Saucenpulver mit den hier angegebenen 250 ml Milch und 20 g Zucker nach Packungsanleitung zubereiten.

7. Den Pudding erkalten lassen, zwischendurch umrühren und auf dem Tortenboden verstreichen.

8. Für den Belag Erdbeeren abspülen, gut abtropfen lassen, entstielen und evtl. halbieren. Die Erdbeeren auf dem Tortenboden verteilen.

9. Für den Tortenguss aus Tortengusspulver, Zucker und Wasser nach Packungsanleitung einen Guss zubereiten und mit einem Esslöffel auf den Erdbeeren verteilen. Guss fest werden lassen.

10. Die Obsttorte mit Erdbeeren bis zum Servieren in den Kühlschrank stellen.

Tipps: Dieser leckere Klassiker, der seit Generationen begeistert, schmeckt am besten ganz frisch zubereitet. Fehlt Ihnen die Zeit, den Boden frisch zu backen, können Sie ihn einige Tage vor der Verwendung backen und gut verpackt einfrieren. In der Erdbeerzeit lohnt es sich, ruhig 2 oder 3 Böden auf Vorrat im Gefrierschrank zu haben. Einfach in der Verpackung auftauen lassen und wie beschrieben belegen.

„Olle Knochen" mit Überraschungs-Füllung I

Schmecken frisch am besten

14 Stück

Pro Stück: E: 8 g, F: 17 g, Kh: 22 g, kJ: 1146, kcal: 274, BE: 2,0

Für den Brandteig:

125 ml Milch (3,5 % Fett)
125 ml Wasser
1 TL Zucker
2 Prisen Salz
60 g Butter
200 g Weizenmehl
5 Eier (Größe M)
1 Eigelb (Größe M)
½ gestr. TL Dr. Oetker Backin

Für die Füllung:

300 g Magerquark
200 g Nuss-Nougat-Creme
250 g Schlagsahne (mind. 30 % Fett)
2 Pck. Sahnesteif

Zum Bestäuben:

etwa ½ TL gesiebtes Kakaopulver
1 TL Puderzucker

Zubereitungszeit: 50 Minuten, ohne Abkühlzeit
Backzeit: 27–30 Minuten

1. Für den Teig Milch, Wasser, Zucker, Salz und Butter am besten in einem Stieltopf zum Kochen bringen. Mehl auf einmal in die von der Kochstelle genommene Flüssigkeit schütten, zu einem glatten Kloß rühren und unter Rühren etwa 1 Minute erhitzen. Den heißen Kloß sofort in eine Rührschüssel geben und kurz abkühlen lassen.

2. Nach und nach Eier und Eigelb mit einem Mixer (Knethaken) auf höchster Stufe unterarbeiten. Die Eiermenge hängt von der Beschaffenheit des Teiges ab, er muss stark glänzen und so vom Löffel abreißen, dass lange Spitzen hängen bleiben. Backpulver in den erkalteten Teig arbeiten.

3. Den Backofen vorheizen.
Ober-/Unterhitze: etwa 180 °C
Heißluft: etwa 160 °C

4. Den Teig in einen Spritzbeutel mit großer Lochtülle (Ø etwa 14 mm) füllen, 14 etwa 8 cm lange Streifen mit sich verdickenden Enden jeweils im Abstand von etwa 4 cm auf ein Backblech (gefettet, mit Backpapier belegt) spritzen.

5. Das Backblech in den vorgeheizten Backofen schieben. Die „Knochen" **27–30 Minuten backen.** Während der ersten 20 Minuten der Backzeit die Backofentür nicht öffnen, da das Gebäck sonst zusammenfällt.

6. Das Backblech auf einen Kuchenrost stellen und die „ollen Knochen" auf dem Backblech erkalten lassen.

7. Für die Füllung den Quark mit der Nougat-Creme glatt verrühren. Sahne mit Sahnesteif steif schlagen und unterheben.

8. Die Quark-Nougat-Creme portionsweise in einen großen Spritzbeutel mit spitzer Tülle (Fülltülle, z. B. für Berliner) geben und nach und nach in die Gebäckstücke spritzen.

9. „Olle Knochen" mit Kakao und Puderzucker bestäuben und möglichst rasch anrichten.

Tipps: Wenn Sie die „Knochen" für kleinere Kinder servieren möchten, für die die nächste Spielrunde noch viel wichtiger ist, als pünktlich und still am Kaffeetisch zu sitzen, sollten Sie die Gebäckstücke einfach ungefüllt auf den Tisch stellen und die leckere Quark-Nugat-Creme separat dazu servieren. So kann jeder zu einem knusprigen „Knochen" greifen und mit einem Teelöffel die Creme dazu naschen. Manche Kinder mögen zu den „ollen Knochen" statt der süßen Füllung auch gern eine herzhafte. Bereiten Sie dann alternativ eine **pikante Quarkcreme** zu. Dafür 250 g Quark mit etwas fein geschnittener Petersilie, Schnittlauch, Paprika (edelsüß) sowie Salz und Pfeffer pikant abschmecken. Halbieren Sie in dem Fall die Menge der süßen Füllung.

Orangentorte | Fruchtig

20 Stücke

Pro Stück: E: 4 g, F: 10 g, Kh: 34 g, kJ: 1024, kcal: 245, BE: 3,0

Für den All-in-Teig:

275 g Weizenmehl
3 gestr. TL Dr. Oetker Backin
150 g Zucker
1 Pck. Dr. Oetker Vanillin-Zucker
150 g Butter oder Margarine (zimmerwarm)
4 Eier (Größe M)
125 ml Orangensaft

Für die Orangencreme:

4 Blatt weiße Gelatine
750 ml Orangensaft
40–50 g Zucker
2 Pck. Dr. Oetker Pudding-Pulver Vanille-Geschmack
150 g saure Sahne

Zum Bestäuben und Verzieren:

70 g Puderzucker
1–2 TL Orangen- oder Zitronensaft
100 g Schlagsahne

Zubereitungszeit: 40 Minuten, ohne Kühlzeit
Backzeit: etwa 20 Minuten

1. Den Backofen vorheizen.
Ober-/Unterhitze: etwa 200 °C
Heißluft: etwa 180 °C

2. Für den Teig Mehl mit Backpulver in einer Rührschüssel mischen. Restliche Zutaten hinzufügen und mit einem Mixer (Rührstäbe) zunächst kurz auf niedrigster, dann auf höchster Stufe in etwa 2 Minuten zu einem glatten Teig verarbeiten.

3. Den Teig auf ein Backblech (30 x 40 cm, gefettet, mit Backpapier belegt) geben und glatt streichen.

4. Das Backblech in den vorgeheizten Backofen schieben. Den Boden **etwa 20 Minuten backen.**

5. Das Backblech auf einen Kuchenrost stellen. Den Boden darauf erkalten lassen.

6. In der Zwischenzeit für die Orangencreme Gelatine nach Packungsanleitung einweichen. Aus Saft, Zucker und Pudding-Pulver nach Packungsanleitung einen Pudding kochen. Den Topf von der Kochstelle nehmen. Gelatine leicht ausdrücken, in dem heißen Pudding unter Rühren auflösen. Puddingmasse lauwarm abkühlen lassen, dann die saure Sahne unterrühren. Creme erkalten lassen, dabei gelegentlich umrühren.

7. Tortenboden evtl. vom Rand lösen, auf eine mit Backpapier belegte Arbeitsplatte stürzen und mitgebackenes Backpapier abziehen.

8. Von der längeren Seite der Platte einen 5 cm breiten und 40 cm langen Gebäckstreifen abschneiden und beiseitelegen.

9. Restliche Platte so halbieren, dass 2 Rechtecke (etwa 20 x 25 cm) entstehen.

10. Einen Boden auf eine Tortenplatte legen. Die Hälfte der Creme daraufstreichen, zweiten Boden darauflegen. Restliche Creme darauf verstreichen. Die Torte etwa 2 Stunden in den Kühlschrank stellen.

11. Aus dem beiseitegelegten Gebäckstreifen mit einem Glas oder einer Ausstechform Kreise (Ø etwa 5 cm) ausstechen und diese halbieren.

12. Puderzucker und Saft zu einem Guss verrühren, in einen kleinen Gefrierbeutel füllen und eine kleine Ecke abschneiden.

13. Die Halbkreise so mit dem Guss verzieren, dass sie wie Orangenscheiben aussehen.

14. Sahne steif schlagen, in einen Spritzbeutel mit Lochtülle füllen und so viele Tuffs auf die Tortenoberfläche spritzen, wie garnierte „Orangenscheiben" vorhanden sind.

15. Die „Orangenscheiben" auf die Sahnetupfen legen. Den Orangentorte in 5 x 5 cm große Stücke schneiden.

Pfefferkuchenhaus | Zum Advent

1 Haus

Insgesamt: E: 96 g, F: 232 g, Kh: 735 g, kJ: 22735, kcal: 5429, BE: 61,5

Für den Lebkuchenteig:

100 g flüssiger Honig
75 g Zuckerrübensirup (Rübenkraut)
50 g Zucker
50 g Butter oder Margarine
1 Eigelb (Größe M)
1 schwach geh. TL Lebkuchen- oder Pfefferkuchengewürz
2 EL Milch
350 g Weizenmehl (Type 550)
5 g Natron

Zum Bekleben des Hauses:

150 g gesiebter Puderzucker
1 Eiweiß (Größe M)

Zum Garnieren:

einige Zucker- oder Liebesperlen

Für den Belag:

250 g Edelbitter-Schokolade (mindestens 70 % Kakaoanteil)
etwa 75 g ganze, abgezogene Mandeln
etwa 75 g Cashewkerne extra

Zum Bestreuen und Bestäuben:

einige rosa Pfefferbeeren
etwas Puderzucker

Außerdem:

Schablonen für das Haus
Holzstäbchen

Zubereitungszeit: 1 Stunde und 30 Minuten, ohne Kühl- und Trockenzeit
Backzeit: 15–20 Minuten je Backblech

1. Für den Teig Honig mit Sirup, Zucker und Butter oder Margarine in einem Topf unter Rühren langsam erwärmen, bis Zucker und Fett geschmolzen sind. Die Masse in eine Rührschüssel geben und erkalten lassen.

2. Eigelb, Gewürz und Milch mit einem Mixer (Rührstäbe) auf höchster Stufe unterrühren. Dann Mehl mit Natron mischen, zwei Drittel davon auf mittlerer Stufe unterrühren. Den Teigbrei mit dem restlichen Mehl auf einer leicht bemehlten Arbeitsfläche zu einem glatten Teig verkneten. Den Teig in Frischhaltefolie gewickelt etwa 30 Minuten in den Kühlschrank legen.

3. Den Backofen vorheizen.
Ober-/Unterhitze: etwa 180 °C
Heißluft: etwa 160 °C

4. Teig auf der bemehlten Arbeitsfläche etwa ½ cm dick ausrollen. Für das Haus mithilfe von Schablonen 1 Dreieck für die Vorderseite (Giebel, 1 Dreieck für die Rückseite (Giebel), 2 Rechtecke (17 x 13 cm) für die Dachhälften und 10 Dreiecke (Seitenlänge etwa 2 cm) ausstechen. Zusätzlich 1 Tannenbaum ausstechen. Aus der Vorderseite eine Tür und ein Fenster ausschneiden. Die Hausteile, Dreiecke und Tür nicht zu eng auf Backbleche (mit Backpapier belegt) legen. Die Backbleche nacheinander (bei Heißluft zusammen) in den vorgeheizten Backofen schieben. Die Gebäckteile **15–20 Minuten je Backblech backen.**

5. Die Gebäckteile mit dem Backpapier von den Backblechen auf Kuchenroste ziehen. Die Tür mit einem Messer der Länge nach halbieren. Gebäckteile erkalten lassen.

6. Zum Bekleben des Hauses den Puderzucker mit ½ Eiweiß zu einer dicken Masse verrühren. Zuerst die Längskanten vom Vorderhaus und einer Dachhälfte

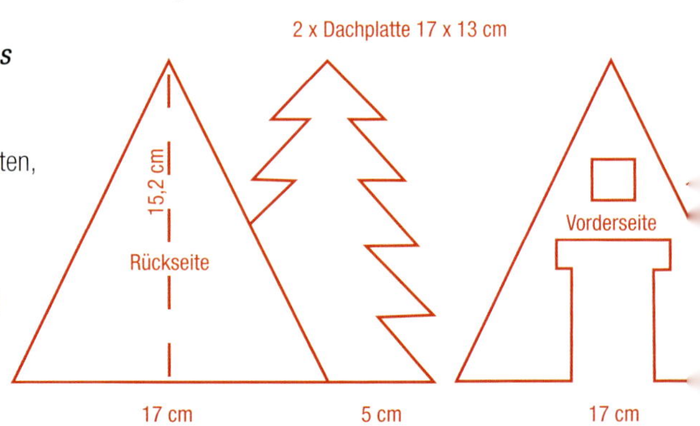

dick mit der Puderzuckermasse bestreichen. Die Teile aneinandersetzen und verkleben. Dann die Rückwand mit Tannenbaum ebenfalls an den Längskanten mit der Masse bestreichen und an der einen Dachhälfte festkleben, evtl. mit Holzstäbchen fixieren. Zuletzt die Kanten der letzten Dachhälfte bestreichen, an Vorder- und Rückwand und Dachfläche zu einem Haus zusammensetzen. Die zusammengeklebten Gebäckteile und den Tannenbaum mit Holzstäbchen fixieren. Die Tür ankleben, trocknen lassen.

7. Restliche Puderzuckermasse mit restlichem Eiweiß verrühren, sodass der Guss etwas streichfähiger wird. Tannenbaum und Tür damit bestreichen. Mit Zucker- oder Liebesperlen garnieren.

8. Für den Belag Schokolade in Stücke brechen, in einem kleinen Topf im heißen Wasserbad bei schwacher Hitze unter Rühren schmelzen. Jeweils etwa 25 Mandeln und Cashewkerne in einem Abstand von etwa 3 cm auf Backpapier legen. Je 1 Teelöffel Schokolade auf die Nusskerne geben. Etwa ein Drittel der schokolierten Nusskerne mit 1–2 Pfefferbeeren bestreuen. Schokolade fest werden lassen.

9. Die Lebkuchendreiecke mit einem Teil der restlichen Schokolade am Dachfirst als Verzierung kleben. Sollte die Schokolade wieder fest geworden sein, nochmals im Wasserbad erwärmen.

10. Schokolierte Nusskerne auf den Dachflächen und an den Hauswänden dekorativ befestigen. Die restlichen Nusskerne mit Schokolade in die Lücken kleben. Schokolade fest werden lassen. Das Knusperhaus ganz mit etwas Puderzucker bestäuben.

Hinweis: Nur ganz frisches Eiweiß verwenden, das nicht älter als 5 Tage ist (Legedatum beachten).

Pflaumen-Streusel-Kuchen I

Schnell – knusprig

12 Stücke

Pro Stück: E: 3 g, F: 14 g, Kh: 33 g, kJ: 1119, kcal: 267, BE: 3,0

Zum Vorbereiten:

125 g Butter oder Margarine

Für den Streuselteig:

200 g Weizenmehl
1 gestr. TL Dr. Oetker Backin
100 g Zucker
1 Pck. Dr. Oetker Vanillin-Zucker
1 Prise Salz

Für den Belag:

385 g abgetropfte Pflaumen (aus dem Glas)

Für den Guss:

200 g Schmand (Sauerrahm)
1 Ei (Größe M)
1 Pck. Saucenpulver Vanille-Geschmack zum Kochen
50 g Zucker

Zubereitungszeit: 20 Minuten, ohne Abkühlzeit
Backzeit: 45–50 Minuten

1. Zum Vorbereiten Butter oder Margarine zerlassen und abkühlen lassen.

2. Den Backofen vorheizen.
Ober-/Unterhitze: etwa 180 °C
Heißluft: etwa 160 °C

3. Für den Teig Mehl mit Backpulver in einer Rührschüssel vermischen. Zucker, Vanillin-Zucker, Salz und abgekühlte, zerlassene Butter hinzufügen. Die Zutaten mit einem Mixer (Rührbesen) zunächst kurz auf niedrigster, dann auf höchster Stufe zu Streuseln von gewünschter Größe verarbeiten.

4. Etwa drei Viertel der Streusel in einer Springform (Ø 26 cm, gefettet) verteilen und zu einem Boden andrücken. Die Pflaumen gleichmäßig darauf verteilen.

5. Für den Guss Schmand mit Ei, Saucenpulver und Zucker mit einem Schneebesen verrühren. Guss auf die Pflaumen gießen und mit den restlichen Streuseln bestreuen.

6. Die Form auf dem Rost in den vorgeheizten Backofen schieben. Den Kuchen **45–50 Minuten backen.**

7. Die Form auf einen Kuchenrost stellen. Den Kuchen etwa 10 Minuten abkühlen lassen, dann den Springformrand lösen und entfernen. Den Kuchen mit dem Springformboden auf dem Kuchenrost erkalten lassen.

Pizza Margherita | Klassisch

4 Portionen

Pro Portion: E: 24 g, F: 35 g, Kh: 60 g, kJ: 2738, kcal: 654, BE: 5,0

Für den Hefeteig:

300 g Weizenmehl
1 Pck. Dr. Oetker Trockenbackhefe
½ TL Zucker
1 gestr. TL Salz
3 EL Speiseöl
125 ml lauwarmes Wasser

Für den Belag:

400 g Tomaten
250 g abgetropfter Mozzarella
Salz, gem. Pfeffer
50 g ger. Parmesan
3 EL Olivenöl
12 Basilikumblättchen

Zubereitungszeit: 1 Stunde, ohne Teiggehzeit
Backzeit: 25–30 Minuten

1. Für den Teig Mehl in eine Rührschüssel geben und mit Trockenbackhefe sorgfältig vermischen. Zucker, Salz, Speiseöl und Wasser hinzufügen. Die Zutaten mit einem Mixer (Knethaken) zunächst kurz auf niedrigster, dann auf höchster Stufe in etwa 5 Minuten zu einem glatten Teig verarbeiten.

2. Den Teig zugedeckt so lange an einem warmen Ort gehen lassen, bis er sich sichtbar vergrößert hat, etwa 30 Minuten.

3. Den Teig auf einer leicht bemehlten Arbeitsfläche nochmals kurz verkneten. Anschließend auf einem Backblech (30 x 40 cm, gefettet) ausrollen.

4. Für den Belag die Tomaten kreuzweise einschneiden und mit kochendem Wasser übergießen. Nach 1–2 Minuten herausnehmen und mit kaltem Wasser abschrecken. Tomaten enthäuten, halbieren und die Stängelansätze herausschneiden. Tomatenhälften in Scheiben schneiden. Mozzarella ebenfalls in Scheiben schneiden.

5. Tomaten- und Mozzarellascheiben gleichmäßig auf dem Teig verteilen, mit Salz und Pfeffer bestreuen. Die Pizza zugedeckt nochmals so lange an einem warmen Ort gehen lassen, bis sie sich sichtbar vergrößert hat, etwa 15 Minuten.

6. In der Zwischenzeit den Backofen vorheizen.
Ober-/Unterhitze: etwa 200 °C
Heißluft: etwa 180 °C

7. Die Pizza mit Parmesan bestreuen und mit Olivenöl beträufeln. Das Backblech in den vorgeheizten Backofen schieben. Die Pizza **25–30 Minuten backen.**

8. In der Zwischenzeit das Basilikum abspülen und trocken tupfen. Die Blättchen klein schneiden.

9. Das Backblech auf einen Kuchenrost stellen. Vorbereitete Basilikumblättchen darauf verteilen. Die Pizza in Stücke schneiden und servieren.

Pizza mit Quark-Öl-Teig I

Schnell – mögen alle gern

8 Stücke

Pro Stück: E: 25 g, F: 36 g, Kh: 32 g, kJ: 2326, kcal: 556, BE: 3,5

Für den Quark-Öl-Teig:

300 g Weizenmehl
3 gestr. TL Dr. Oetker Backin
125 g Magerquark
100 ml Milch (3,5 % Fett)
100 ml Speiseöl, z. B. Sonnenblumenöl
1 Prise Salz

Für den Belag:

400 g Tomatenstücke (aus der Dose)
½ TL Paprikapulver rosenscharf
½ TL gerebelter Oregano
1 TL gerebeltes Basilikum
Salz
gem. Pfeffer
200 g abgetropfter Mozzarella
1 kleine Zwiebel
100 g Kochschinken
40 g Salami, in Scheiben
50 g entsteinte schwarze Oliven
200 g ger. Gouda
6 TL grünes Pesto
135 g abgetropfter Tunfisch (in Öl, aus der Dose)

Zubereitungszeit: 20 Minuten
Backzeit: etwa 25 Minuten

1. Den Backofen vorheizen.
Ober-/Unterhitze: etwa 200 °C
Heißluft: etwa 180 °C

2. Für den Teig Mehl mit Backpulver in einer Rührschüssel mischen. Quark, Milch, Öl und Salz hinzufügen. Die Zutaten mit einem Mixer (Knethaken) auf niedrigster, dann auf höchster Stufe in etwa 1 Minute zu einem Teig verarbeiten (nicht zu lange, Teig klebt sonst).

3. Teig leicht mit Mehl bestäuben und auf einer leicht bemehlten Arbeitsfläche zu einer Rolle formen. Den Teig auf einem Backblech (30 x 40 cm, gefettet) ausrollen.

4. Für den Belag Tomatenstücke mit den Gewürzen und Kräutern verrühren und mit Salz und Pfeffer abschmecken. Mozzarella in Scheiben schneiden. Zwiebel abziehen, halbieren und in feine Scheiben schneiden. Schinken in Würfel schneiden. Salamischeiben evtl. halbieren. Oliven in Scheiben schneiden.

5. Die Tomatenmischung gleichmäßig auf dem Teig verstreichen, am Rand etwa 1 cm frei lassen. Etwa ein Drittel des geriebenen Käses daraufstreuen.

6. Ein Viertel der Pizza mit Mozzarellascheiben und Pesto, ein Viertel mit Thunfisch und Zwiebelscheiben, ein Viertel mit Kochschinken und ein Viertel mit Salami und Oliven belegen. Den restlichen geriebenen Käse darauf verteilen, den Mozzarella dabei aussparen.

7. Das Backblech in den vorgeheizten Backofen schieben. Die Pizza **etwa 25 Minuten backen.**

Pizza-Duo | Pikanter Snack

12 Stücke

Pro Stück: E: 14 g, F: 12 g, Kh: 28 g, kJ: 1187, kcal: 283, BE: 2,0

Für den Quark-Öl-Teig:

400 g Weizenmehl
1 Pck. Dr. Oetker Backin
250 g Magerquark
100 ml kaltes Wasser
6 EL Speiseöl, z.B. Rapsöl
1 TL Salz
1 Prise Zucker

Für den Belag:

250 g passierte Tomaten (aus der Dose)
½ TL Salz
gem. schwarzer Pfeffer
1 TL gerebelter Oregano
140 g abgetropfter Thunfisch (in Öl, aus der Dose)
1 kleine Zwiebel
2–3 mittelgroße Tomaten
125 g abgetropfter Mozzarella
150 g ger. Gouda
2–3 Stängel Basilikum

Zubereitungszeit: 25 Minuten
Backzeit: 20–25 Minuten

1. Für den Teig Mehl mit Backpulver in einer Rührschüssel mischen. Quark, Wasser, Öl, Salz und Zucker hinzufügen. Die Zutaten mit einem Mixer (Knethaken) auf niedrigster, dann auf höchster Stufe in etwa 1 Minute zu einem Teig verarbeiten (nicht zu lange, Teig klebt sonst).

2. Den Teig auf einer leicht bemehlten Arbeitsfläche kurz zu einem glatten Teig verarbeiten. Den Teig zu einer Rolle formen und dann die Teigrolle auf einem Backblech (etwa 30 x 40 cm, gefettet) ausrollen. Den Teigboden mehrmals mit einer Gabel einstechen (so geht er besser auf).

3. Den Backofen vorheizen.
Ober-/Unterhitze: etwa 200 °C
Heißluft: etwa 180 °C

4. Passierte Tomaten, Salz, Pfeffer und Oregano in einer kleinen Schüssel verrühren und pikant abschmecken. Thunfisch in eine Schüssel geben und mit einer Gabel auseinanderzupfen. Zwiebel abziehen, zunächst in Scheiben schneiden, dann in Ringe teilen. Tomaten abspülen, trocken tupfen, in dünne Scheiben schneiden. Die Stängelansätze dabei entfernen. Mozzarella ebenfalls in dünne Scheiben schneiden.

5. Die Tomatensauce mit einem Löffel auf dem Teig bis knapp zum Rand hin verstreichen. Den Käse darauf verteilen.

6. Eine Hälfte des Teiges mit Thunfisch belegen. Die Zwiebelringe darauf verteilen. Die andere Hälfte des Teiges gleichmäßig mit den Tomaten- und Mozzarellascheiben belegen.

7. Das Backblech in den vorgeheizten Backofen schieben. Die Pizza **20–25 Minuten backen.**

8. Das Backblech auf einen Kuchenrost stellen.

9. Basilikum abspülen und trocken tupfen. Blättchen von den Stängeln zupfen. Die Blättchen auf der Pizza verteilen.

Pizza-Pull-Apart-Bread I

Lecker gefüllt

18 Stücke

Pro Stück: E: 6 g, F: 9 g, Kh: 19 g, kJ: 754, kcal: 180, BE: 1,5

Für den Hefeteig:

225 g	Weizenmehl (Type 550)
200 g	Dinkelmehl (Type 630)
½ gestr. TL	Salz
20 g	frische Hefe
1 TL	flüssiger Honig
knapp 270 ml	lauwarmes Wasser
6 EL	Olivenöl
2	Tomaten (etwa 150 g)
40 g	abgetropfte, getrocknete Tomaten, in Öl
evtl. 3–4 Stängel	frisches Basilikum
125 g	Pesto (aus dem Glas)
	Salz, gem. Pfeffer
150 g	ger. Käse, z. B. Gouda oder Gratinkäse

Zubereitungszeit: 40 Minuten, ohne Teiggeh- und Abkühlzeit
Backzeit: 45–50 Minuten

1. Für den Teig Weizen-, Dinkelmehl und Salz in der Rührschüssel einer Küchenmaschine mischen und eine Vertiefung eindrücken.

2. Zerbröckelte Hefe, Honig und etwa 50 ml lauwarmes Wasser in die Vertiefung geben und verrühren. Den Vorteig zugedeckt gehen lassen, 5–10 Minuten.

3. Vier Esslöffel von dem Olivenöl mit dem restlichen warmen Wasser (220 ml) zum Vorteig geben. Die Zutaten zunächst mit den Knethaken der Küchenmaschine etwa 5 Minuten auf niedrigster Stufe, dann auf höchster Stufe in weiteren etwa 5 Minuten zu einem geschmeidigen, glänzenden Teig verkneten.

4. Den Teig zugedeckt so lange an einem warmen Ort gehen lassen bis er sich sichtbar vergrößert hat, etwa 40 Minuten.

5. Tomaten abspülen, abtrocknen, halbieren, entkernen und die Stängelansätze herausschneiden. Tomaten in dünne Scheiben schneiden. Getrocknete Tomaten in kleine Würfel schneiden.

6. Nach Belieben Basilikum abspülen, trocken tupfen und die Blättchen von den Stängeln zupfen, Blättchen grob zerschneiden.

7. Den gegangenen Teig leicht mit Mehl bestäuben, nochmals kurz verkneten und auf einer leicht mit Mehl bestäubten Arbeitsfläche zu einem Rechteck (etwa 50 x 40 cm) ausrollen. Das Teigrechteck in 5 etwa 10 x 40 cm breite Streifen schneiden.

8. Die Teigstreifen mit Pesto bestreichen, mit Salz und Pfeffer würzen.

9. Käse, Tomatenscheiben, -würfel und Basilikum darauf verteilen und leicht in den Teig drücken.

10. Die Streifen jeweils ziehharmonika-artig falten und nacheinander senkrecht in eine Kastenform (30 x 11 cm, gefettet, mit Backpapier ausgelegt) stellen. Den Teig zugedeckt nochmals an einem warmen Ort gehen lassen bis er sich sichtbar vergrößert hat, 15–20 Minuten.

11. In der Zwischenzeit den Backofen vorheizen.
Ober-/Unterhitze: etwa 175 °C
Heißluft: etwa 155 °C

12. Pizza-Pull-Apart-Bread mit restlichem Olivenöl bestreichen.

13. Die Form auf dem Rost in den vorgeheizten Backofen (unterste Einschubleiste) schieben. Das Pizzabrot **45–50 Minuten backen.** Evtl. in den letzten Minuten das Pizzabrot mit Backpapier belegen, damit die Oberfläche nicht zu dunkel wird.

14. Die Form auf einen Kuchenrost stellen. Das Pizzabrot leicht abkühlen lassen und ofenwarm servieren.

Pudding-Streusel-Taler

Gut zum Mitnehmen
20 Stück

Pro Stück: E: 6 g, F: 7 g, Kh: 35 g, kJ: 1253, kcal: 231, BE: 3,0

Für den Hefeteig:
80 ml Milch (3,5 % Fett)
50 g Butter oder Margarine
375 g Weizenmehl
1 Pck. Dr. Oetker Trockenbackhefe
50 g Zucker
1 Pck. Dr. Oetker Vanillin-Zucker
1 Ei (Größe M)
1 Eiweiß (Größe M)
125 g Speisequark (20 % Fett)

Für den Streuselteig:
125 g Weizenmehl
50 g Zucker
1 Pck. Dr. Oetker Vanillin-Zucker
80 g Butter (zimmerwarm)
1 Eigelb (Größe M)

Für den Belag:
125 g Speisequark (20 % Fett)
125 ml Milch (3,5 % Fett)
1 Pck. backfeste Puddingcreme
700 g abgetropfte Sauerkirschen (aus dem Glas)

Zubereitungszeit: 50 Minuten, ohne Teiggehzeit
Backzeit: etwa 16 Minuten je Backblech

1. Für den Teig Milch in einem Topf erwärmen und die Butter oder Margarine darin zerlassen.

2. Mehl in einer Rührschüssel mit Trockenbackhefe sorgfältig vermischen. Restliche Zutaten und die warme Milch-Fett-Mischung hinzufügen, mit einem Mixer (Knethaken) zunächst kurz auf niedrigster, dann auf höchster Stufe zu einem glatten Teig verarbeiten.

3. Den Teig zugedeckt so lange an einem warmen Ort gehen lassen, bis er sich sichtbar vergrößert hat, etwa 20 Minuten.

4. In der Zwischenzeit für die Streusel Mehl in eine Rührschüssel geben. Zucker, Vanillin-Zucker, Butter und Eigelb hinzufügen.

5. Die Zutaten mit einem Mixer (Rührstäbe) zunächst kurz auf niedrigster, danach auf höchster Stufe zu Streuseln von gewünschter Größe verarbeiten.

6. Für den Belag Quark mit Milch in einer Rührschüssel mit einem Schneebesen glatt rühren. Backfeste Puddingcreme hinzufügen und etwa 1 Minute kräftig verrühren.

7. Den Backofen vorheizen.
Ober-/Unterhitze: etwa 200 °C
Heißluft: etwa 180 °C

8. Den Teig auf einer leicht bemehlten Arbeitsfläche nochmals kurz verkneten und zu einer Rolle formen. Die Rolle in 20 gleich große Stücke teilen.

9. Die Teigstücke auf Backbleche (gefettet, mit Backpapier belegt) zu Kreisen (Ø etwa 9 cm) flach drücken.

10. Auf jedem Teigkreis 1 Teelöffel von der Puddingmasse verteilen. Darauf die Kirschen verteilen und mit Streuseln bestreuen.

11. Alle Taler zugedeckt an einem warmen Ort etwa 15 Minuten gehen lassen.

12. Die Backbleche nacheinander (bei Heißluft zusammen) in den vorgeheizten Backofen schieben. Die Pudding-Streusel-Taler **etwa 16 Minuten je Backblech backen.**

13. Die Taler mit dem Backpapier auf Kuchenroste ziehen. Pudding-Streusel-Taler erkalten lassen.

Tipps: Anstatt der Kirschen können Sie auch 480 g abgetropfte Aprikosenhälften (aus der Dose) verwenden. Diese zuvor in Würfel schneiden. Die erkalteten Taler vor dem Servieren mit Puderzucker bestreuen. Möchten Sie die Streuseltaler z. B. zu einem Picknick mitnehmen, geben Sie etwas Puderzucker in einen kleinen Behälter und bestreuen Sie die Taler erst unmittelbar vor dem Servieren damit.

Quarkbällchen

Locker

24 Stück

Pro Stück: E: 5 g, F: 6 g, Kh: 22 g, kJ: 668, kcal: 159, BE: 2,0

Für den Hefeteig:

50 g lauwarme Buttermilch
60 g Butter
400 g Weizenmehl
1 Pck. Dr. Oetker Trockenbackhefe
80 g Zucker
½ TL Salz
1 Pck. Dr. Oetker Finesse Geriebene Zitronenschale
500 g Magerquark

50 g Weizenmehl

Zum Ausbacken:

1 ½ l Speiseöl zum Frittieren

Zum Wenden:

100 g Zucker
2 TL gem. Zimt

Zubereitungszeit: 30 Minuten, ohne Teiggehzeit
Ausbackzeit: etwa 30 Minuten

1. Für den Teig Buttermilch erwärmen und Butter darin zerlassen. Lauwarm abkühlen lassen.

2. Das Mehl in eine Rührschüssel geben und mit der Trockenbackhefe vermischen. Restliche Zutaten und die Buttermilch-Fett-Mischung hinzufügen und mit einem Mixer (Knethaken) zunächst kurz auf niedrigster, dann auf höchster Stufe in etwa 5 Minuten zu einem glatten Teig verarbeiten.

3. Den Teig zugedeckt so lange an einem warmen Ort gehen lassen, bis er sich sichtbar vergrößert hat, etwa 45 Minuten.

4. Anschließend 50 g Mehl unter den Teig kneten. Aus dem Teig mit den Händen oder mithilfe eines in Mehl getauchten Eisportionierers 24 Bällchen formen.

Die Bällchen auf ein Backblech oder Tablett (beides bemehlt) setzen.

5. Die Teigbällchen zugedeckt nochmals so lange an einem warmen Ort gehen lassen, bis sie sich sichtbar vergrößert haben, etwa 15 Minuten.

6. In der Zwischenzeit in einem hohen Topf oder einer Fritteuse das Öl auf etwa 170 °C erhitzen. Die richtige Temperatur ist erreicht, wenn sich an einem Holzlöffelstiel, der in das Fett gehalten wird, kleine Bläschen bilden.

7. Die Quarkbällchen portionsweise (4–5 Stück können auf einmal gebacken werden) in das siedende Ausbackfett geben und rundherum in 5–6 Minuten goldbraun backen.

8. Anschließend die Quarkbällchen mit einem Schaumlöffel herausnehmen und auf Küchenpapier abtropfen lassen.

9. Zum Wenden den Zucker mit Zimt vermischen. Die Quarkbällchen noch warm in dem Zimt-Zucker wenden und auf einem Kuchenrost erkalten lassen.

Quarkbrötchen I

Mögen alle gern

16 Stück

Pro Stück: E: 7 g, F: 5 g, Kh: 25 g, kJ: 727, kcal: 173, BE: 2,0

Für den Hefeteig:

200 ml Wasser
50 g Butter oder Margarine (zimmerwarm)
500 g Weizenmehl (Type 550)
1 Pck. Dr. Oetker Trockenbackhefe
1 TL Salz
1 TL Zucker
250 g Magerquark

Zum Bestreichen und Bestreuen:

2 EL Wasser oder Milch
20 g Kürbiskerne
20 g ungeschälte Sesamsamen
20 g Mohnsamen

Zubereitungszeit: 35 Minuten, ohne Teiggehzeit
Backzeit: etwa 25 Minuten

1. Für den Teig Wasser erwärmen und die Butter oder Margarine darin zerlassen.

2. Das Mehl mit Hefe in einer Rührschüssel sorgfältig vermischen. Salz, Zucker, Quark und Wasser-Fett-Mischung hinzufügen.

3. Die Zutaten mit einem Mixer (Knethaken) erst kurz auf niedrigster, dann auf höchster Stufe in etwa 5 Minuten zu einem glatten Teig verarbeiten.

4. Den Teig zugedeckt so lange an einem warmen Ort gehen lassen, bis er sich sichtbar vergrößert hat, etwa 30 Minuten.

5. Teig leicht mit Mehl bestäuben und auf einer leicht bemehlten Arbeitsfläche nochmals kurz verkneten.

6. Den Teig zu einer Rolle formen. Die Teigrolle in 16 gleich große Scheiben schneiden. Aus den Scheiben runde Brötchen formen.

7. Die Teigkugeln mit etwas Abstand auf ein Backblech (gefettet, mit Backpapier belegt) legen und zugedeckt so lange an einem warmen Ort gehen lassen, bis sie sich sichtbar vergrößert haben, etwa 15 Minuten.

8. In der Zwischenzeit den Backofen vorheizen.
Ober-/Unterhitze: etwa 200 °C
Heißluft: etwa 180 °C

9. Die Teigstücke mit Wasser oder Milch bestreichen und mit Kürbiskernen, Sesam oder Mohn bestreuen. Das Backblech in den vorgeheizten Backofen (mittlerer Einschubleiste) schieben. Die Brötchen **etwa 25 Minuten backen.**

10. Die Brötchen mit dem Backpapier auf einen Kuchenrost ziehen und darauf erkalten lassen.

Quarkkuchen vom Blech I

Gut zum Mitnehmen
20 Stücke

Pro Stück: E: 11 g, F: 14 g, Kh: 36 g, kJ: 1343, kcal: 321, BE: 3,0

Für den Streuselteig:

350 g Weizenmehl
1 gestr. TL Dr. Oetker Backin
150 g Zucker
2 Eier (Größe M)
100 g Butter oder Margarine

Für den Belag:

1 kg Magerquark
175 g Zucker
1 Pck. Dr. Oetker Vanillin-Zucker
4 Eier (Größe M)
60 g Speisestärke
400 g Schlagsahne (mind. 30 % Fett)
50 g gehobelte Mandeln

Zum Bestreuen:

2 EL Zucker
1 TL gem. Zimt

Zubereitungszeit: 25 Minuten
Backzeit: etwa 40 Minuten

1. Den Backofen vorheizen.
Ober-/Unterhitze: etwa 180 °C
Heißluft: etwa 160 °C

2. Für den Teig Mehl mit Backpulver in einer Rührschüssel mischen. Zucker, Eier und Butter oder Margarine hinzufügen. Die Zutaten mit einem Mixer (Rührstäbe) zunächst kurz auf niedrigster, dann auf höchster Stufe zu Streuseln verarbeiten.

3. Die Streusel auf einem Backblech (30 x 40 cm, gefettet) verteilen und mit einem Esslöffel zu einem Boden andrücken.

4. Für den Belag Quark mit Zucker, Vanillin-Zucker, Eiern und Speisestärke gut verrühren. Sahne steif schlagen und unterheben. Die Quark-Sahne-Masse auf den Streuselteig geben und glatt streichen. Die Mandeln darauf verteilen.

5. Das Backblech in den vorgeheizten Backofen schieben. Den Kuchen **etwa 40 Minuten backen.**

6. Das Backblech auf einen Kuchenrost stellen. Zucker und Zimt mischen und auf den noch heißen Kuchen streuen. Den Kuchen auf dem Backblech erkalten lassen.

Tipp: Sie können den Kuchen vor dem Backen zusätzlich mit 100 g Rosinen bestreuen.

Quark-Rosinen-Brötchen

Für die Pause

16 Stück

Pro Stück: E: 7 g, F: 1 g, Kh: 34 g, kJ: 755, kcal: 180, BE: 3,0

Für den Hefeteig:

500 g Weizenmehl
42 g frische Hefe
125 ml lauwarme Milch (3,5 % Fett)
80 g Zucker
1 Pck. Dr. Oetker Vanillin-Zucker
1 Pck. Dr. Oetker Finesse Geriebene Zitronenschale
½ gestr. TL Salz
250 g Magerquark
1 Ei (Größe M)
1 Eiweiß (Größe M)
100 g Rosinen

Zum Bestreichen:

1 Eigelb
1 EL Milch

Zubereitungszeit: 25 Minuten, ohne Teiggehzeit
Backzeit: etwa 15 Minuten

1. Für den Teig Mehl in eine Rührschüssel geben und in die Mitte eine Vertiefung eindrücken. Hefe hineinbröckeln, mit etwas Milch und Zucker verrühren und etwa 15 Minuten stehen lassen.

2. Restliche Zutaten, außer den Rosinen, hinzufügen und mit einem Mixer (Knethaken) zunächst kurz auf niedrigster, dann auf höchster Stufe in etwa 5 Minuten zu einem glatten Teig verarbeiten. Rosinen kurz unterkneten. Den Teig zugedeckt so lange an einem warmen Ort gehen lassen, bis er sich sichtbar vergrößert hat, etwa 20 Minuten.

3. In der Zwischenzeit den Backofen vorheizen.
Ober-/Unterhitze: etwa 200 °C
Heißluft: etwa 180 °C

4. Den Teig mit Mehl bestäuben und auf einer leicht bemehlten Arbeitsfläche nochmals kurz verkneten.

Teig zu einer Rolle formen und in 16 gleich große Portionen teilen. Teigportionen jeweils zu einem Brötchen formen und auf ein Backblech (gefettet, mit Backpapier belegt) legen. Die Teigbrötchen zugedeckt nochmals an einem warmen Ort gehen lassen bis sie sich sichtbar vergrößert haben, etwa 15 Minuten.

5. Zum Bestreichen Eigelb mit Milch verschlagen. Die Brötchen damit bestreichen, dann kreuzweise einschneiden.

6. Das Backblech in den vorgeheizten Backofen schieben. Die Brötchen **etwa 15 Minuten backen.**

7. Die Brötchen auf einen Kuchenrost legen und lauwarm servieren oder erkalten lassen.

Tipp: Die Brötchen eignen sich sehr gut zum Einfrieren. Einfach die ganz frischen Brötchen portionsweise gut verpackt einfrieren. Die eingefrorenen Brötchen in der Verpackung auftauen lassen und bei angegebener Backofentemperatur etwa 5 Minuten aufbacken.

Regenbogenkuchen I

Zum Geburtstag

20 Stücke

Pro Stück: E: 6 g, F: 13 g, Kh: 26 g, kJ: 1041, kcal: 249, BE: 2,0

Zum Vorbereiten:

300 g Möhren

Für den Teig:

5 Eier (Größe M)
150 g Zucker
1 Pck. Dr. Oetker Vanillin-Zucker
100 g Weizenmehl
3 gestr. TL Dr. Oetker Backin
300 g abgezogene, gem. Mandeln

Zum Garnieren:

250 g Puderzucker
4–5 EL Zitronensaft
100 g Kokosraspel

rote, gelbe, grüne, blaue und orange Lebensmittelfarbe zum Sprühen aus der Dose (Internet)

Zubereitungszeit: 45 Minuten, ohne Abkühlzeit
Backzeit: etwa 35 Minuten

1. Zum Vorbereiten Möhren putzen, schälen, abspülen, abtropfen lassen und auf einer Küchenreibe fein raspeln.

2. Den Backofen vorheizen.
Ober-/Unterhitze: etwa 180 °C
Heißluft: etwa 160 °C

3. Für den Teig die Eier trennen. Eiweiß mit einem Mixer (Rührstäbe) auf höchster Stufe steif schlagen. Der Schnee muss so fest sein, dass ein Messerschnitt sichtbar bleibt. Eischnee bis zur Weiterverarbeitung in den Kühlschrank stellen.

4. Eigelb mit Zucker und Vanillin-Zucker in einer Rührschüssel mit dem Mixer (Rührstäbe) auf höchster Stufe schaumig schlagen.

5. Mehl mit Backpulver mischen und mit der Hälfte der Mandeln unterrühren. Den Eischnee in 2 Portionen vorsichtig unterheben. Restliche Mandeln und Möhrenraspel kurz unterheben.

6. Einen Backrahmen (etwa 25 x 38 cm) auf ein Backblech (mit Backpapier belegt) stellen. Teig in den Backrahmen geben und glatt streichen.

7. Das Backblech in den vorgeheizten Backofen schieben und den Teigboden **etwa 35 Minuten backen.**

8. Das Backblech auf einen Kuchenrost stellen. Kuchen erkalten lassen.

9. Backrahmen mit einem spitzen Messer lösen und entfernen. Eine lange Seite des Kuchens zu einem Bogen schneiden.

10. Zum Garnieren Puderzucker mit Zitronensaft zu einem glatten Guss verrühren. Den Kuchen damit überziehen. Dicht mit Kokosraspeln bestreuen und leicht andrücken, trocknen lassen.

11. Größe und Form des Kuchens als Schablone aus Pappe ausschneiden. So über den Kuchen halten, dass am oberen runden Ende ein 3–4 cm breiter Streifen des Kuchens besprüht werden kann.

12. Dann einen äußeren roten Bogen sprühen. Pappbogen etwas herunterziehen und einen orangefarbenen Bogen sprühen. Weiter so verfahren mit Gelb, Grün und Blau. Darauf achten, nicht zu weit über die anderen Farben zu sprühen. Am besten geht es, wenn man direkt von oben sprüht, nicht schräg.

Tipps: Der Regenbogen lässt sich auch aus farblich sortierten Schokolinsen oder Zuckerperlen legen. Oder je 20 g Kokosraspel mit einigen Tropfen flüssiger Speisefarbe einfärben und als Regenbogen auf den Kuchen streuen. Dieser Kuchen eignet sich wunderbar zum Mitnehmen in den Kindergarten oder in die Schule, wenn dort Geburtstag gefeiert werden soll. Nehmen sie ihn möglichst im Ganzen mit, da dann der schöne Regenbogen besonders gut zur Geltung kommt.

Rennwagen | Zum Geburtstag

1 Stück

Insgesamt: E: 95 g, F: 314 g, Kh: 675 g, kJ: 24950, kcal: 5958, BE: 56,5

Für den Rührteig:

250 g Butter oder Margarine (zimmerwarm)
200 g Zucker
1 Pck. Vanillin-Zucker
5 Eier (Größe M)
250 g Weizenmehl
1 gestr. TL Dr. Oetker Backin
125 g abgezogene gem. Mandeln

Für den Guss:

200 g Puderzucker
etwas Wasser
rote Speisefarbe

Zum Verzieren:

4 rote Lakritzstäbchen
1 rundes Schokoladentäfelchen (Lenkrad)
1 rechteckiges Schokoladentäfelchen (Spoiler hinten)

Für die Räder:

Gebäckreste vom Kastenkuchen
1 EL Aprikosenkonfitüre
1 TL gesiebtes Kakaopulver
4 Lakritzstäbchen

Zubereitungszeit: 45 Minuten, ohne Abkühl- und Trockenzeit
Backzeit: etwa 50 Minuten

1. Den Backofen vorheizen.
Ober-/Unterhitze: etwa 180 °C
Heißluft: etwa 160 °C

2. Für den Rührteig Butter oder Margarine mit einem Mixer (Rührstäbe) auf höchster Stufe geschmeidig rühren. Nach und nach Zucker und Vanillin-Zucker unterrühren. So lange rühren, bis eine gebundene Masse entstanden ist.

3. Eier nach und nach unterrühren (jedes Ei etwa 1/2 Minute). Mehl mit Backpulver mischen und in 2 Portionen auf mittlerer Stufe kurz unterrühren. Den Teig in eine Kastenform (25 x 11 cm, gefettet, bemehlt) füllen und glatt streichen.

4. Die Form auf dem Rost in den vorgeheizten Backofen schieben. Kuchen **etwa 50 Minuten backen.**

5. Den Kuchen in der Form auf einen Kuchenrost stellen und 10 Minuten abkühlen lassen. Dann den Kuchen auf den Kuchenrost stürzen und vollständig erkalten lassen.

6. Den erkalteten Kuchen zurechtschneiden (siehe Foto unten). Die Gebäckreste zerbröseln und in eine Schüssel geben.

7. Für den Guss Puderzucker mit Wasser zu einem zähflüssigen Guss verrühren. Etwas davon für die weißen Streifen in einen kleinen Gefrierbeutel füllen. Den restlichen Guss mit roter Speisefarbe einfärben. Das Auto damit überziehen, auf Backpapier setzen und trocknen lassen. Dann das Auto vorsichtig auf ein Tablett oder eine Tortenplatte legen.

8. Mit dem weißen Guss Ralleystreifen, Startnummer usw. aufmalen und Lakritzstäbchen und Schokotäfelchen als Spoiler und Lenkrad befestigen.

9. Für die Räder die Gebäckbrösel mit Aprikosenkonfiüre verkneten, in 4 Teile teilen, jeweils zu einem Rad formen und den Rand mit Kakao bestreuen. In jedes Rad 1 Lakritzstäbchen stecken und damit am Auto befestigen.

Rosinenschnecken mit Marzipan

Beliebt

12 Stück

Pro Stück: E: 7 g, F: 15 g, Kh: 46 g, kJ: 1477, kcal: 353, BE: 4,0

Für den Hefeteig:

200 ml Milch (1,5 % Fett)
75 g Butter oder Margarine
375 g Weizenmehl
2 TL gem. Zimt
1 Pck. Dr. Oetker Trockenbackhefe
30 g Zucker

Für die Füllung:

100 g Marzipan-Rohmasse
50 g Butter (zimmerwarm)
1 Ei (Größe M)
1 Pck. Dr. Oetker Finesse Geriebene Zitronenschale
100 g Rosinen
50 g gehackte Haselnusskerne

Zum Bestreichen:

2 EL Milch

Für den Guss:

100 g Puderzucker
1–2 EL Zitronensaft

Zubereitungszeit: 40 Minuten, ohne Teiggehzeit
Backzeit: 20–25 Minuten

1. Für den Teig Milch erwärmen und Butter oder Margarine darin zerlassen. Lauwarm abkühlen lassen.

2. Mehl mit Zimt und Trockenbackhefe in einer Rührschüssel sorgfältig vermischen. Zucker und Milch-Fett-Mischung hinzufügen. Die Zutaten mit einem Mixer (Knethaken) erst kurz auf niedrigster, dann auf höchster Stufe in etwa 5 Minuten zu einem glatten Teig verarbeiten.

3. Den Teig zugedeckt so lange an einem warmen Ort gehen lassen, bis er sich sichtbar vergrößert hat, etwa 20 Minuten.

4. Für die Füllung die Marzipan-Rohmasse in Stücke schneiden, mit Butter, Ei und Zitronenschale in einen Rührbecher geben. Zutaten mit einem Pürierstab zu einer glatten Masse pürieren.

5. Den Teig auf eine leicht bemehlte Arbeitsfläche geben, nochmals kurz verkneten und zu einem Rechteck (etwa 32 x 40 cm) ausrollen. Die Marzipanmasse darauf verteilen und verstreichen, dabei rundherum einen etwa 1 cm breiten Rand lassen. Rosinen und Nusskerne auf der bestrichenen Fläche verteilen.

6. Den Teig von der kurzen Seite her fest aufrollen. Die Teigrolle am besten mit einem Sägemesser in 12 Scheiben schneiden. Die Teigscheiben mit etwas Abstand auf ein Backblech (gefettet, mit Backpapier belegt) legen.

7. Die Schnecken zugedeckt so lange an einem warmen Ort gehen lassen, bis sie sich sichtbar vergrößert haben, etwa 15 Minuten.

8. In der Zwischenzeit den Backofen vorheizen.
Ober-/Unterhitze: etwa 180 °C
Heißluft: etwa 160 °C

9. Die Rosinenschnecken mit Milch bestreichen.

10. Das Backblech in den vorgeheizten Backofen schieben. Die Schnecken **20–25 Minuten backen.**

11. Die Schnecken mit dem Backpapier auf einen Kuchenrost ziehen, kurz abkühlen lassen. Für den Guss Puderzucker und Zitronensaft verrühren. Den Guss auf die warmen Schnecken streichen. Den Guss trocknen, die Schnecken vollständig erkalten lassen.

Rote-Grütze-Maulwurftorte I

Fruchtig

12 Stücke

Pro Stück: E: 10 g, F: 24 g, Kh: 36 g,
kJ: 1670, kcal: 399, BE: 3,0

Für den Rührteig:

4 Eiweiß (Größe M)
1 Prise Salz
125 g Butter oder Margarine (zimmerwarm)
125 g Zucker
1 Pck. Dr. Oetker Vanillin-Zucker
4 Eigelb (Größe M)
150 g Weizenmehl
2 gestr. TL Dr. Oetker Backin
10 g gesiebtes Kakaopulver
100 g gem. Haselnusskerne
100 g Zartbitter-Raspelschokolade

Für die Füllung:

5 Blatt weiße Gelatine
500 g rote Grütze (aus dem Kühlregal)
150 g Joghurt (1,5 % Fett)
200 g Schlagsahne (mind. 30 % Fett)

Zubereitungszeit: 45 Minuten, ohne Kühlzeit
Backzeit: etwa 30 Minuten

1. Den Backofen vorheizen.
Ober-/Unterhitze: etwa 180 °C
Heißluft: etwa 160 °C

2. Für den Teig Eiweiß mit Salz mit einem Mixer (Rührstäbe) auf höchster Stufe steif schlagen. Butter oder Margarine in einer zweiten Rührschüssel auf höchster Stufe geschmeidig rühren. Zucker und Vanillin-Zucker nach und nach unterrühren. So lange rühren, bis eine gebundene Masse entstanden ist.

3. Eigelb nach und nach unterrühren. Mehl mit Backpulver und Kakao mischen, abwechselnd mit Nüssen und Raspelschokolade auf mittlerer Stufe kurz in 2 Portionen unterrühren. Eischnee in 2 Portionen kurz unterrühren. Den Teig in einer Springform (Ø 26 cm, gefettet) verstreichen.

4. Die Form auf dem Rost in den vorgeheizten Backofen (unteres Drittel) schieben. Den Tortenboden **etwa 30 Minuten backen.**

5. Die Form auf einen Kuchenrost stellen. Den Boden etwa 10 Minuten abkühlen lassen. Dann vorsichtig mit einem Messer aus der Springform lösen und auf dem mit Backpapier belegten Kuchenrost erkalten lassen.

6. Den Tortenboden auf eine Tortenplatte legen. Auf dem Boden rundherum einen 2 cm breiten Rand markieren. Den Boden mit einem Esslöffel von der Mitte aus etwa 1 cm tief bis zum markierten Rand aushöhlen. So entsteht ein Rand. Herausgenommene Gebäckstücke zerkrümeln und beiseitestellen.

7. Für die Füllung Gelatine nach Packungsanleitung einweichen. Ein Drittel der Grütze auf dem ausgehöhlten Tortenboden verstreichen. Restliche Grütze und Joghurt verrühren. Sahne mit dem Mixer (Rührstäbe) steif schlagen.

8. Gelatine leicht ausdrücken, in einem kleinen Topf bei schwacher Hitze unter Rühren auflösen. 4 Esslöffel von der Grütze-Joghurt-Masse unter die Gelatine rühren, dann mit der restlichen Grütze-Joghurt-Masse verrühren.

9. Steif geschlagene Sahne und die Hälfte der Gebäckkrümel kurz unter die Joghurtmasse rühren.

10. Die Füllung kuppelförmig, von außen nach innen, auf den bestrichenen Tortenboden geben und gleichmäßig verstreichen.

11. Beiseitgestellte Gebäckkrümel darauf verteilen und vorsichtig andrücken.

12. Die Torte mindestens 2 Stunden in den Kühlschrank stellen.

Tipp: Der Kuchen kann bereits am Vortag zubereitet werden. Zugedeckt im Kühlschrank aufbewahren.

Ruck-zuck-Kuchen | Einfach

20 Stücke

Pro Stück: E: 3 g, F: 13 g, Kh: 22 g, kJ: 897, kcal: 214, BE: 2,0

Für den Hefeteig:

75 g Butter oder Margarine
375 g Weizenmehl
1 Pck. Hefeteig Garant
100 g Zucker
1 Pck. Dr. Oetker Vanillin-Zucker
1 Pck. Dr. Oetker Finesse Geriebene Zitronenschale
200 g Schmand (Sauerrahm)

Für den Belag:

200 g Schmand (Sauerrahm)
100 g Kokosraspel

Zum Verzieren:

50 g Zartbitter-Kuvertüre oder dunkle Kuchenglasur

Zubereitungszeit: 30 Minuten, ohne Teiggeh- und Abkühlzeit
Backzeit: 15–20 Minuten

1. Für den Teig Butter oder Margarine zerlassen und abkühlen lassen. Mehl in eine Rührschüssel geben und mit Hefeteig Garant sorgfältig vermischen. Zucker, Vanillin-Zucker, Zitronenschale, Schmand und lauwarme Butter oder Margarine hinzufügen.

2. Die Zutaten mit einem Mixer (Knethaken) zunächst kurz auf niedrigster, dann auf höchster Stufe in etwa 2 Minuten zu einem glatten Teig verarbeiten.

3. Den Teig auf einer leicht bemehlten Arbeitsfläche zu einer Rolle formen. Anschließend auf einem Backblech (30 x 40 cm, gefettet, mit Backpapier belegt) ausrollen. Die Teigplatte zugedeckt etwa 10 Minuten ruhen lassen.

4. In der Zwischenzeit den Backofen vorheizen.
Ober-/Unterhitze: etwa 200 °C
Heißluft: etwa 180 °C

5. Für den Belag den Teig mit Schmand bestreichen, mit Kokosraspeln bestreuen und weitere etwa 5 Minuten ruhen lassen.

6. Das Backblech in den vorgeheizten Backofen schieben. Den Kuchen **15–20 Minuten backen.**

7. Das Backblech auf einen Kuchenrost stellen. Den Kuchen darauf erkalten lassen.

8. Zum Verzieren die Kuvertüre in kleine Stücke hacken und in einem kleinen Topf im Wasserbad bei schwacher Hitze unter Rühren schmelzen oder die Kuchenglasur nach Packungsanleitung auflösen. Den Kuchen mit der Kuvertüre oder Glasur besprenkeln und den Guss fest werden lassen. Den Kuchen zunächst in Quadrate, dann in Dreiecke schneiden.

Rührteig-Kastenkuchen | Einfach

15 Stücke

Pro Stück: E: 4 g, F: 16 g, Kh: 25 g, kJ: 1104, kcal: 3960, BE: 2,0

Für den Rührteig:

250 g Butter oder Margarine (zimmerwarm)
150 g Zucker
1 Pck. Dr. Oetker Vanillin-Zucker
1 Prise Salz
4 Eier (Größe M)
300 g Weizenmehl
4 gestr. TL Dr. Oetker Backin
2 EL Milch (3,5 % Fett)

Zubereitungszeit: 20 Minuten
Backzeit: etwa 1 Stunde

1. Den Backofen vorheizen.
Ober-/Unterhitze: etwa 180 °C
Heißluft: etwa 160 °C

2. Für den Teig Butter oder Margarine mit einem Mixer (Rührbesen) auf höchster Stufe geschmeidig rühren. Nach und nach Zucker, Vanillin-Zucker und Salz unterrühren. So lange rühren, bis eine gebundene Masse entstanden ist. Eier nach und nach unterrühren (jedes Ei etwa ½ Minute).

3. Mehl mit Backpulver mischen und abwechselnd mit der Milch in 2 Portionen kurz auf mittlerer Stufe unterrühren.

4. Den Teig in eine Kastenform (25 x 11 cm, gefettet, bemehlt) geben und glatt streichen.

5. Die Form auf dem Rost in den vorgeheizten Backofen schieben. Den Kuchen **etwa 1 Stunde backen.** Nach etwa 15 Minuten Backzeit den Kuchen mit einem spitzen Messer der Länge nach in der Mitte etwa 1 cm tief einschneiden.

6. Den Kuchen etwa 10 Minuten in der Form stehen lassen, aus der Form lösen und auf einen Kuchenrost stürzen. Kuchen erkalten lassen.

Russischer Zupfkuchen

Beliebt

16 Stücke

Pro Stück: E: 8 g, F: 23 g, Kh: 39 g, kJ: 1682, kcal: 402, BE: 3,5

Für den Knetteig:

300 g Weizenmehl
30 g gesiebtes Kakaopulver
2 gestr. TL Dr. Oetker Backin
150 g Zucker
1 Pck. Dr. Oetker Vanillin-Zucker
1 Ei (Größe M)
150 g Butter oder Margarine (zimmerwarm)

Für die Füllung:

250 g Butter
500 g Magerquark
200 g Zucker
1 Pck. Dr. Oetker Vanillin-Zucker
3 Eier (Größe M)
1 Pck. Dr. Oetker Pudding-Pulver Vanille-Geschmack

Zubereitungszeit: 50 Minuten, ohne Abkühlzeit
Backzeit: etwa 1 Stunde

1. Für den Teig Mehl mit Kakao und Backpulver in einer Rührschüssel mischen.

2. Restliche Zutaten hinzufügen, mit einem Mixer (Knethaken) zunächst kurz auf niedrigster, dann auf höchster Stufe gut durcharbeiten.

3. Anschließend auf einer leicht bemehlten Arbeitsfläche kurz zu einem Teig verkneten. Sollte er kleben, ihn in Frischhaltefolie gewickelt eine Zeit lang in den Kühlschrank legen.

4. Für die Füllung Butter in einem Topf zerlassen und anschließend abkühlen lassen.

5. Den Backofen vorheizen.
Ober-/Unterhitze: etwa 180 °C
Heißluft: etwa 160 °C

6. Knapp die Hälfte des Teiges auf dem Boden einer Springform (Ø 26 cm, gefettet) ausrollen. Den Boden mehrmals mit einer Gabel einstechen. Den Springformrand darumstellen.

7. Vom restlichen Teig knapp die Hälfte zu einer langen Rolle formen, auf den Teigboden legen und so an die Form drücken, dass ein etwa 2 cm hoher Rand entsteht. Restlichen Teig beseitestellen.

8. Für die Füllung Quark mit Zucker, Vanillin-Zucker, Eiern, Pudding-Pulver und der zerlassenen Butter mit einem Schneebesen zu einer glatten Masse verrühren, in die Form geben und glatt streichen.

9. Den beiseitegestellten Teig in kleine Stücke zupfen und auf der Füllung verteilen.

10. Die Form auf dem Rost in den vorgeheizten Backofen schieben. Den russischen Zupfkuchen **etwa 1 Stunde backen.**

11. Den Kuchen auf einen Kuchenrost stellen und etwa 15 Minuten in der Form abkühlen lassen. Dann mit einem Messer den Rand des Kuchens lösen und den Springformrand entfernen. Boden vom Springformboden lösen, aber den Kuchen darauf auf einem Kuchenrost erkalten lassen.

Tipps: Für einen leichteren Zupfkuchen können Sie die Fettmenge in der Füllung auf 150 g Butter reduzieren. Dieser beliebte Kuchen kann gut schon am Vortag zubereitet werden. Dann einfach gut zugedeckt im Kühlschrank aufbewahren. Besonders lecker ist der Kuchen, wenn er bei Zimmertemperatur genossen wird. Daher 2–3 Stunden vor dem Servieren aus dem Kühlschrank nehmen. Wenn Sie Abwechslung mögen, geben Sie Obst (z. B. gut abgetropfte Sauerkirschen aus dem Glas) vor dem Backen auf den Teig unter die Füllung. Die Backzeit ändert sich dann nicht. Wer es ganz besonders schokoladig mag, gibt zunächst nur etwa die Hälfte der Füllung auf den Teig. Darauf dann einige kleine Schokoladenstückchen verteilen. Dann die restliche Füllung daraufgeben und wie beschrieben weiterverarbeiten. Statt mit den Zupfen kann die Füllung auch mit ausgestochenen Teigmotiven belegt werden.

Sandkuchen „Tante Paula" I

Mögen schon die Kleinen

20 Stücke

Pro Stück: E: 2 g, F: 12 g, Kh: 22 g, kJ: 863, kcal: 206, BE: 2,0

Zum Vorbereiten:

5 Eiweiß (Größe M)
100 g Zucker

Für den Teig:

250 g Butter (zimmerwarm)
125 g Puderzucker
5 Eigelb (Größe M)
1 Prise Salz
1 Röhrchen Butter-Vanille-Aroma
abgeriebene Schale von
1 Bio-Zitrone
80 g Weizenmehl
150 g Speisestärke
1 gestr. TL Dr. Oetker Backin

Zum Bestäuben:

etwas Puderzucker

Zubereitungszeit: 30 Minuten, ohne Abkühlzeit
Backzeit: etwa 55 Minuten

1. Den Backofen vorheizen.
Ober-/Unterhitze: etwa 160 °C
Heißluft: etwa 140 °C

2. Zum Vorbereiten Eiweiß sehr steif schlagen. Zucker nach und nach hinzugeben. So lange schlagen, bis die Masse stark glänzt. Die Eischneemasse bis zur Weiterverarbeitung in den Kühlschrank stellen.

3. Für den Teig Butter in einer Rührschüssel mit dem Mixer (Rührstäbe) auf höchster Stufe schaumig schlagen. Puderzucker nach und nach unterrühren. So lange rühren, bis die Masse weiß-schaumig ist (etwa 3 Minuten).

4. Eigelb nach und nach auf höchster Stufe kurz unterrühren. Anschließend Salz, Aroma und Zitronenschale unterrühren.

5. Mehl mit Speisestärke und Backpulver mischen, in 2 Portionen auf niedrigster Stufe kurz unterrühren.

6. Die Eischneemasse in 4–5 Portionen sehr vorsichtig mit einem Schneebesen unter den Teig ziehen. Dabei darauf achten, dass die feinen Luftbläschen möglichst erhalten bleiben. Den Teig in eine Gugelhupfform (Ø 22 cm, gefettet) geben.

7. Die Form auf dem Rost in den vorgeheizten Backofen schieben. Den Kuchen **etwa 55 Minuten backen.** Nach 15 Minuten Backzeit den Kuchen mittig, ringförmig etwa 1 cm tief einschneiden.

8. Die Form auf einen Kuchenrost stellen. Den Kuchen etwa 10 Minuten in der Form stehen lassen, danach vorsichtig aus der Form lösen, auf einen Kuchenrost stürzen und erkalten lassen. Den Kuchen mit Puderzucker bestäuben.

Tipps: Der Sandkuchen „Tante Paula" gelingt bei Ober-/Unterhitze besonders gut. Wird der Sandkuchen mit einem Guss (z. B. Schokoladenguss) überzogen, bleibt er sehr lange frisch. Ohne Guss lässt sich der Sandkuchen wunderbar einfrieren. Lassen Sie ihn dann bei Zimmertemperatur in der leicht geöffneten Verpackung wieder auftauen.

Sauerkirsch-Frischkäse-Torte

Ohne Backen

12 Stücke

Pro Stück: E: 5 g, F: 26 g, Kh: 25 g, kJ: 1479, kcal: 353, BE: 2,0

Für den Boden:

150 g Löffelbiskuits
125 g Butter

Für die Füllung:

350 g abgetropfte Sauerkirschen (aus dem Glas)
3 Blatt weiße Gelatine
200 g Doppelrahm-Frischkäse
400 g Schlagsahne (mind. 30 % Fett)
50 g Zucker
2 EL Zitronensaft

Für den Guss:

1 Pck. ungezuckerter Tortenguss, rot
1 EL Zucker
250 ml Sauerkirschsaft (aus dem Glas, evtl. mit Wasser aufgefüllt)

Zubereitungszeit: 35 Minuten, ohne Kühlzeit

1. Für den Boden Löffelbiskuits in einen Gefrierbeutel geben. Den Beutel verschließen. Die Löffelbiskuits mit einer Teigrolle fein zerbröseln und in eine Rührschüssel geben. Butter zerlassen, zu den Bröseln geben und gut verrühren.

2. Einen Springformrand (Ø 26 cm) auf eine mit Tortenspitze oder Backpapier belegte Tortenplatte stellen. Die Bröselmasse darin gleichmäßig verteilen und mit einem Löffel gut zu einem Boden andrücken. Den Tortenboden bis zur Weiterverwendung in den Kühlschrank stellen.

3. Für die Füllung Kirschen einem Sieb abtropfen lassen, dabei den Saft auffangen. 250 ml davon abmessen, evtl. mit Wasser auffüllen. Die Kirschen gleichmäßig auf dem Bröselboden verteilen.

4. Die Gelatine nach Packungsanleitung einweichen. Frischkäse mit 100 g Sahne, Zucker und Zitronensaft verrühren. Eingeweichte Gelatine leicht ausdrücken und in einem kleinen Topf unter Rühren bei schwacher Hitze auflösen. Gelatine mit 2–3 Esslöffeln der Frischkäsemasse verrühren, dann unter die restliche Frischkäsemasse rühren. Die Masse in den Kühlschrank stellen.

5. Sobald die Masse anfängt dicklich zu werden, die restliche Sahne steif schlagen und unter die Frischkäsemasse heben. Die Frischkäsecreme auf den Kirschen verstreichen. Die Torte etwa 1 Stunde in den Kühlschrank stellen.

6. Für den Guss aus Tortengusspulver, Zucker und Saft einen Guss nach Packungsanleitung zubereiten. Dann den heißen Guss auf die Frischkäsecreme geben und sofort mithilfe eines Löffelstiels ein Marmormuster durch den Guss ziehen. Die Torte mindestens 1 Stunde in den Kühlschrank stellen.

Sauerkirschkuchen

Fruchtig – knusprig
12 Stücke

Pro Stück: E: 4 g, F: 15 g, Kh: 55 g, kJ: 1578, kcal: 377, BE: 4,5

Zum Vorbereiten:
1 kg frische Sauerkirschen
100 g Zucker

Für den Knetteig:
150 g Weizenmehl
1 Msp. Dr. Oetker Backin
100 g Zucker
1 Pck. Dr. Oetker Vanillin-Zucker
1 Prise Salz
1 Ei (Größe M)
100 g Butter oder Margarine (zimmerwarm)

Für die Füllung:
20 g Speisestärke
etwa 1 EL Zucker

Für die Streusel:
150 g Weizenmehl
100 g Zucker
1 Pck. Dr. Oetker Vanillin-Zucker
100 g Butter oder Margarine (zimmerwarm)

Zubereitungszeit: 55 Minuten, ohne Abkühlzeit
Backzeit: etwa 52 Minuten

1. Zum Vorbereiten die Kirschen abspülen, abtropfen lassen, entstielen und entsteinen. Kirschen mit Zucker mischen und zum Saftziehen stehen lassen.

2. Den Backofen vorheizen.
Ober-/Unterhitze: etwa 200 °C
Heißluft: etwa 180 °C

3. Für den Teig Mehl mit Backpulver in einer Rührschüssel mischen. Restliche Zutaten hinzufügen, mit einem Mixer (Knethaken) zunächst kurz auf niedrigster, dann auf höchster Stufe gut durcharbeiten. Auf einer leicht bemehlten Arbeitsfläche kurz zu einem Teig verkneten. Sollte er kleben, ihn in Frischhaltefolie gewickelt eine Zeit lang in den Kühlschrank legen.

4. Zwei Drittel des Teiges auf dem Boden einer Springform (Ø 22 cm, gefettet) ausrollen. Den Teigboden mehrmals mit einer Gabel einstechen. Den Springformrand darumstellen. Die Form auf dem Rost in den vorgeheizten Backofen schieben. Den Teigboden **etwa 12 Minuten vorbacken.**

5. Die Form auf einen Kuchenrost stellen und den Boden etwas abkühlen lassen.

6. In der Zwischenzeit für die Füllung die vorbereiteten Kirschen mit dem Saft in einem Topf kurz aufkochen lassen. Kirschen in einem Sieb abtropfen lassen, dabei den Saft auffangen, 250 ml davon abmessen.

7. Saft abkühlen lassen, evtl. mit Wasser auffüllen. Speisestärke mit 4 Esslöffeln Saft anrühren. Den restlichen Saft wieder zum Kochen bringen. Die angerührte Speisestärke in den von der Kochstelle genommenen Saft einrühren und nochmals kurz aufkochen lassen. Kirschen unterrühren. Die Kirschmasse mit Zucker abschmecken.

8. Restlichen Teig zu einer langen Rolle formen, auf den vorgebackenen Boden legen und so an die Form einen etwa 2 cm hohen Rand andrücken.

9. Für die Streusel Mehl in eine Rührschüssel geben. Restliche Zutaten hinzufügen, mit dem Mixer (Rührstäbe) zu Streuseln verarbeiten.

10. Zunächst die Kirschmasse auf dem Boden verteilen, dann die Streusel darauf verteilen. Die Form wieder auf dem Rost in den heißen Backofen schieben. Den Sauerkirschkuchen **bei gleicher Backofentemperatur etwa 40 Minuten backen.**

11. Den Kuchen auf einen Kuchenrost stellen und etwa 15 Minuten in der Form abkühlen lassen. Dann mit einem Messer den Rand des Kuchens lösen und den Springformrand entfernen. Boden vom Springformboden lösen, aber den Kuchen darauf auf einem Kuchenrost erkalten lassen.

Schatzkarte | Zum Geburtstag

20 Stücke

Pro Stück: E: 5 g, F: 9 g, Kh: 30 g, kJ: 940, kcal: 224, BE: 2,5

Für den Belag:

2 Pck. Garant Grieß-Pudding-Pulver
750 ml Milch (3,5 % Fett)
250 g Magerquark

Für den Rührteig:

100 g Butter oder Margarine (zimmerwarm)
100 g Zucker
1 Pck. Dr. Oetker Vanillin-Zucker
1 Prise Salz
3–4 Tropfen Butter-Vanille-Aroma
2 Eier (Größe M)
200 g Weizenmehl
2 gestr. TL Dr. Oetker Backin

Für den Guss:

2 Pck. ungezuckerter Tortenguss, klar
500 ml Apfelsaft, klar

Zum Verzieren:

150 g Nuss-Nougat-Creme (zimmerwarm)

Zubereitungszeit: 30 Minuten, ohne Kühlzeit
Backzeit: 25–30 Minuten

1. Für den Belag aus Pudding-Pulver und Milch nach Packungsanleitung, aber mit den hier angegebenen Mengen, einen Pudding zubereiten. Pudding von der Kochstelle nehmen, leicht abkühlen lassen. Magerquark zum Pudding geben und die Zutaten mit einem Schneebesen glatt rühren.

2. Den Backofen vorheizen.
Ober-/Unterhitze: etwa 180 °C
Heißluft: etwa 160 °C

3. Für den Teig Butter oder Margarine mit einem Mixer (Rührstäbe) auf höchster Stufe geschmeidig rühren. Nach und nach Zucker, Vanillin-Zucker, Salz und Aroma unterrühren. So lange rühren, bis eine gebundene Masse entstanden ist.

4. Eier nach und nach unterrühren (jedes Ei etwa ½ Minute). Mehl mit Backpulver mischen und auf mittlerer Stufe kurz unterrühren. Den Teig auf ein Backblech (30 x 40 cm, gefettet) streichen und den Belag gleichmäßig daraufstreichen.

5. Das Backblech in den vorgeheizten Backofen schieben. Die Teigplatte **25–30 Minuten backen.**

6. Das Backblech auf einen Kuchenrost stellen und den Boden darauf erkalten lassen.

7. Für den Guss aus Tortengusspulver und Apfelsaft nach Packungsanleitung, aber ohne Zucker, einen Guss zubereiten, gleichmäßig auf dem Kuchen verteilen und erkalten lassen.

8. Zum Verzieren die Nuss-Nougat-Creme in einen kleinen Gefrierbeutel füllen, eine kleine Spitze abschneiden und die Gebäckoberfläche damit als Schatzkarte (siehe Foto) verzieren.

Tipp: Statt Nuss-Nougat-Creme kann die Schatzkarte auch mit dunkelbrauner Zuckerschrift aufgemalt werden. Dann lässt sich der Kuchen besser transportieren, da die Schrift durch das Trocknen haltbarer ist. Nach Belieben Nusskerne oder etwas Obst in Spalten als „Schatz“ einbacken. Der Belag kann auch mit 2 Päckchen Dr. Oetker Pudding-Pulver Vanille-Geschmack anstelle des Grieß-Pudding-Pulvers zubereitet werden. Dann zusätzlich 60 g Zucker hinzufügen.

N
W
O
S
3 m → . . . X
Schatzinsel

Schmandkuchen | Beliebt

12 Stücke

Pro Stück: E: 4 g, F: 13 g, Kh: 37 g, kJ: 1191, kcal: 284, BE: 3,0

Für den Knetteig:

175 g Weizenmehl
100 g Butter oder Margarine (zimmerwarm)
60 g Zucker
1 Pck. Dr. Oetker Vanillin-Zucker
1 Ei (Größe M)

Für den Belag:

1 Pck. Dr. Oetker Pudding-Pulver Vanille-Geschmack
60 g Zucker
400 ml Milch (3,5 % Fett)
200 g Schmand (Sauerrahm)
350 g abgetropfte Mandarinen (aus Dosen)

Für den Guss und zum Bestäuben:

1 Pck. ungezuckerter Tortenguss, klar
1 TL Zucker
250 ml Mandarinensaft (aus den Dosen)
evtl. 1 TL Puderzucker

Zubereitungszeit: 40 Minuten, ohne Kühlzeit
Backzeit: 60–70 Minuten

1. Für den Teig Mehl in eine Rührschüssel geben. Butter oder Margarine, Zucker, Vanillin-Zucker und Ei hinzufügen. Die Zutaten mit einem Mixer (Knethaken) zunächst kurz auf niedrigster, dann auf höchster Stufe gut durcharbeiten.

2. Anschließend auf einer leicht bemehlten Arbeitsfläche kurz zu einem Teig verkneten. Sollte er kleben, ihn in Frischhaltefolie gewickelt eine Zeit lang in den Kühlschrank legen.

3. Den Backofen vorheizen.
Ober-/Unterhitze: etwa 180 °C
Heißluft: etwa 160 °C

4. Zwei Drittel des Teiges auf dem Boden einer Springform (Ø 26 cm, gefettet) ausrollen, den Springformrand darumstellen.

5. Die Form auf dem Rost in den vorgeheizten Backofen schieben. Den Teigboden **etwa 10 Minuten vorbacken.**

6. Den Boden in der Form auf einen Kuchenrost stellen und erkalten lassen. Die Backofentemperatur um 20 °C auf Ober-/Unterhitze etwa 160 °C, Heißluft etwa 140 °C herunterschalten.

7. Für den Belag aus Pudding-Pulver, Zucker und Milch nach Packungsanleitung, aber mit den hier angegebenen Mengen, einen Pudding zubereiten. Pudding unter gelegentlichem Umrühren lauwarm abkühlen lassen. Dann den Schmand unterrühren.

8. Von den abgetropften Mandarinen den Saft auffangen, 250 ml davon abmessen und für den Guss beiseitestellen, evtl. mit Wasser ergänzen.

9. Den restlichen Teig zu einer Rolle formen, als Rand auf den Boden legen und so an die Form drücken, dass ein etwa 3 cm hoher Rand entsteht. Die Puddingcreme in die Form geben, glatt streichen und gleichmäßig mit den Mandarinen belegen.

10. Die Form auf dem Rost wieder in den heißen Backofen schieben. Den Kuchen **weitere 50–60 Minuten backen.**

11. Die Form auf einen Kuchenrost stellen und etwa 5 Minuten abkühlen lassen.

12. Dann den Kuchen vorsichtig aus der Form lösen und auf einem mit Backpapier belegten Kuchenrost erkalten lassen.

13. Für den Guss aus Tortengusspulver, Zucker und Mandarinensaft nach Packungsanleitung einen Guss zubereiten. Guss auf dem Kuchen verteilen und etwa 30 Minuten in den Kühlschrank stellen.

14. Vor dem Servieren nach Belieben den Kuchen am Rand mit Puderzucker bestäuben.

Schneckenkuchen

Lecker gefüllt

20 Stücke

Pro Stück: E: 5 g, F: 5 g, Kh: 37 g, kJ: 895, kcal: 214, BE: 3,0

Für den Hefeteig:

170 ml Milch (1,5 % Fett)
80 g Butter oder Margarine
500 g Weizenmehl
1 Pck. Dr. Oetker Trockenbackhefe
50 g Zucker
1 Pck. Dr. Oetker Vanillin-Zucker
1 Prise Salz
2 Eier (Größe M)

Für die Füllung:

2 Pck. Dr. Oetker Pudding-Pulver Vanille-Geschmack
750 ml Milch (1,5 % Fett)
80 g Zucker
100 g Rosinen

Zum Bestreichen:

80 g Aprikosenkonfitüre
2 EL Wasser

Zubereitungszeit: 1 Stunde, ohne Teiggeh- und Abkühlzeit
Backzeit: etwa 20 Minuten

1. Für den Teig Milch erwärmen und Butter oder Margarine darin zerlassen. Lauwarm abkühlen lassen.

2. Mehl in eine Rührschüssel geben und mit Trockenbackhefe sorgfältig vermischen. Dann Zucker, Vanillin-Zucker, Salz, Eier und die warme Milch-Fett-Mischung hinzufügen.

3. Die Zutaten mit einem Mixer (Knethaken) zunächst kurz auf niedrigster, dann auf höchster Stufe in etwa 5 Minuten zu einem glatten Teig verarbeiten.

4. Den Teig zugedeckt so lange an einem warmen Ort gehen lassen, bis er sich sichtbar vergrößert hat, etwa 30 Minuten.

5. In der Zwischenzeit für die Füllung aus Pudding-Pulver, Milch und Zucker einen Pudding nach Packungsanleitung, aber mit den hier angegebenen Mengen, zubereiten. Sofort Frischhaltefolie direkt auf die Puddingoberfläche legen, damit sich keine Haut bildet.

6. Den Pudding erkalten lassen, anschließend die Rosinen unterrühren.

7. Den gegangenen Teig auf der leicht bemehlten Arbeitsfläche nochmals kurz durchkneten. Anschließend den Teig zu einem Rechteck (etwa 40 x 60 cm) ausrollen.

8. Den erkalteten Pudding auf das Teigrechteck geben und glatt streichen, dabei rundherum einen kleinen Rand frei lassen.

9. Den Teig von der längeren Seite aus aufrollen. Die Teigrolle in etwa 1 cm breite Scheiben schneiden. Die Teigscheiben leicht überlappend auf ein Backblech (30 x 40 cm, gefettet, mit Backpapier belegt) legen. Den Schneckenkuchen zugedeckt nochmals so lange an einem warmen Ort gehen lassen, bis er sich sichtbar vergrößert hat, etwa 20 Minuten.

10. In der Zwischenzeit den Backofen vorheizen.
Ober-/Unterhitze: etwa 200 °C
Heißluft: etwa 180 °C

11. Das Backblech in den vorgeheizten Backofen schieben. Den Schneckenkuchen **etwa 20 Minuten backen.**

12. Das Backblech auf einen Kuchenrost stellen.

13. Zum Bestreichen Konfitüre und Wasser in einem Topf pürieren und aufkochen. Den heißen Schneckenkuchen gleichmäßig damit bestreichen. Den Schneckenkuchen erkalten lassen.

Tipps: Wie die meisten Hefeteiggebäcke schmeckt auch der Schneckenkuchen frisch am allerbesten. Sie können ihn aber auch direkt nach dem Erkalten in Stücke schneiden, einfrieren und je nach Bedarf in Portionen wieder auftauen.

Schnelle Nussecken | Knusprig

24 Stück

Pro Stück: E: 2 g, F: 12 g, Kh: 17 g, kJ: 788, kcal: 189, BE: 1,5

Für den All-in-Teig:

200 g Weizenmehl
1 gestr. TL Dr. Oetker Backin
50 g gem. Haselnusskerne
100 g Zucker
1 Prise Salz
1 Ei (Größe M)
150 g Butter oder Margarine (zimmerwarm)
4 EL kaltes Wasser

Für den Belag:

200 g Aprikosenkonfitüre
1 Pck. Dr. Oetker Vanillin-Zucker
2 EL Schlagsahne
200 g gehobelte Haselnusskerne

Zubereitungszeit: 25 Minuten, ohne Abkühlzeit
Backzeit: 22–25 Minuten

1. Den Backofen vorheizen.
Ober-/Unterhitze: etwa 200 °C
Heißluft: etwa 180 °C

2. Für den Teig Mehl mit Backpulver in einer Rührschüssel mischen. Gemahlene Nusskerne, Zucker, Salz, Ei, Butter oder Margarine und Wasser hinzufügen. Die Zutaten mit einem Mixer (Rührstäbe) kurz auf niedrigster, dann auf höchster Stufe in etwa 2 Minuten zu einem glatten Teig verarbeiten.

3. Den Teig auf einem Backblech (30 x 40 cm, gefettet, bemehlt) verteilen und glatt streichen.

4. Das Backblech in den vorgeheizten Backofen schieben. Den Teig **etwa 10 Minuten vorbacken.**

5. In der Zwischenzeit für den Belag Konfitüre unter Rühren in einem Topf aufkochen lassen, von der Kochstelle nehmen. Vanillin-Zucker, Sahne und gehobelte Nusskerne unterrühren.

6. Das Backblech auf einen Kuchenrost stellen. Die Nussmasse sofort auf dem vorgebackenen Teig verteilen und mit einer Teigkarte oder einem Esslöffel verstreichen.

7. Das Backblech wieder in den heißen Backofen schieben und das Gebäck **bei gleicher Backofentemperatur in 12–15 Minuten fertig backen.**

8. Das Backblech auf einen Kuchenrost stellen und das Gebäck erkalten lassen. Dann das Gebäck in 12 Quadrate (etwa 10 x 10 cm) schneiden und die Quadrate diagonal halbieren.

Tipps: Die fertigen Nussecken mit 50 g aufgelöster Zartbitter-Schokolade besprenkeln (siehe Foto). Die Nussecken halten sich 2–3 Wochen in gut schließenden Dosen. Besonders niedlich sind die Nussecken, wenn die Quadrate 2-mal diagonal durchgeschnitten werden.

Schoko-Bananen-Kuppel I

Mögen alle gern – ohne Backen

12 Stücke

Pro Stück: E: 4 g, F: 29 g, Kh: 24 g, kJ: 1607, kcal: 384, BE: 2,0

Für den Boden:

100 g Butter
150 g Choco-Cookies
70 g Haferflocken
15 g gehackte Haselnusskerne
15 g gehackte Mandeln

Für die Füllung:

3 Bananen
2 EL Zitronensaft

Für den Belag:

600 g Schlagsahne (mind. 30 % Fett)
2 Pck. Sahnesteif
2 Pck. Dr. Oetker Vanillin-Zucker
3 EL gesiebtes Kakaopulver
1 EL Zucker
50 g Zartbitter-Raspelschokolade

Zum Bestäuben:

1 TL gesiebtes Kakaopulver

Zubereitungszeit: 45 Minuten, ohne Kühlzeit

1. Für den Boden die Butter in einem Topf zerlassen und bei mittlerer Hitze etwa 3 Minuten leicht bräunen lassen. Dann die Butter abkühlen lassen.

2. Choco-Cookies, Haferflocken, Haselnusskerne und Mandeln portionsweise in einen Blitzhacker geben und fein zerkleinern. Alles in eine Rührschüssel geben. Die zerlassene Butter hinzugeben und gut unterrühren.

3. Eine Tortenspitze auf eine Tortenplatte legen und den geschlossenen Springformrand daraufstellen. Die Bröselmasse gleichmäßig darin verteilen und mit einem Löffel gut zu einem Boden andrücken. Den Bröselboden etwa 20 Minuten in den Kühlschrank stellen.

4. In der Zwischenzeit für die Füllung die Bananen schälen und jeweils waagerecht halbieren. Die Bananenhälften auf einen Teller legen und mit Zitronensaft beträufeln. Den Springformrand mit einem spitzen Messer vom Bröselboden lösen und entfernen. Die Bananen auf dem Bröselboden verteilen, dabei die Bananen passend zuschneiden.

5. Für den Belag Sahne mit Sahnesteif mit dem Mixer (Rührstäbe) steif schlagen. Vanillin-Zucker mit Kakao und Zucker mischen und kurz unter die Schlagsahne schlagen. Die Kakaosahne kuppelartig mit einem Esslöffel auf den mit Bananenhälften belegten Bröselboden streichen.

6. Die Torte mit Raspelschokolade bestreuen, diese leicht andrücken. Die Torte etwa 2 Stunden in den Kühlschrank stellen.

7. Die Schoko-Bananen-Kuppel vor dem Servieren dünn mit Kakao bestäuben.

Schoko-Eulen | Zum Geburtstag

12 Stück

Pro Stück: E: 7 g, F: 31 g, Kh: 53 g, kJ: 2211, kcal: 528, BE: 4,5

Zum Vorbereiten für die Cookies:

60 g Butter oder Margarine (zimmerwarm)
60 g Zucker
1 Eigelb (Größe M)
125 g Weizenmehl
30 g gesiebtes Kakaopulver
½ TL Dr. Oetker Backin
1 Prise Salz

Für die Muffins:

150 g Butter (zimmerwarm)
120 g Zucker
3 Eier (Größe M)
180 g Weizenmehl
1 ½ gestr. TL Backin
20 g gesiebtes Kakaopulver
1 EL Milch (3,5 % Fett)

Zum Garnieren:

150 g Zartbitter-Kuvertüre-Chips
100 g Butter (zimmerwarm)
100 g Zartbitter-Raspelschokolade
12 gelbe Geleebohnen
60 g Puderzucker
1 ½ TL Wasser

Zubereitungszeit: 1 Stunde und 20 Minuten, ohne Kühlzeit
Backzeit: etwa 37 Minuten

1. Zum Vorbereiten für die Cookies Butter oder Margarine mit einem Mixer (Rührstäbe) auf höchster Stufe geschmeidig rühren. Zucker hinzugeben und so lange rühren, bis eine gebundene Masse entstanden ist. Eigelb unterrühren. Mehl mit Kakao, Backpulver und Salz mischen. Mehlmischung mit dem Mixer (Knethaken) auf niedrigster Stufe unter die Butter-Ei-Masse arbeiten. Den Teig zu einer Kugel formen. Zwischen 2 Lagen Frischhaltefolie legen, flach drücken und etwa 5 mm dick ausrollen. Teigplatte auf einer Platte etwa 1 Stunde in den Kühlschrank legen.

2. Den Backofen vorheizen.
Ober-/Unterhitze: etwa 180 °C
Heißluft: etwa 160 °C

3. Für die Muffins Butter und Zucker mit dem Mixer (Rührstäbe) auf höchster Stufe geschmeidig rühren. Die Eier nach und nach unterrühren (jedes Ei etwa ½ Minute). Mehl, Backpulver und Kakao mischen und mit der Milch auf mittlerer Stufe kurz unterrühren. Teig in die Mulden einer Muffinform (für 12 Muffins, mit Papierbackförmchen ausgelegt) geben.

4. Die Form auf dem Rost in den vorgeheizten Backofen schieben. Muffins **etwa 25 Minuten backen.**

5. Die Form auf einen Kuchenrost stellen. Muffins erkalten lassen.

6. Aus dem Cookieteig 24 Kreise von je etwa 4 cm Durchmesser ausstechen. Die Teigkreise auf ein Backblech (mit Backpapier belegt) legen. Das Backblech in den heißen Backofen schieben. Cookies **bei gleicher Backofentemperatur etwa 12 Minuten backen.**

7. Das Backblech auf einen Kuchenrost stellen. Die Cookies erkalten lassen.

8. Das Papier von den Muffins abziehen. Zum Garnieren 24 Kuvertüre-Chips beiseitelegen. Restliche Chips in einem kleinen Topf im Wasserbad bei schwacher Hitze unter Rühren schmelzen. Abkühlen lassen. Butter geschmeidig rühren, mit der Kuvertüre zu einer glatten Creme verrühren.

9. Die Muffins mit der Creme bestreichen, dabei je 2 Spitzen wie Ohren formen. Mit Raspelschokolade bestreuen. Je 2 Cookies als Augen platzieren und je 1 Geleebohne als Nase darauflegen. Etwa 15 Minuten in den Kühlschrank stellen.

10. Puderzucker mit Wasser zu einem festen Guss verrühren. Auf den Cookies mit einem Teelöffel Kreise aus Zuckerguss formen. Darauf je 1 Kuvertüre-Chip geben. 1 Punkt aus Zuckerguss daraufsetzen.

Schokokekse mit Mandeln I

Knusprig

etwa 100 Stück

Pro Stück: E: 1 g, F: 3 g, Kh: 4 g,
kJ: 171, kcal: 41, BE: 0,5

Für den Knetteig:

250 g Weizenmehl
1 Pck. Gala Schokoladen-Pudding-Pulver
10 g gesiebtes Kakaopulver
125 g Puderzucker
1 Pck. Dr. Oetker Vanillin-Zucker
1 Prise Salz
250 g Butter oder Margarine (zimmerwarm)
100 g gehobelte Mandeln

Zubereitungszeit: 20 Minuten, ohne Kühlzeit
Backzeit: etwa 15 Minuten je Backblech

1. Für den Teig Mehl mit Pudding-Pulver und Kakao in einer Rührschüssel vermischen. Puderzucker, Vanillin-Zucker, Salz und Butter oder Margarine hinzufügen. Die Zutaten mit einem Mixer (Knethaken) zunächst kurz auf niedrigster, dann auf höchster Stufe gut durcharbeiten.

2. Den Teig auf eine leicht bemehlte Arbeitsfläche geben und mit den Händen kurz zu einem glatten Teig verkneten. Die Mandeln hinzufügen und ebenfalls kurz unterkneten. Teig vierteln, dann jedes Teigviertel zu einer Rolle (je etwa 20 cm lang) formen. Teigrollen in Frischhaltefolie wickeln und eine Zeit lang in den Kühlschrank legen.

3. Den Backofen vorheizen.
Ober-/Unterhitze: etwa 180 °C
Heißluft: etwa 160 °C

4. Die Teigrollen in ½–1 cm dünne Scheiben schneiden. Die Teigscheiben mit etwas Abstand auf Backbleche (gefettet, mit Backpapier belegt) legen.

5. Die Backbleche nacheinander (bei Heißluft zusammen) in den vorgeheizten Backofen schieben. Die Kekse **etwa 15 Minuten je Backblech backen.**

6. Die Schokokekse mit Mandeln mit dem Backpapier von den Backblechen auf Kuchenroste ziehen und darauf erkalten lassen.

Schoko-Kirsch-Napfkuchen I

Beliebt
20 Stücke

Pro Stück: E: 3 g, F: 10 g, Kh: 21 g, kJ: 786, kcal: 188, BE: 1,6

Für den All-in-Teig:

200 g Weizenmehl
2 Pck. Dr. Oetker Pudding-Pulver Schokoladen-Geschmack
1 Pck. Dr. Oetker Backin
125 g Zucker
1 Pck. Dr. Oetker Bourbon-Vanille-Zucker
5 Eier (Größe M)
150 ml Speiseöl, z. B. Sonnenblumenöl
125 g Buttermilch
100 g Raspelschokolade
350 g abgetropfte Sauerkirschen (aus dem Glas)

Für den Guss:

100 g Vollmilch- oder Zartbitter-Schokolade (30–60 % Kakaoanteil)
1 TL Speiseöl, z. B. Sonnenblumenöl

Zubereitungszeit: 25 Minuten, ohne Abkühlzeit
Backzeit: etwa 1 Stunde und 10 Minuten

1. Den Backofen vorheizen.
Ober-/Unterhitze: etwa 180 °C
Heißluft: etwa 160 °C

2. Für den Teig Mehl mit Pudding-Pulver und Backpulver in einer Rührschüssel mischen. Zucker, Vanille-Zucker, Eier, Speiseöl und Buttermilch hinzufügen. Die Zutaten mit dem Mixer (Rührstäbe) zunächst kurz auf niedrigster, dann auf höchster Stufe in etwa 2 Minuten zu einem glatten Teig verarbeiten.

3. Raspelschokolade und Sauerkirschen vorsichtig unterheben. Den Teig in eine Gugelhupfform (Ø 22 cm, gefettet, bemehlt) geben und glatt streichen.

4. Die Form auf dem Rost in den vorgeheizten Backofen schieben. Den Kuchen **etwa 1 Stunde und 10 Minuten backen.**

5. Den Kuchen etwa 10 Minuten in der Form stehen lassen, dann aus der Form lösen, auf den Kuchenrost stürzen und erkalten lassen.

6. Für den Guss Schokolade in Stücke brechen, mit Öl unter Rühren im Wasserbad bei schwacher Hitze schmelzen. Den Kuchen so damit überziehen, dass der Guss in dicken „Nasen" herunterläuft . Guss fest werden lassen.

Tipps: Die Sauerkirschen für den Teig in einem Sieb sehr gut abtropfen lassen. Der Kuchen schmeckt auch mit einem Kirschsaft-Puderzucker-Guss aus 150 g Puderzucker und etwa 2 Esslöffeln Kirschsaft (von den Kirschen) sehr gut. Oder Sie bestäuben den Kuchen vor dem Servieren mit Puderzucker.

Schoko-Marmor-Kuchen I

Mögen schon die Kleinen

14 Stücke

Pro Stück: E: 7 g, F: 30 g, Kh: 48 g, kJ: 2080, kcal: 496, BE: 4,0

Für den Rührteig:

100 g Edelbitter-Schokolade (etwa 60 % Kakaoanteil)
300 g Butter oder Margarine (zimmerwarm)
250 g Zucker
1 Pck. Dr. Oetker Vanillin-Zucker
1 Röhrchen Rum-Aroma
1 Prise Salz
5 Eier (Größe M)
375 g Weizenmehl
4 gestr. TL Dr. Oetker Backin
3 EL Milch (1,5 % Fett)
20 g gesiebtes Kakaopulver
20 g Zucker
3 EL Milch (1,5 % Fett)

Für den Guss:

200 g Edelbitter-Schokolade (etwa 60 % Kakaoanteil)
2 TL Sonnenblumenöl

Zubereitungszeit: 25 Minuten, ohne Abkühlzeit
Backzeit: etwa 1 Stunde

1. Den Backofen vorheizen.
Ober-/Unterhitze: etwa 180 °C
Heißluft: etwa 160 °C

2. Für den Rührteig Schokolade in kleine Stücke hacken, beiseitestellen. Butter oder Margarine in einer Rührschüssel mit einem Mixer (Rührstäbe) auf höchster Stufe geschmeidig rühren. Zucker, Vanillin-Zucker, Aroma und Salz nach und nach unterrühren. So lange rühren, bis eine gebundene Masse entstanden ist.

3. Eier nach und nach unterrühren (jedes Ei etwa ½ Minute). Mehl mit Backpulver mischen und abwechselnd mit der Milch in 2 Portionen auf mittlerer Stufe kurz unterrühren.

4. Die Hälfte des Teiges in eine Gugelhupfform (Ø 24 cm, gefettet) geben und glatt streichen. Kakao und Zucker mischen, mit Milch und gehackter Schokolade unter den restlichen Teig rühren.

5. Den dunklen Teig in Klecksen auf dem hellen Teig verteilen. Mit einer Gabel spiralförmig so durch die Teigschichten ziehen, dass ein Marmormuster entsteht.

6. Die Form auf dem Rost in den vorgeheizten Backofen (unteres Drittel) schieben. Den Kuchen **etwa 1 Stunde backen.**

7. Die Form auf einen Kuchenrost stellen. Den Kuchen etwa 10 Minuten abkühlen lassen, dann auf einen mit Backpapier belegten Kuchenrost stürzen. Kuchen erkalten lassen.

8. Für den Guss Schokolade in Stücke brechen und mit dem Öl in einem kleinen Topf im Wasserbad bei schwacher Hitze unter Rühren schmelzen.

9. Die Schokolade gleichmäßig auf den Kuchen gießen, verteilen und fest werden lassen.

Tipps: Der Schokoladenguss hält den Kuchen auch über mehrere Tage schön saftig. So kann er auch für kleinere Familien als leckerer Vorrat zum Nachmittagskaffee gebacken werden. Wichtig ist es, die Anschnittkanten immer wieder gut mit Alu- oder Frischhaltefolie zuzudecken. Auch wenn gerade der Schokoladenguss diesen Kuchen besonders lecker macht, sollte man ihn im Sommer, wenn es warm ist, ganz klassisch einfach mit Puderzucker bestäuben oder mit Zuckerguss überziehen.

Schwedischer Mandelkuchen I

Mögen alle gern
16 Stücke

Pro Stück: E: 7 g, F: 24 g, Kh: 13 g, kJ: 1240, kcal: 296, BE: 1,0

Zum Vorbereiten:

200 g nicht abgezogene, gem. Mandeln
80 g gehobelte Mandeln

Für den Teig:

5 Eiweiß (Größe M)
1 Prise Salz
60 g Puderzucker
1 EL Speisestärke
2 gestr. TL Dr. Oetker Backin

Für die Mandelcreme:

100 g Zucker
125 g Schlagsahne (mind. 30 % Fett)
1 Pck. Dr. Oetker Bourbon-Vanille-Zucker
5 Eigelb (Größe M)
150 g Butter (zimmerwarm)
50 g Mandelmus (aus dem Glas)

Zum Bestäuben:

1 EL Puderzucker

Zubereitungszeit: 45 Minuten, ohne Kühlzeit
Backzeit: 25–30 Minuten

1. Zum Vorbereiten zunächst die nicht abgezogenen, gemahlenen Mandeln in einer Pfanne ohne Fett unter Wenden kurz rösten, danach auf einen Teller geben und erkalten lassen.

2. Die gehobelten Mandeln ebenso rösten und auf einem weiteren Teller erkalten lassen.

3. Den Backofen vorheizen.
Ober-/Unterhitze: etwa 170 °C
Heißluft: etwa 150 °C

4. Für den Teig Eiweiß und Salz mit einem Mixer (Rührstäbe) auf höchster Stufe steif schlagen und dabei den Puderzucker einrieseln lassen.

5. Die gerösteten, gemahlenen Mandeln mit Speisestärke und Backpulver mischen. Die Mandel-Stärke-Mischung unter den Eischnee heben.

6. Den Teig in eine Springform (Ø 26 cm, Boden gefettet) geben und glatt streichen. Die Form auf dem Rost in den vorgeheizten Backofen schieben und den Mandelkuchen **25–30 Minuten backen.**

7. In der Zwischenzeit für die Mandelcreme Zucker, Sahne und Vanille-Zucker in einen Topf geben. Die Zutaten kurz aufkochen lassen, anschließend in eine Edelstahlschüssel geben und das Eigelb unterrühren.

8. Die Edelstahlschüssel über einen Topf mit wenig kochendem Wasser hängen. Die Sahne-Eigelb-Masse über dem Wasserdampf so lange mit einem Schneebesen kräftig schlagen, bis sie dicklich wird. Die Schüssel beiseitestellen, die Masse erkalten lassen.

9. Die Springform auf einen Kuchenrost stellen. Den Mandelkuchen darin erkalten lassen. Anschließend den Kuchen aus der Form lösen und auf einen Kuchenrost legen.

10. Den Mandelkuchen einmal waagerecht durchschneiden. Den unteren Boden auf eine Tortenplatte legen.

11. Die Butter mit dem Mixer (Rührstäbe) cremig rühren. Mandelmus und Eigelbcreme unterrühren. Die Hälfte der Mandelcreme auf den unteren Mandelboden geben und glatt streichen.

12. Den oberen Mandelboden darauflegen, leicht andrücken, mit der restlichen Mandelcreme bestreichen.

13. Den Mandelkuchen mit den gerösteten, gehobelten Mandeln bestreuen. Den Mandelkuchen etwa 60 Minuten in den Kühlschrank stellen.

Tipp: Bestreuen Sie den Mandelkuchen zusätzlich mit etwas Haselnuss-Krokant.

Schweineöhrchen | Gut vorzubereiten

etwa 60 Stück

Pro Stück: E: 0 g, F: 1 g, Kh: 3 g, kJ: 99, kcal: 24, BE: 0,2

Für den Teig:

225 g TK-Blätterteig

Zum Bestreichen und Bestreuen:

25 g Butter
50 g Zucker
1 Pck. Dr. Oetker Vanillin-Zucker

Außerdem:

etwas Zucker

Zubereitungszeit: 25 Minuten, ohne Auftau- und Kühlzeit
Backzeit: etwa 15 Minuten je Backblech

1. Die Blätterteigplatten nebeneinander auf die Arbeitsfläche legen und nach Packungsanleitung auftauen lassen.

2. Butter in einem Topf zerlassen und etwas abkühlen lassen. Die Teigplatten aufeinanderlegen, auf einer leicht bemehlten Arbeitsfläche zu einem Rechteck (etwa 55 x 22 cm) ausrollen und mit der Butter bestreichen.

3. Zucker mit Vanillin-Zucker mischen. Den Teig gleichmäßig damit bestreuen. Von den beiden kurzen Seiten aus den Teig jeweils zur Mitte hin aufrollen, sodass die Rollen mittig aneinanderstoßen. Die Rollen fest zusammendrücken und in den Kühlschrank legen, bis der Teig schnittfest ist, etwa 30 Minuten.

4. Den Backofen vorheizen.
Ober-/Unterhitze: etwa 200 °C
Heißluft: etwa 180 °C

5. Die Teigrolle in knapp 1 cm dicke Scheiben schneiden und mit etwas Abstand auf Backbleche (gefettet, mit Backpapier belegt) legen.

6. Die Backbleche nacheinander (bei Heißluft zusammen) in den vorgeheizten Backofen schieben. Die Schweineöhrchen zunächst **etwa 10 Minuten backen.** Dann die Schweineöhrchen wenden und **weitere etwa 5 Minuten backen.**

7. Die Backbleche auf Kuchenroste stellen. Die Schweineöhrchen zunächst vorsichtig vom Backpapier lösen, dann noch heiß mit Zucker bestreuen und auf Kuchenrosten erkalten lassen.

Sesamringe | Mögen schon die Kleinen

4 Stück

Pro Stück: E: 13 g, F: 15 g, Kh: 74 g, kJ: 2069, kcal: 494, BE: 6,0

Für den Hefeteig:

375 g Weizenmehl (Type 550)
1 Pck. Dr. Oetker Trockenbackhefe
1 TL Salz
1 TL flüssiger Honig
250 ml lauwarmes Wasser
4 EL Speiseöl, z. B. Sonnenblumenöl

Zum Bestreichen und Bestreuen:

2 EL Wasser
30 g ungeschälte Sesamsamen

Zubereitungszeit: 45 Minuten, ohne Teiggehzeit
Backzeit: etwa 20 Minuten je Backblech

1. Für den Teig Mehl mit Hefe in einer Rührschüssel sorgfältig vermischen. Salz, Honig, Wasser und Öl hinzufügen. Die Zutaten mit einem Mixer (Knethaken) erst kurz auf niedrigster, dann auf höchster Stufe in etwa 5 Minuten zu einem glatten Teig verarbeiten. Den Teig zugedeckt so lange an einem warmen Ort gehen lassen, bis er sich sichtbar vergrößert hat, etwa 30 Minuten.

2. Teig leicht mit Mehl bestäuben und auf einer leicht bemehlten Arbeitsfläche nochmals kurz verkneten. Den Teig in 4 gleich große Portionen teilen. Aus jeder Portion eine Kugel formen.

3. In jede Teigkugel mit dem Handballen ein Loch drücken. Jeden Teigring von der Mitte aus mit den Händen vorsichtig auseinanderziehen. Durch Drehen des Teiges gleichmäßige Ringe formen (Ø innen etwa 9 cm).

4. Jeweils 2 Ringe mit etwas Abstand auf ein Backblech (gefettet, mit Backpapier belegt) legen.

5. Die Teigringe zugedeckt so lange an einem warmen Ort gehen lassen, bis sie sich sichtbar vergrößert haben, etwa 15 Minuten.

6. In der Zwischenzeit den Backofen vorheizen.
Ober-/Unterhitze: etwa 200 °C
Umluft: etwa 180 °C

7. Die Ringe mit Wasser bestreichen und mit Sesam bestreuen. Die Backbleche nacheinander (bei Heißluft zusammen) in den vorgeheizten Backofen schieben. Die Ringe **etwa 20 Minuten je Backblech backen.**

8. Die Sesamringe mit dem Backpapier auf einen Kuchenrost ziehen und erkalten lassen.

Shortbread-Scheiben I

Klassisch

etwa 50 Stück

Pro Stück: E: 1 g, F: 4 g, Kh: 8 g, kJ: 283, kcal: 67, BE: 0,5

Für den Knetteig:

300 g Weizenmehl
30 g Hartweizengrieß
100 g Zucker
1 Pck. Dr. Oetker Vanillin-Zucker
2 Eigelb (Größe M)
200 g Butter oder Margarine (zimmerwarm)
2 EL kaltes Wasser

Zum Bestreichen und Wälzen:

2 EL kaltes Wasser
2 EL Zucker

Zubereitungszeit: 40 Minuten, ohne Kühlzeit
Backzeit: 12–15 Minuten je Backblech

1. Für den Teig Mehl mit Grieß in einer Rührschüssel vermischen. Zucker, Vanillin-Zucker, Eigelb, Butter oder Margarine und Wasser hinzufügen. Die Zutaten mit einem Mixer (Knethaken) zunächst kurz auf niedrigster, dann auf höchster Stufe gut durcharbeiten.

2. Anschließend auf einer leicht bemehlten Arbeitsfläche kurz mit den Händen zu einem Teig verkneten. Sollte er kleben, ihn in Frischhaltefolie gewickelt eine Zeit lang in den Kühlschrank legen. Aus dem Teig 2 Rollen (je etwa 25 cm lang) formen.

3. Die Rollen in Frischhaltefolie wickeln und eine Zeit lang in den Kühlschrank legen.

4. Den Backofen vorheizen.
Ober-/Unterhitze: etwa 180 °C
Heißluft: etwa 160 °C

5. Den Zucker als länglichen Streifen auf einen Bogen Backpapier streuen. Die Teigrollen nacheinander erst mit Wasser bestreichen, dann mit leichtem Druck im Zucker wälzen. Den Zucker vorsichtig andrücken.

6. Die Teigrollen nacheinander mit einem Sägemesser in etwa 1 cm dicke Scheiben schneiden. Teigscheiben mit etwas Abstand auf Backbleche (gefettet, mit Backpapier belegt) legen.

7. Die Teigscheiben mehrfach mit einer Gabel einstechen. Backbleche nacheinander (bei Heißluft zusammen) in den vorgeheizten Backofen schieben. Die Kekse **12–15 Minuten je Backblech backen.**

8. Die Shortbread-Scheiben mit dem Backpapier von den Backblechen auf Kuchenroste ziehen und erkalten lassen.

Tipps: Shortbread (englisch für „mürbes Brot") stammt ursprünglich aus Schottland und darf dort zu keiner „Tea-Time" auf dem Tisch fehlen. Sie können es wie im Rezept beschrieben in Scheiben schneiden oder ganz einfach ausrollen und in längliche Streifen schneiden. Damit die Scheiben beim Schneiden ihre runde Form behalten, die Teigrollen dabei immer wieder drehen und beim Schneiden nicht zu fest drücken. Die Shortbread-Scheiben (oder -streifen) halten sich in gut schließenden Dosen etwa 2 Wochen. Da sie keinen Schokoladenüberzug haben, eignen sie sich ideal für unterwegs. So bleiben die Finger (und die Kleidung oder das Auto) sauber. Der Teig kann gut abgewandelt werden, sodass keine Langeweile in der Keksdose entsteht. Für dunkles Shortbread geben Sie einfach 1 gestrichenen Esslöffel gesiebtes Kakaopulver zusammen mit dem Vanillin-Zucker in den Teig. In dem Fall bitte zusätzlich knapp 1 Esslöffel Wasser mit in den Teig geben.

Smoothie-Cupcakes I

Zum Geburtstag

12 Stück

Pro Stück: E: 4 g, F: 14 g, Kh: 26 g,
kJ: 1059, kcal: 253, BE: 2,0

Für den Teig:

125 g Butter oder Margarine
200 g Weizenmehl
2 gestr. TL Dr. Oetker Backin
125 g gesiebter Puderzucker
1 Pck. Dr. Oetker Vanillin-Zucker
2 Eier (Größe M)
125 ml Milch (3,5 % Fett)

Für das Topping:

4 Blatt weiße Gelatine
250 ml roter Smoothie, z. B. Birne, Rote Bete und Ingwer (zimmerwarm)
200 g Schlagsahne (mind. 30 % Fett)
1 gestr. EL Zucker

Zum Garnieren:

etwas Puderzucker
12 Deko-Blüten aus Esspapier

Außerdem:

12 Muffin-Papierbackförmchen

Zubereitungszeit: 50 Minuten, ohne Kühlzeit
Backzeit: 20–25 Minuten

1. Für den Teig die Butter oder Margarine zerlassen und lauwarm abkühlen lassen.

2. Den Backofen vorheizen.
Ober-/Unterhitze: etwa 180 °C
Heißluft: etwa 160 °C

3. Mehl, Backpulver, Puderzucker und Vanillin-Zucker in einer Schüssel sorgfältig vermischen. Eier, lauwarme Butter oder Margarine und Milch hinzugeben. Die Zutaten mit einem Schneebesen zu einem glatten Teig verarbeiten.

4. Den Teig mit einem Esslöffel gleichmäßig in einer Muffinform (für 12 Muffins, mit Papierbackförmchen ausgelegt) verteilen.

5. Die Muffinform auf dem Rost in den vorgeheizten Backofen schieben und die Muffins **20–25 Minuten backen.**

6. Die Form auf einen Kuchenrost stellen. Muffins etwa 5 Minuten abkühlen lassen. Dann vorsichtig aus der Form lösen, auf dem Kuchenrost erkalten lassen.

7. Von jedem Muffin mit einem Sägemesser einen Deckel (etwa ½ cm dick) abschneiden. Die Biskuitdeckel beiseitelegen. Muffins mit einem Teelöffel vorsichtig etwas aushöhlen.

8. Für das Topping Gelatine nach Packungsanleitung einweichen. Die Gelatine leicht ausdrücken und in einem kleinen Topf bei schwacher Hitze unter Rühren auflösen. Zunächst etwa 6 Esslöffel vom Smoothie in die aufgelöste Gelatinemischung geben und verrühren. Dann diese Mischung unter den restlichen Smoothie rühren. Smoothie-Gelatine-Mischung in den Kühlschrank stellen, dabei zwischendurch mit einem Schneebesen umrühren.

9. Die Sahne mit dem Zucker steif schlagen. Sobald die Smoothie-Mischung dicklich wird, die Sahne mit dem Schneebesen vorsichtig unterheben und danach die Smoothie-Sahne in einen Spritzbeutel mit Lochtülle (Ø etwa 1 ½ cm) füllen. Die Muffins mit der Smoothie-Sahne füllen und den Gebäckdeckel daraufsetzen. Cupcakes zugedeckt etwa 2 Stunden in den Kühlschrank stellen.

10. Die Smoothie-Cupcakes mit Puderzucker und Deko-Blüten garnieren.

Tipps: Die übrig gebliebenen Gebäckbrösel können sehr gut in einer kleinen Pfanne bei mittlerer Hitze mit etwas Butter und 1 Esslöffel Zucker geröstet werden. Einige gehackte Nüsse oder Mandeln hinzugeben, die Brösel abkühlen lassen und in ein dicht schließendes Schraubglas geben. So erhält man ein prima Topping für einen einfachen Joghurt, ein Fruchtdessert oder ein Eis.

Smoothie-Muffins I

Gut zum Mitnehmen – schnell

12 Stück

Pro Stück: E: 3 g, F: 10 g, Kh: 39 g, kJ: 1069, kcal: 255, BE: 3,0

Zum Vorbereiten:

1	*Bio-Zitrone (unbehandelt, ungewachst)*

Für den Teig:

250 g	*Weizenmehl*
3 gestr. TL	*Dr. Oetker Backin*
1 Prise	*Salz*
120 g	*Zucker*
250 ml	*Smoothie (Fruchtmark und -saft aus Erdbeeren, Bananen, Äpfeln, aus dem Kühlregal)*
100 ml	*Speiseöl, z. B. Maiskeimöl*
1	*Ei (Größe M)*

Zum Garnieren:

6	*Erdbeeren (etwa 80 g)*
120 g	*Puderzucker*

Zubereitungszeit: 25 Minuten, ohne Abkühlzeit
Backzeit: etwa 25 Minuten

1. Zum Vorbereiten Zitrone heiß abwaschen, abtrocknen und die Schale fein abreiben. Danach die Zitrone halbieren und den Saft auspressen. 1–2 Esslöffel von dem Saft abmessen und für den Guss beiseitestellen.

2. Den Backofen vorheizen.
Ober-/Unterhitze: etwa 180 °C
Heißluft: etwa 160 °C

3. Für den Teig Mehl, Backpulver, Salz, Zitronenschale und Zucker in einer Rührschüssel mit einem Schneebesen verrühren.

4. Smoothie, Speiseöl und Ei in einem Rührbecher mit dem Schneebesen verrühren. Die flüssigen Zutaten zu der Mehlmischung in die Rührschüssel geben und zu einem glatten Teig verrühren. Den Teig in eine Muffinform (für 12 Muffins, gefettet, bemehlt) geben und glatt streichen.

5. Die Form auf dem Rost in den vorgeheizten Backofen schieben. Muffins **etwa 25 Minuten backen.**

6. Die Form auf einen Kuchenrost stellen. Muffins etwa 5 Minuten in der Form abkühlen lassen, dann aus der Form lösen und auf dem Kuchenrost erkalten lassen.

7. Zum Garnieren Erdbeeren abspülen, trocken tupfen, entstielen und vierteln.

8. Puderzucker mit dem beiseitegestellten Zitronensaft zu einem dicken Guss verrühren, auf den Muffins verteilen und mit den Erdbeervierteln belegen. Guss fest werden lassen.

Tipps: Benötigen Sie z. B. für eine Geburtstagsfeier im Kindergarten oder in der Schule eine größere Menge an Smoothie-Muffins, können Sie sie gut vorbereiten: Bereiten Sie dafür den Teig in der benötigten Menge (etwa 24 oder 36 Muffins) wie beschrieben zu. Backen Sie die Muffins wie beschrieben und frieren Sie sie sofort nach dem Erkalten gut verpackt ein. Die Muffins vor dem Servieren bei Zimmertemperatur in der Verpackung auftauen lassen und wie im Rezept ab Punkt 7 beschrieben weiterverarbeiten. Statt Erdbeeren können die Smoothie-Muffins auch mit Heidelbeeren garniert werden.

Smoothietorte | Zum Geburtstag

12 Stücke

Pro Stück: E: 5 g, F: 16 g, Kh: 36 g, kJ: 1298, kcal: 310, BE: 3,0

Für den All-in-Teig:

100 g Weizenmehl
2 gestr. TL Dr. Oetker Backin
1 Pck. Dr. Oetker Pudding-Pulver Vanille-Geschmack
100 g Zucker
3 Eier (Größe M)
75 ml Speiseöl, z. B. Sonnenblumenöl

Für den roten Belag (1. Schicht):

4 Blatt weiße Gelatine
250 ml roter Smoothie
75 g Zucker
200 g Schmand (Sauerrahm)
etwa ½ reife Mango (Fruchtfleisch etwa 100 g)

Für den gelben Belag (2. Schicht):

4 Blatt weiße Gelatine
250 ml gelber Smoothie
60 g Zucker
200 g Schmand (Sauerrahm)

Zubereitungszeit: 40 Minuten, ohne Kühlzeit
Backzeit: etwa 20 Minuten

1. Den Backofen vorheizen.
Ober-/Unterhitze: etwa 180 °C
Heißluft: etwa 160 °C

2. Für den Teig Mehl mit Backpulver und Pudding-Pulver in einer Rührschüssel mischen. Restliche Zutaten hinzufügen und mit dem Mixer (Rührstäbe) zunächst kurz auf niedrigster, dann auf höchster Stufe in etwa 2 Minuten zu einem glatten Teig verarbeiten. Den Teig in eine Springform (Ø 26 cm, gefettet) geben und glatt streichen.

3. Die Form auf dem Rost in den vorgeheizten Backofen schieben und den Teigboden **etwa 20 Minuten backen.**

4. Den Tortenboden aus der Form lösen, auf einen mit Backpapier belegten Kuchenrost legen und erkalten lassen. Dann von dem Boden eine dünne Kuppe abschneiden, dabei einen etwa 2 cm breiten Rand stehen lassen. Gebäckkuppe fein zerbröseln und beiseitestellen. Den Tortenboden auf eine Tortenplatte legen. Einen Tortenring darumstellen.

5. Für den roten Belag Gelatine nach Packungsanleitung einweichen. Gelatine leicht ausdrücken und in einem kleinen Topf bei schwacher Hitze unter Rühren auflösen. Roten Smoothie mit Zucker und Schmand verrühren. Gelatine zuerst mit 2–3 Esslöffeln der Smoothie-Schmand-Masse verrühren, dann unter die restliche Smoothie-Schmand-Masse rühren. Die Masse in den Kühlschrank stellen, bis sie anfängt zu gelieren.

6. Die Smoothie-Schmand-Masse auf den Tortenboden geben und glatt streichen. Die Torte in den Kühlschrank stellen. Mangohälfte schälen und klein würfeln.

7. Für den gelben Belag Gelatine wie unter Punkt 5 beschrieben einweichen und auflösen. Den gelben Smoothie mit Zucker und gut der Hälfte des Schmands verrühren. Gelatine wie zuvor beschrieben unterrühren und kalt stellen. Wenn die Masse anfängt zu gelieren, diese auf die 1. Schicht geben.

8. Die Mangowürfel sofort in kleinen Häufchen auf der Tortenoberfläche verteilen, dabei leicht in die Masse drücken.

9. Restlichen Schmand in einen Gefrierbeutel füllen und eine kleine Ecke abschneiden. Kleine Tuffs auf die Torte spritzen. Die Torte mindestens 3 Stunden in den Kühlschrank stellen.

10. Vor dem Servieren die beiseitegelegten Gebäckbrösel nach Belieben in einer Pfanne ohne Fett unter Wenden leicht bräunen, anschließend herausnehmen und auf einem Teller erkalten lassen.

11. Den Tortenring lösen und entfernen. Die Gebäckbrösel auf den oberen Tortenrand streuen. Die Torte in Stücke schneiden und servieren.

Sommertorte mit Mandarinen

Ohne Backen

12 Stücke

Pro Stück: E: 8 g, F: 20 g, Kh: 40 g, kJ: 1578, kcal: 377, BE: 3,5

Zum Vorbereiten:

1 Beutel aus 1 Pck. Dr. Oetker Götterspeise Zitronen-Geschmack
375 ml klarer Apfelsaft
75 g Zucker

Für den Boden:

150 g Butterkekse
100 g Butter

Für den Belag und zum Garnieren:

350 g abgetropfte Mandarinen (aus Dosen)
1 Beutel aus 1 Pck. Dr. Oetker Götterspeise Zitronen-Geschmack
150 g Zucker
400 g gekühlte Schlagsahne (mind. 30 % Fett)
250 g Magerquark

Zubereitungszeit: 50 Minuten, ohne Kühlzeit

1. Zum Vorbereiten Götterspeise mit Fruchtsaft und Zucker nach Packungsanleitung zubereiten, in eine flache Form (Auflaufform) geben und im Kühlschrank fest werden lassen.

2. Für den Boden Butterkekse in einen Gefrierbeutel geben. Den Beutel verschließen. Die Butterkekse mit einer Teigrolle fein zerbröseln und in eine Rührschüssel geben. Butter zerlassen, zu den Bröseln geben und gut verrühren.

3. Einen Springformrand (Ø 26 cm) auf eine mit Tortenspitze oder Backpapier belegte Tortenplatte stellen. Die Bröselmasse darin gleichmäßig verteilen und mit einem Löffel gut zu einem Boden andrücken. Den Tortenboden bis zur Weiterverwendung in den Kühlschrank stellen.

4. Für den Belag die Mandarinen in einem Sieb abtropfen lassen, dabei den Saft auffangen. 350 ml davon abmessen, evtl. mit etwas Wasser auffüllen. Die Götterspeise mit dem Mandarinensaft-Wasser-Gemisch und Zucker nach Packungsanleitung zubereiten. Götterspeise abkühlen lassen, dann in den Kühlschrank stellen.

5. Sahne steif schlagen. Sobald die Götterspeise anfängt dicklich zu werden, erst den Quark unterrühren, dann die steif geschlagene Sahne unterheben. Ein Drittel der Creme auf dem Boden verstreichen. Etwa zwei Drittel der Mandarinen darauf verteilen. Übrige Creme darauf verstreichen. Die Torte etwa 3 Stunden in den Kühlschrank stellen.

6. Zum Garnieren aus der vorbereiteten, fest gewordenen Götterspeise verschiedene Motive ausstechen oder -schneiden, dazu die Götterspeise auf eine Platte stürzen. Die Torte mit den Götterspeisemotiven und restlichen Mandarinen garnieren und bis zum Servieren in den Kühlschrank stellen.

Sonnenblumen-Kürbiskern-Knusperchen | Gut zum Mitnehmen

etwa 48 Stück

Pro Stück: E: 1 g, F: 4 g, Kh: 4 g, kJ: 216, kcal: 52, BE: 0,5

Für die Körnermasse:

40 g Butter
1 Bio-Zitrone (unbehandelt, ungewachst)
170 g Sonnenblumenkerne
100 g Kürbiskerne
120 g Zucker
20 g Weizenmehl
1 Eigelb (Größe M)

Zubereitungszeit: 20 Minuten, ohne Abkühlzeit
Backzeit: etwa 12 Minuten

1. Für die Körnermasse die Butter zerlassen und abkühlen lassen. Zitrone heiß abwaschen, abtrocknen und die Schale fein abreiben. Die Zitrone halbieren und den Saft auspressen.

2. Den Backofen vorheizen.
Ober-/Unterhitze: etwa 200 °C
Heißluft: etwa 180 °C

3. Sonnenblumenkerne mit Kürbiskernen, Zitronenschale, Zucker und Mehl mischen. Die zerlassene Butter, 2–3 Esslöffel Zitronensaft und das Eigelb unterrühren.

4. Die Körnermasse auf ein Backblech (30 x 40 cm, gefettet, mit Backpapier belegt) geben und mit einem Löffel gleichmäßig verstreichen. Das Backblech in den vorgeheizten Backofen schieben. Die Körnerplatte **etwa 12 Minuten backen.**

5. Das Backblech auf einen Kuchenrost stellen. Die Körnerplatte etwas abkühlen lassen, anschließend noch warm mit einem Sägemesser in Quadrate (etwa 5 x 5 cm) schneiden und erkalten lassen.

Tipps: Das lauwarme Gebäck mit Raspelschokolade oder gehackter, weißer Schokolade (Foto) bestreuen. Die Knusperchen halten sich in gut schließenden Dosen etwa 2 Wochen.

Spaghetti-Kuchen | Erfrischend

20 Stücke

Pro Stück: E: 8 g, F: 18 g, Kh: 34 g, kJ: 1377, kcal: 328, BE: 3,0

Für den Biskuitteig:

4 Eier (Größe M)
4 EL heißes Wasser
125 g Zucker
1 Pck. Dr. Oetker Vanillin-Zucker
125 g Weizenmehl
25 g Speisestärke
1 gestr. TL Dr. Oetker Backin

Für den Belag:

500 g Schlagsahne (mind. 30 % Fett)
1 Pck. Käse-Sahne-Tortencreme (Cremepulver)
200 ml warmes Wasser
500 g Magerquark

Für die „Spaghetti“:

500 g Schlagsahne (mind. 30 % Fett)
100 g Instant-Getränkepulver Orangen-Geschmack
1 Pck. Käse-Sahne-Tortencreme (Cremepulver)
200 ml warmes Wasser

Für die Erdbeersauce:

500 g Erdbeeren
2 Pck. Dekorzucker aus den Käse-Sahne-Tortencreme-Packungen (je 20 g)

Zubereitungszeit: 1 Stunde, ohne Kühlzeit
Backzeit: etwa 10 Minuten

1. Den Backofen vorheizen.
Ober-/Unterhitze: etwa 200 °C
Heißluft: etwa 180 °C

2. Für den Teig die Eier und Wasser mit einem Mixer (Rührstäbe) auf höchster Stufe in 1 Minute schaumig schlagen. Zucker mit Vanillin-Zucker mischen, unter Rühren in 1 Minute einstreuen, dann noch etwa 2 Minuten schlagen. Mehl mit Speisestärke und Backpulver mischen, auf die Eiercreme geben und kurz auf niedrigster Stufe unterrühren.

3. Einen Backrahmen auf ein Backblech (30 x 40 cm, gefettet, bemehlt) stellen. Den Teig gleichmäßig in dem Backrahmen verteilen. Das Backblech in den vorgeheizten Backofen schieben. Den Biskuitboden **etwa 10 Minuten backen.**

4. Das Backblech auf einen Kuchenrost stellen. Den Biskuitboden darauf erkalten lassen.

5. Für den Belag die Sahne steif schlagen. Cremepulver in eine Rührschüssel geben, Wasser hinzufügen und mit einem Schneebesen etwa ½ Minute gut verrühren. Zunächst den Quark in 2–3 Portionen zügig unterrühren, dann die Sahne unterheben.

6. Die Creme auf den Biskuitboden geben und glatt streichen. Das Backblech in den Kühlschrank stellen. Die Creme fest werden lassen.

7. Für die „Spaghetti“ Sahne steif schlagen. Das Getränkepulver mit dem Cremepulver verrühren. Wasser hinzufügen und mit einem Schneebesen etwa ½ Minute verrühren. Geschlagene Sahne unterheben.

8. Die Sahnemasse portionsweise in einen Gefrierbeutel geben und eine kleine Ecke abschneiden. Die Sahne wie „Spaghetti-Nester“ auf die Cremeschicht spritzen (auf dem Kuchen vorher evtl. Kuchenstücke markieren).

9. Für die Sauce die Erdbeeren putzen, abspülen, trocken tupfen und entstielen. Erdbeeren mit dem Dekorzucker pürieren. Kurz vor dem Servieren die Erdbeersauce mithilfe eines Esslöffels auf den „Spaghetti-Nestern“ verteilen. Restliche Erdbeersauce dazu servieren.

Tipps: Statt mit Erdbeeren schmeckt die Sauce auch mit Himbeeren sehr gut. Geben Sie einige weiße Schokoladenraspel auf die Sauce. Sie können die Sauce statt mit frischen Früchten auch mit aufgetauten TK-Früchten zubereiten.

Spiegeleierkuchen | Beliebt

20 Stücke

Pro Stück: E: 5 g, F: 16 g, Kh: 37 g,
kJ: 1352, kcal: 324, BE: 3,0

Zum Vorbereiten für den Belag:

2 Pck. Dr. Oetker Pudding-Pulver Vanille-Geschmack
80 g Zucker
750 ml Milch (3,5 % Fett)
480 g abgetropfte Aprikosenhälften (aus Dosen)
500 g Crème fraîche

Für den Rührteig:

150 g Butter oder Margarine (zimmerwarm)
150 g Zucker
1 Pck. Dr. Oetker Vanillin-Zucker
1 Prise Salz
3 Eier (Größe M)
300 g Weizenmehl
2 gestr. TL Dr. Oetker Backin
2 EL Milch (3,5 % Fett)

Für den Guss:

2 Pck. ungezuckerter Tortenguss, klar
50 g Zucker

Zubereitungszeit: 30 Minuten, ohne Abkühlzeit
Backzeit: etwa 35 Minuten

1. Zum Vorbereiten für den Belag aus Pudding-Pulver, Zucker und Milch einen Pudding nach Packungsanleitung, aber mit den hier angegebenen Mengen, zubereiten. Den Pudding etwas abkühlen lassen, dabei gelegentlich umrühren.

2. Den Backofen vorheizen.
Ober-/Unterhitze: etwa 180 °C
Heißluft: etwa 160 °C

3. Von den Aprikosenhälften den Saft auffangen und 500 ml davon abmessen, evtl. mit Wasser auffüllen. Saft für den Guss beiseitestellen. Crème fraîche unter den abgekühlten Pudding rühren.

4. Einen Backrahmen auf ein Backblech (30 x 40 cm, gefettet) stellen.

5. Für den Teig Butter oder Margarine mit einem Mixer (Rührstäbe) auf höchster Stufe geschmeidig rühren. Zucker, Vanillin-Zucker und Salz nach und nach unterrühren. So lange rühren, bis eine gebundene Masse entstanden ist. Eier nach und nach unterrühren (jedes Ei etwa ½ Minute).

6. Mehl mit Backpulver mischen, abwechselnd in 2 Portionen mit der Milch kurz auf mittlerer Stufe unterrühren. Den Teig in den Backrahmen geben und glatt streichen.

7. Die vorbereitete Puddingcreme gleichmäßig auf dem Teig verteilen.

8. Die Aprikosenhälften mit der Wölbung nach oben mit etwas Abstand darauflegen.

9. Das Backblech in den vorgeheizten Backofen schieben. Den Spiegeleierkuchen **etwa 35 Minuten backen.**

10. Das Backblech auf einen Kuchenrost stellen. Den Kuchen darauf erkalten lassen.

11. Für den Guss aus Tortengusspulver, Zucker und dem beiseitegestellten Aprikosensaft einen Guss nach Packungsanleitung zubereiten. Den Guss zügig auf dem Kuchen verteilen. Guss fest werden lassen. Dann den Backrahmen vorsichtig mit einem Messer lösen und entfernen.

Rezeptvariante: Für einen **Aprikosenkuchen vom Blech** einen Rührteig wie im Rezept angegeben zubereiten. Den Backrahmen auf das gefettete Backblech stellen und den Teig darin verstreichen. 480 g abgetropfte Aprikosenhälften (aus der Dose) mit der Wölbung nach oben auf dem Teig verteilen. 50 g gehobelte Mandeln auf den Teig streuen. Den Kuchen wie im Rezept angegeben etwa 30 Minuten backen und anschließend die Aprikosenhälften sofort mit 50 g durch ein Sieb gestrichener Aprikosenkonfitüre bestreichen. Den Backrahmen lösen und entfernen. Den erkalteten Kuchen mit etwas Puderzucker bestäuben.

Spritzgebäck-Tupfen | Klassisch

etwa 70 Stück

Pro Stück: E: 1 g, F: 4 g, Kh: 7 g, kJ: 283, kcal: 68, BE: 0,5

Zum Garnieren:

70 g rote Belegkirschen

Für den Rührteig:

250 g Butter oder Margarine (zimmerwarm)
175 g Zucker
1 Pck. Dr. Oetker Vanillin-Zucker
1 Ei (Größe M)
175 g Weizenmehl
175 g Speisestärke
100 g abgezogene, gem. Mandeln

Zubereitungszeit: 45 Minuten, ohne Abkühlzeit
Backzeit: etwa 15 Minuten je Backblech

1. Zum Garnieren die Kirschen in Viertel schneiden, dabei die Messerklinge immer wieder in heißes Wasser tauchen.

2. Für den Teig Butter oder Margarine in einer Rührschüssel mit einem Mixer (Rührstäbe) auf höchster Stufe geschmeidig rühren. Zucker und Vanillin-Zucker nach und nach unterrühren. So lange rühren, bis eine gebundene Masse entstanden ist.

3. Ei unterrühren (etwa ½ Minute). Mehl mit Stärke mischen und in 2 Portionen kurz auf mittlerer Stufe unterrühren. Die Mandeln unterrühren.

4. Den Backofen vorheizen.
Ober-/Unterhitze: etwa 180 °C
Heißluft: etwa 160 °C

5. Ein Drittel des Teiges in einen Spritzbeutel (Sterntülle Ø mindestens 1 cm) füllen. Den Teig in Tupfen (Ø etwa 4 cm) auf Backbleche (gefettet, mit Backpapier belegt) spritzen, dabei genügend Abstand zwischen den Tupfen lassen (das Spritzgebäck läuft beim Backen etwas auseinander) und mit jeweils 1 Kirschstück belegen. Restlichen Teig ebenso auf die Backbleche spritzen.

6. Die Backbleche nacheinander (bei Heißluft zusammen) in den vorgeheizten Backofen schieben. Die Kekse **etwa 15 Minuten je Backblech backen.**

7. Die Kekse mit dem Backpapier von den Backblechen auf Kuchenroste ziehen und darauf erkalten lassen.

Stachelbeerkuchen | Einfach

12 Stücke

Pro Stück: E: 5 g, F: 15 g, Kh: 35 g, kJ: 1252, kcal: 299, BE: 3,0

Zum Vorbereiten:

125 g Butter oder Margarine

Für den All-in-Teig:

250 g Weizenmehl
3 gestr. TL Dr. Oetker Backin
150 g Puderzucker
1 Pck. Dr. Oetker Bourbon-Vanille-Zucker
1 Prise Salz
4 Eier (Größe M)
200 g Schmand (Sauerrahm)

Für den Belag:

360 g abgetropfte Stachelbeeren (aus dem Glas)

Zum Bestäuben:

1 EL Puderzucker

Zubereitungszeit: 20 Minuten, ohne Abkühlzeit
Backzeit: 40–45 Minuten

1. Zum Vorbereiten Butter oder Margarine zerlassen und abkühlen lassen.

2. Den Backofen vorheizen.
Ober-/Unterhitze: etwa 180 °C
Heißluft: etwa 160 °C

3. Für den Teig Mehl mit Backpulver in einer Rührschüssel vermischen. Puderzucker, Vanille-Zucker, Salz, Eier, Schmand und zerlassenes Fett hinzufügen, mit einem Mixer (Rührbesen) auf höchster Stufe in 1 Minute zu einem glatten Teig verarbeiten.

4. Den Teig in eine Springform (Ø 26 cm, Boden gefettet) geben und glatt streichen. Die Stachelbeeren gleichmäßig auf dem Teig verteilen, dabei am Rand etwa 1 cm frei lassen.

5. Die Form auf dem Rost in den vorgeheizten Backofen schieben. Den Kuchen **40–45 Minuten backen.**

6. Die Form auf einen Kuchenrost stellen. Den Kuchen etwa 10 Minuten abkühlen lassen, dann mit einem Messer aus der Form lösen und auf einem mit Backpapier belegten Kuchenrost erkalten lassen.

7. Vor dem Servieren den Kuchen mit Puderzucker bestäuben.

Stockbrot | Beliebt – klassisch

12 Stück

Pro Stück: E: 10 g, F: 13 g, Kh: 63 g, kJ: 1714, kcal: 409, BE: 5,0

Für den Hefeteig:

1 kg Weizenmehl
2 Pck. Dr. Oetker Trockenbackhefe
1 TL Zucker
1 gestr. EL Salz
500 ml lauwarme Milch (3,5 % Fett)
etwa 150 g Butter oder Margarine (zimmerwarm)

Außerdem:

12 Stöcke (80–100 cm lang, Ø 1–2 cm), z. B. Weide oder Haselnuss
evtl. Alufolie

Zubereitungszeit: 30 Minuten, ohne Teiggehzeit
Grillzeit: 12–15 Minuten

1. Für den Teig das Mehl in die Rührschüssel einer Küchenmaschine geben und mit Trockenbackhefe sorgfältig vermischen. Zucker, Salz, Milch und Butter oder Margarine hinzufügen. Die Zutaten mit der Küchenmaschine (Knethaken) zunächst kurz auf niedrigster, dann auf höchster Stufe in etwa 5 Minuten zu einem glatten Teig verarbeiten. (Oder die Teigzutaten halbieren und jeweils mit einem Mixer [Knethaken] verarbeiten.) Den Teig zugedeckt so lange an einem warmen Ort gehen lassen, bis er sich sichtbar vergrößert hat, etwa 30 Minuten.

2. Die Stöcke säubern und nach Belieben fest mit Alufolie umwickeln.

3. Den Teig in 12 gleich große Portionen teilen und diese zu langen dünnen Rollen formen. Die Rollen spiralförmig, jeweils an der Spitze beginnend, um die vorbereiteten Stöcke wickeln. Der Teig darf nicht zu dick sein, damit er gleichmäßig backen kann.

4. Die so vorbereiteten Stockbrote unter ständigem Drehen 12–15 Minuten über der Glut des Grills oder des Lagerfeuers backen. Es sollten keine Flammen mehr hochschlagen, da das Stockbrot sonst außen zu dunkel wird und der Teig direkt am Holz noch nicht durchgebacken ist.

Tipp: Den Teig können Sie bereits 4–5 Stunden vorher zubereiten und zugedeckt in den Kühlschrank stellen. Den Teig etwa 30 Minuten vor dem Grillen aus dem Kühlschrank nehmen, warm gestellt noch etwa 15 Minuten gehen lassen und dann wie beschrieben zu Stockbroten verarbeiten.

Street-Fashion-Cookies I

Zum Geburtstag

etwa 30 Stück

Pro Stück: E: 1 g, F: 4 g, Kh: 22 g, kJ: 559, kcal: 134, BE: 2,0

Für den Knetteig:

250 g	*Weizenmehl*
knapp ½ TL	*Dr. Oetker Backin*
100 g	*Puderzucker*
1 Pck.	*Dr. Oetker Finesse Geriebene Zitronenschale*
150 g	*Butter oder Margarine (zimmerwarm)*
1	*Eiweiß (Größe M)*

Für den Guss und zum Verzieren:

300 g	*Puderzucker*
etwa 5 EL	*Zitronensaft*
einige Tropfen	*gelbe, rote, grüne und blaue Speisefarbe*
	Zuckerperlen
	Zuckerschrift

Außerdem:

je 1	*Ausstechförmchen Kleid, Handtasche, Parfümflacon (Internet)*

Zubereitungszeit: 1 Stunde 30 Minuten, ohne Abkühl- und Trockenzeit
Backzeit: etwa 13 Minuten je Backblech

1. Für den Teig Mehl mit Backpulver in einer Rührschüssel mischen. Restliche Zutaten hinzufügen und mit einem Mixer (Knethaken) zunächst kurz auf niedrigster, dann auf höchster Stufe gut durcharbeiten. Anschließend auf einer leicht bemehlten Arbeitsfläche kurz zu einem Teig verkneten. Sollte er kleben, ihn in Frischhaltefolie gewickelt eine Zeit lang in den Kühlschrank legen.

2. Den Backofen vorheizen.
Ober-/Unterhitze: etwa 180 °C
Heißluft: etwa 160 °C

3. Den Teig auf einer leicht mit Mehl bestäubten Arbeitsfläche etwa 3 mm dick ausrollen. Aus der Teigplatte Kleider, Flakons und Handtaschen ausstechen. Teigplätzchen vorsichtig auf Backbleche (gefettet, mit Backpapier belegt) legen.

4. Die Backbleche nacheinander (bei Heißluft zusammen) in den vorgeheizten Backofen schieben. Die Plätzchen **etwa 13 Minuten je Backblech backen.**

5. Dann die Plätzchen mit dem Backpapier auf Kuchenroste ziehen und darauf erkalten lassen.

6. Für den Guss Puderzucker in einer kleinen Schüssel mit so viel Zitronensaft verrühren, dass ein zähflüssiger Guss entsteht. Den Guss in 4–6 Portionen teilen. Jede Portion in ein kleines Schälchen geben und je nach gewünschter Farbe unterschiedlich mit Speisefarbe einfärben.

7. Die Plätzchen mit Zuckerguss bestreichen. Den noch feuchten Guss mit Zuckerperlen verzieren. Guss trocknen lassen.

8. Mit der Zuckerschrift Pünktchen oder Streifen aufmalen. Eventuell einen Rest vom Zuckerguss in einen kleinen Gefrierbeutel geben. Beutel gut verschließen. Dann eine kleine Spitze abschneiden und damit die Verzierungen aufmalen.

Streuselkuchen I

Klassisch – einfach

20 Stücke

Pro Stück: E: 4 g, F: 12 g, Kh: 36 g, kJ: 1129, kcal: 270, BE: 3,0

Für den Hefeteig:

200 ml Milch (3,5 % Fett)
50 g Butter oder Margarine
375 g Weizenmehl
1 Pck. Dr. Oetker Trockenbackhefe
50 g Zucker
1 Pck. Dr. Oetker Vanillin-Zucker
1 Prise Salz
1 Ei (Größe M)

Für die Streusel:

200 g Butter
300 g Weizenmehl
150 g Zucker
1 Pck. Dr. Oetker Vanillin-Zucker
1/2 TL gem. Zimt

Zubereitungszeit: 35 Minuten, ohne Teiggeh- und Abkühlzeit
Backzeit: etwa 20 Minuten

1. Für den Teig Milch erwärmen und Butter oder Margarine darin zerlassen. Lauwarm abkühlen lassen.

2. Das Mehl in eine Rührschüssel geben und mit der Trockenbackhefe sorgfältig vermischen. Zucker, Vanillin-Zucker, Salz, Ei und die lauwarme Milch-Butter-Mischung hinzufügen. Die Zutaten mit einem Mixer (Knethaken) zunächst kurz auf niedrigster, dann auf höchster Stufe in etwa 5 Minuten zu einem glatten Teig verarbeiten.

3. Den Teig zugedeckt so lange an einem warmen Ort gehen lassen, bis er sich sichtbar vergrößert hat, etwa 20 Minuten.

4. Für die Streusel Butter zerlassen und lauwarm abkühlen lassen. Mehl, Zucker, Vanillin-Zucker und Zimt in eine Rührschüssel geben. Die flüssige Butter hinzufügen.

5. Die Zutaten mit dem Mixer (Rührstäbe) zunächst kurz auf niedrigster, dann auf höchster Stufe zu Streuseln von gewünschter Größe verarbeiten.

6. Den Hefeteig auf einer leicht bemehlten Arbeitsfläche nochmals kurz verkneten. Anschließend auf einem Backblech (30 x 40 cm, gefettet) ausrollen.

7. Die Streusel gleichmäßig auf der Teigplatte verteilen. Den Teig zugedeckt nochmals so lange an einem warmen Ort gehen lassen, bis er sich sichtbar vergrößert hat, etwa 15 Minuten.

8. In der Zwischenzeit den Backofen vorheizen.
Ober-/Unterhitze: etwa 200 °C
Heißluft: etwa 180 °C

9. Backblech in den vorgeheizten Backofen schieben. Den Streuselkuchen **etwa 20 Minuten backen.**

10. Das Backblech auf einen Kuchenrost stellen. Den Streuselkuchen darauf erkalten lassen.

Tipp: Die Butter für die Streusel darf nur knapp lauwarm sein, sonst gelingen die Streusel nicht. Besonders gut schmeckt der Streuselkuchen natürlich, wenn er ganz frisch ist. Da es bei Familien morgens zeitlich meist immer knapp ist, kann der Teig über Nacht ganz langsam im Kühlschrank aufgehen. Das sorgt für eine ganz besonders feine Porung und ein intensives Aroma. Dafür den Teig bis einschließlich Punkt 7 zubereiten und das Backblech zugedeckt in den Kühlschrank stellen. Am nächsten Morgen zunächst das Backblech aus dem Kühlschrank nehmen, dann den Backofen vorheizen und den Kuchen wie beschrieben backen.

Streuselkuchen aus Thüringen I

Gut zum Mitnehmen

20 Stücke

Pro Stück: E: 5 g, F: 8 g, Kh: 39 g, kJ: 1477, kcal: 353, BE: 3,0

Für den Hefeteig:

200 ml Milch (3,5 % Fett)
50 g Butter oder Margarine
375 g Weizenmehl
1 Pck. Dr. Oetker Trockenbackhefe
50 g Zucker
1 Pck. Dr. Oetker Vanillin-Zucker
1 Ei (Größe M)

Zum Bestreichen:

20 g Butter

Für die Streusel:

300 g Weizenmehl
150 g Zucker
1 Pck. Vanillin-Zucker
200 g Butter oder Margarine
10 g gesiebtes Kakaopulver

Zum Beträufeln:

125 ml Milch (3,5 % Fett)
60 g Butter

Zum Bestreichen und Bestäuben:

100 g Butter
50 g Puderzucker

Zubereitungszeit: 35 Minuten, ohne Teiggeh- und Abkühlzeit
Backzeit: etwa 20 Minuten

1. Für den Teig Milch erwärmen und Butter oder Margarine darin zerlassen. Lauwarm abkühlen lassen.

2. Mehl in eine Rührschüssel geben und mit Trockenbackhefe sorgfältig vermischen. Zucker, Vanillin-Zucker, Ei und die warme Milch-Fett-Mischung hinzufügen.

3. Die Zutaten mit einem Mixer (Knethaken) zunächst kurz auf niedrigster, anschließend auf höchster Stufe in etwa 5 Minuten zu einem glatten Teig verarbeiten. Den Teig zugedeckt so lange an einem warmen Ort gehen lassen, bis er sich sichtbar vergrößert hat, etwa 30 Minuten.

4. Den Backofen vorheizen.
Ober-/Unterhitze: etwa 200 °C
Heißluft: etwa 180 °C

5. Teig leicht mit Mehl bestäuben und auf einer leicht bemehlten Arbeitsfläche nochmals kurz verkneten. Den Hefeteig in einem tiefen Backblech (30 x 40 cm, gefettet) ausrollen. Die Teigplatte nochmals zugedeckt so lange an einem warmen Ort gehen lassen, bis sie sich sichtbar vergrößert hat, etwa 30 Minuten.

6. Zum Bestreichen die Butter zerlassen, den Teig damit bestreichen.

7. Für die Streusel Mehl mit Zucker, Vanillin-Zucker und Butter oder Margarine in einer Rührschüssel mit einem Mixer (Rührstäbe) zu Streuseln von gewünschter Größe verarbeiten. Die Hälfte der Streusel großzügig auf dem Teig verteilen. Unter die restlichen Streusel das Kakaopulver arbeiten, die Lücken damit füllen, sodass ein schwarz-weißes Muster entsteht.

8. Den Teig nochmals so lange an einem warmen Ort gehen lassen, bis er sich sichtbar vergrößert hat, etwa 30 Minuten.

9. Das Backblech in den vorgeheizten Backofen schieben und den Streuselkuchen **etwa 20 Minuten backen.**

10. In der Zwischenzeit zum Beträufeln die Milch erhitzen und die Butter darin zerlassen.

11. Das Backblech auf einem Kuchenrost stellen. Den noch heißen Kuchen mit der Mischung beträufeln. Den Kuchen vollständig erkalten lassen.

12. Zum Bestreichen die Butter zerlassen, dann den Kuchen damit bestreichen. Vor dem Servieren mit Puderzucker bestäuben.

Stutenkerle I

Zum Martinstag

4–6 Stück

Pro Stück: E: 16 g, F: 22 g, Kh: 85 g, kJ: 2556, kcal: 610, BE: 7,0

Für den Hefeteig:

250 g Schlagsahne
500 g Weizenmehl
1 Pck. Dr. Oetker Trockenbackhefe
1 Pck. Dr. Oetker Finesse Geriebene Zitronenschale
2 Eier (Größe M)
1 Eiweiß (Größe M)
2 EL Zucker

Zum Belegen und Bestreichen:

24–36 Rosinen
1 Eigelb
2 EL Schlagsahne

Außerdem:

4–6 Tonpfeifen (erhältlich z. B. im Internet)

Zubereitungszeit: 45 Minuten, ohne Teiggeh- und Abkühlzeit
Backzeit: etwa 20 Minuten je Backblech

1. Für den Teig Sahne lauwarm erwärmen.

2. Mehl in eine Rührschüssel geben, mit Trockenbackhefe und Zitronenschale sorgfältig vermischen. Sahne, Eier, Eiweiß und Zucker hinzugeben. Die Zutaten mit einem Mixer (Knethaken) zunächst kurz auf niedrigster, dann auf höchster Stufe in etwa 5 Minuten zu einem glatten Teig verarbeiten. Den Teig zugedeckt so lange an einem warmen Ort gehen lassen, bis er sich sichtbar vergrößert hat, etwa 30 Minuten.

3. Teig auf eine leicht bemehlte Arbeitsfläche geben und nochmals kurz verkneten. Dann 1–1 ½ cm dick ausrollen. 4–6 Stutenkerle ausschneiden (je nach gewünschter Größe, am besten nach einer Papierschablone) und auf Backbleche (gefettet, mit Backpapier belegt) legen.

4. Für die Arme auf beiden Seiten des Körpers den Oberkörper längs ein-, aber nicht durchschneiden. Auf einer Seite für den Arm den Teig so durchschneiden, dass der Arm später um die Tonpfeife herumgelegt werden kann.

5. Den Kopf formen. Für die Beine den unteren Teil des Stutenkerls so einschneiden, dass Beine entstehen. Die Teigbeine auseinanderziehen.

6. Stutenkerle nochmals zugedeckt so lange an einem warmen Ort gehen lassen, bis sie sich sichtbar vergrößert haben, etwa 20 Minuten.

7. In der Zwischenzeit den Backofen vorheizen.
Ober-/Unterhitze: etwa 180 °C
Heißluft: etwa 160 °C

8. Als Augen, Mund und Nase jeweils Rosinen in den Teig drücken. Jeweils 3 Rosinen als Knöpfe in den Bauch eindrücken.

9. Die Tonpfeifen auf die Stutenkerle legen, leicht festdrücken und einen Arm darumlegen.

10. Das Eigelb mit der Sahne verschlagen und die Stutenkerle damit bestreichen.

11. Die Backbleche nacheinander (bei Heißluft zusammen) in den vorgeheizten Backofen schieben. Die Stutenkerle **etwa 20 Minuten je Backblech backen.**

12. Die Stutenkerle mit dem Backpapier von den Backblechen auf Kuchenroste ziehen und darauf erkalten lassen.

Süße Grusel-Geister-Gesichter

Für die Party

16 Stück

Pro Stück: E: 1 g, F: 2 g, Kh: 15 g, kJ: 327, kcal: 78, BE: 1,0

Für die Eiweißmasse:

3 Eiweiß (Größe M)
190 g feinster Zucker
1 Pck. Dr. Oetker Vanillin-Zucker
1 Prise Salz
2 TL Zitronensaft
½ TL sehr fein abger. Schale von 1 Bio-Zitrone (unbehandelt, ungewachst)

Für die Grusel-Geister-Gesichter:

etwa 75 g Zartbitter- oder Vollmilch-Kuvertüre

Zubereitungszeit: 30 Minuten
Trocken-/Backzeit: etwa 2 Stunden

1. Den Backofen vorheizen.
Ober-/Unterhitze: etwa 80 °C
Heißluft: etwa 60 °C

2. Für die Eiweißmasse das Eiweiß mit einem Mixer (Rührstäbe) auf höchster Stufe sehr steif schlagen, dabei Zucker, Vanillin-Zucker und Salz nach und nach einrieseln lassen. So lange weiterschlagen, bis der Zucker gelöst ist. Dann Zitronensaft und -schale unterschlagen. Den Eischnee in einen Spritzbeutel mit großer Lochtülle (Ø 14 mm) füllen.

3. Die Eiweißmasse in 16 Kreisen (Ø 7–8 cm) auf ein Backblech (gefettet, mit Backpapier belegt) spritzen. Dabei entstandene Spitzen mit einem Teigschaber oder Messer glatt streichen.

4. Das Backblech in den vorgeheizten Backofen (unterste Einschubleiste) schieben. Die Baiser-Taler **etwa 2 Stunden trocknen lassen.**

5. Dann den Backofen ausschalten und die Baiser-Taler bei leicht geöffneter Backofentür vollständig erkalten lassen. Die Baiser-Taler vorsichtig vom Backpapier lösen.

6. Für die Gesichter Kuvertüre in Stücke hacken, in einer kleinen Schüssel im Wasserbad bei schwacher Hitze unter Rühren schmelzen. Kuvertüre portionsweise in einen kleinen Einmal-Spitzbeutel füllen, an der Spitze mit einer Nadel ein kleines Loch einstechen. Mit der Kuvertüre Augen und einen Gespenster-Mund aufspritzen. Kuvertüre fest werden lassen.

Tipps: Das Eiweiß sollte sehr frisch sein (Legedatum beachten), da es sich dann am besten ganz steif schlagen lässt. Die Grusel-Gesichter bleiben in einer luftdicht verschließbaren Dose mindestens 1 Woche knusprig frisch.

Süße Mohn- und Sesamhörnchen | Schnell

12 Stück

Pro Stück: E: 6 g, F: 11 g, Kh: 27 g, kJ: 977, kcal: 233, BE: 2,0

Für den Quark-Öl-Teig:

300 g Weizenmehl (Type 405)
1 Pck. Dr. Oetker Backin
150 g Magerquark
100 ml Milch (3,5 % Fett)
100 ml Speiseöl, z. B. Sonnenblumenöl
80 g Zucker
1 Prise Salz

Zum Bestreichen und Bestreuen:

1 Eigelb
1 EL Milch
1–2 EL Mohnsamen
1–2 EL geschälte Sesamsamen

Zubereitungszeit: 30 Minuten
Backzeit: etwa 20 Minuten

1. Den Backofen vorheizen.
Ober-/Unterhitze: etwa 200 °C
Heißluft: etwa 180 °C

2. Für den Teig Mehl mit Backpulver in einer Rührschüssel mischen. Quark, Milch, Speiseöl, Zucker und Salz hinzufügen. Die Zutaten mit einem Mixer (Knethaken) zunächst kurz auf niedrigster, dann auf höchster Stufe zu einem Teig verarbeiten (nicht zu lange, Teig klebt sonst).

3. Den Teig auf einer leicht bemehlten Arbeitsfläche zu einer Rolle formen. Die Teigrolle in 12 gleich große Scheiben schneiden. Teigscheiben jeweils zu etwa 18 cm langen Rollen formen, dabei die Enden etwas dünner formen.

4. Zum Bestreichen und Bestreuen das Eigelb mit Milch verschlagen. Die Teigoberfläche der Rollen damit bestreichen. Die Hälfte der Teigrollen mit Mohn und die restlichen Teigrollen mit Sesam bestreuen.

5. Teigrollen in Form von Hörnchen auf ein Backblech (gefettet, mit Backpapier belegt) legen.

6. Das Backblech in den vorgeheizten Backofen schieben. Die Hörnchen **etwa 20 Minuten backen.**

7. Die Brötchen mit dem Backpapier auf einen Kuchenrost ziehen und darauf erkalten lassen.

Rezeptvariante: Gefüllte Mohn- und Sesamhörnchen. Dafür bereiten Sie den Teig wie beschrieben bis Punkt 2 zu. Anschließend rollen Sie den Teig zu einem großen Kreis (Ø etwa 30 cm) aus. Dann den Teigkreis wie eine Torte in 12 Stücke schneiden. Auf jedes „Tortenstück" an der äußeren Seite nach Belieben entweder 1 Teelöffel Nuss-Nougat-Creme, Erdnussbutter oder Konfitüre geben. Die Teigdreiecke von außen nach innen aufrollen. Dabei darauf achten, dass die Füllung ganz vom Teig umschlossen ist, eventuell leicht festdrücken. Die gefüllten Hörnchen wie beschrieben auf ein Backblech (mit Backpapier belegt) legen und backen.

Süßes Honig-Einback I

Mögen schon die Kleinen

10 Stück

Pro Stück: E: 11 g, F: 15 g, Kh: 53 g, kJ: 1665, kcal: 397, BE: 4,5

Für den Hefeteig:

20 g frische Hefe
180 ml kalte Milch (3,5 % Fett)
75 g flüssiger Honig
500 g Weizenmehl (Type 550)
1 1/2 gestr. TL Salz
1 Pck. Dr. Oetker Bourbon-Vanille-Zucker
1/2 TL fein abger. Schale von 1 Bio-Zitrone- oder -Orange (unbehandelt, ungewachst)
3 Eigelb (Größe M)
75 g Butter (zimmerwarm)

Zum Bestreichen und Bestreuen:

1 Eiweiß (Größe M)
100 g gestiftelte Mandeln
4 EL Hagelzucker

Zubereitungszeit: 30 Minuten, ohne Ruhe- und Teiggehzeit
Backzeit: etwa 15 Minuten

1. Für den Teig zerbröckelte Hefe mit etwas Milch und Honig verschlagen. Mehl mit Salz, Vanille-Zucker und Zitrusschale in der großen Rührschüssel einer Küchenmaschine mischen.

2. Restliche Milch und Eigelb verschlagen, mit der Butter und der angerührten Hefe nach und nach zur Mehlmischung in die Schüssel geben und mit den Knethaken der Küchenmaschine zunächst auf niedrigster Stufe etwa 8 Minuten verkneten. Dann in weiteren etwa 4 Minuten auf höchster Stufe zu einem geschmeidigen, glänzenden Teig verkneten. Den Teig zugedeckt bei Zimmertemperatur ruhen lassen, etwa 1 Stunde.

3. Den Teig nochmals mit den Knethaken der Küchenmaschine auf höchster Stufe kräftig verkneten.

4. Den Teig in 10 gleich große Portionen teilen. Die Teigportionen jeweils zu Kugeln formen und mit etwas Abstand zueinander auf einem Backblech oder einer Platte (gut bemehlt oder mit Backpapier belegt) verteilen. Mit Frischhaltefolie zugedeckt im Kühlschrank über Nacht ruhen lassen.

5. Am folgenden Tag die Teigportionen jeweils auf einer leicht mit Mehl bestäubten Arbeitsfläche zu länglichen Brötchen (16–18 cm) formen/ziehen, dabei nicht kneten.

6. Die Brötchen mit etwas Abstand zueinander auf ein Backblech (gefettet, mit Backpapier belegt) oder in eine große Auflaufform (gefettet oder mit Backpapier belegt) setzen.

7. Die Brötchen mit verschlagenem Eiweiß bestreichen, mit Mandeln und Hagelzucker bestreuen, dabei können Mandeln und Zucker auch in die Zwischenräume fallen, diese werden dann mit eingebacken. Mit Frischhaltefolie zugedeckt bei Zimmertemperatur gehen lassen bis sie sich sichtbar vergrößert haben, etwa 30 Minuten.

8. In der Zwischenzeit den Backofen vorheizen.
Ober-/Unterhitze: etwa 200 °C

9. Das Backblech oder die Form auf dem Rost in den vorgeheizten Backofen schieben. Die Einback-Brötchen bei **etwa 15 Minuten backen.**

10. Das Backblech oder die Form auf einen Kuchenrost stellen. Die süßen Einback-Brötchen darauf abkühlen lassen.

Tipps: Die Einback-Brötchen schmecken noch leicht warm besonders lecker. Sie lassen sich aber auch gut am folgenden Tag einzeln auf dem Toaster oder im vorgeheizten Backofen bei Ober-/Unterhitze: etwa 180 °C kurz aufbacken und schmecken dann wie frisch gebacken. Nach Belieben fruchtige Marmelade, Butter und Honig oder Frischkäse zu den Einback-Brötchen reichen.

Süßes Lämmchen | Für das Osterfrühstück

14–16 Stücke

Pro Stück: E: 7 g, F: 8 g, Kh: 35 g, kJ: 1013, kcal: 242, BE: 3,0

Für den Hefeteig:

400 g Weizenmehl
1 Pck. Dr. Oetker Trockenbackhefe
60 g Puderzucker
1 Pck. Dr. Oetker Vanillin-Zucker
1 TL flüssiger Honig
5 Tropfen Butter-Vanille-Aroma
1 Prise Salz
2 Eier (Größe M)
150 ml lauwarme Milch (3,5 % Fett)
50 g Butter oder Margarine (zimmerwarm)

Für die Füllung:

300 ml Milch (3,5 % Fett)
50 g Zucker
2 EL flüssiger Honig
1 Pck. Dr. Oetker Finesse Geriebene Zitronenschale
100 g gem. Mohn
50 g Semmelbrösel

Außerdem:

1 Ei
2 Rosinen

Zubereitungszeit: 35 Minuten, ohne Teiggehzeit
Backzeit: etwa 30 Minuten

1. Für den Teig Weizenmehl in eine Rührschüssel geben und mit Trockenbackhefe sorgfältig vermischen. Puderzucker, Vanillin-Zucker, Honig, Aroma, Salz, Eier, Milch und Butter oder Margarine hinzufügen.

2. Die Zutaten mit einem Mixer (Knethaken) zunächst kurz auf niedrigster, dann auf höchster Stufe in etwa 5 Minuten zu einem glatten Teig verarbeiten.

3. Den Teig zugedeckt so lange an einem warmen Ort gehen lassen, bis er sich sichtbar vergrößert hat, etwa 30 Minuten.

4. In der Zwischenzeit für die Füllung Milch, Zucker, Honig und Zitronenschale in einem Topf zum Kochen bringen. Mohn und Semmelbrösel dazugeben und unter Rühren aufkochen lassen. Den Topf von der Kochstelle nehmen. Die Mohnmasse erkalten lassen.

5. Den Teig auf einer leicht bemehlten Arbeitsfläche kurz verkneten, dann zwei Drittel davon zu einem Rechteck (etwa 30 x 40 cm) ausrollen.

6. Die erkaltete Mohnmasse daraufgeben und gleichmäßig glatt streichen.

7. Das Rechteck von der längeren Seite aus aufrollen. Die Teigrolle in etwa 12 gleich große Scheiben schneiden.

8. Aus dem restlichen Teig Kopf, Augen, Ohren, Beine und Schwänzchen formen und mit den Mohnrollen eng aneinander auf einem Backblech (gefettet, mit Backpapier belegt) zu einem Lämmchen zusammensetzen.

9. Zum Bestreichen Ei verschlagen und das Lämmchen damit bestreichen. Das Lämmchen zugedeckt nochmals so lange an einem warmen Ort gehen lassen, bis es sich sichtbar vergrößert hat, etwa 20 Minuten.

10. In der Zwischenzeit den Backofen vorheizen.
Ober-/Unterhitze: etwa 180 °C
Heißluft: etwa 160 °C

11. Zum Garnieren die Rosinen als Nasenlöcher andrücken.

12. Das Backblech in den vorgeheizten Backofen schieben. Osterlämmchen **etwa 30 Minuten backen.**

13. Das Lämmchen mit dem Backpapier von dem Backblech auf einen Kuchenrost ziehen und erkalten lassen.

Tipps: Das Lämmchen lässt sich sehr gut einfrieren. Backen Sie es nach dem Auftauen in Backofen kurz auf. Fruchtiger wird es, wenn Sie 1–2 Äpfel schälen, raspeln und unter die Mohnmasse rühren.

Sweet Hearts | Beliebt

20 Herzen

Pro Stück: E: 3 g, F: 10 g, Kh: 36 g, kJ: 1029, kcal: 246, BE: 3,0

Für den Teig:

250 g Butter oder Margarine (zimmerwarm)
150 g Zucker
5 Eier (Größe M)
350 g Weizenmehl
25 g gesiebtes Kakaopulver
3 gestr. TL Dr. Oetker Backin
4 EL Milch (3,5 % Fett)

Für den Zuckerguss:

375 g Puderzucker
6 EL Milch (3,5 % Fett)
einige Tropfen rote Speisefarbe

Zubereitungszeit: 45 Minuten, ohne Abkühlzeit
Backzeit: etwa 20 Minuten

1. Den Backofen vorheizen.
Ober-/Unterhitze: etwa 180 °C
Heißluft: etwa 160 °C

2. Für den Teig Butter oder Margarine mit einem Mixer (Rührstäbe) auf höchster Stufe geschmeidig rühren. Zucker nach und nach unterrühren. So lange rühren, bis eine gebundene Masse entstanden ist.

3. Eier nach und nach unterrühren (jedes Ei etwa ½ Minute). Mehl mit Kakaopulver und Backpulver mischen und mit der Milch in 2 Portionen auf mittlerer Stufe kurz unterrühren. Den Teig auf ein Backblech (30 x 40 cm, gefettet, mit Backpapier belegt) geben und glatt streichen.

4. Das Backblech in den vorgeheizten Backofen schieben. Die Teigplatte **etwa 20 Minuten backen.**

5. Das Backblech auf einen Kuchenrost stellen. Den Kuchen erkalten lassen. Aus der Teigplatte 20 (unterschiedlich große) Herzen ausstechen und auf Backpapier legen.

6. Für den Zuckerguss 250 g Puderzucker mit 4 Esslöffeln Milch zu einem festen Guss verrühren, beiseitestellen. Restlichen Puderzucker mit restlicher Milch anrühren und diesen Guss in 2 Tassen verteilen. Mit Speisefarbe 2 Rottöne einfärben. Gefärbten Zuckerguss jeweils in einen kleinen Gefrierbeutel geben. Von jedem Beutel eine kleine Spitze abschneiden.

7. Herzen zunächst mit dem weißen Zuckerguss bestreichen. Den roten Zuckerguss in Tupfen gemischt auf den noch feuchten weißen Guss geben. Einen Zahnstocher durch die Kleckse ziehen und so den Guss marmorieren. Guss trocknen lassen.

Swirl-Cupcakes | Für die Party

12 Stück

Pro Stück: E: 6 g, F: 27 g, Kh: 29 g, kJ: 1623, kcal: 388, BE: 2,5

Für den Teig:

3 Eiweiß (Größe M)
1 Prise Salz
100 g Zucker
3 Eigelb (Größe M)
150 g Butter oder Margarine (zimmerwarm)
100 g Zitronenjoghurt (3,5 % Fett)
2 EL Orangensaft
150 g Weizenmehl
80 g Kokosraspel
1 1/2 gestr. TL Dr. Oetker Backin

Für das Swirl-Topping:

50 g Zitronenjoghurt (3,5 % Fett)
200 g Doppelrahm-Frischkäse
80 g Puderzucker
1 Pck. Sahnesteif
200 g Schlagsahne (mind. 30 % Fett)
je etwas rote, gelbe, blaue und grüne Speisefarbe

Zubereitungszeit: 45 Minuten, ohne Abkühlzeit
Backzeit: 25–30 Minuten

1. Den Backofen vorheizen.
Ober-/Unterhitze: etwa 180 °C
Heißluft: etwa 160 °C

2. Für den Teig Eiweiß und Salz mit einem Mixer (Rührstäbe) auf höchster Stufe steif schlagen. Der Schnee muss so fest sein, dass ein Messerschnitt sichtbar bleibt. Nach und nach 50 g Zucker unterschlagen. So lange schlagen, bis der Eischnee stark glänzt. Eischnee in den Kühlschrank stellen.

3. Eigelb mit Butter oder Margarine und dem restlichen Zucker in einer Rührschüssel mit dem Mixer (Rührstäbe) zunächst kurz auf niedrigster, dann auf höchster Stufe in etwa 3 Minuten schaumig schlagen. Joghurt und Orangensaft kurz unterrühren.

4. Mehl, Kokosraspel und Backpulver mischen und in 2 Portionen auf mittlerer Stufe abwechselnd mit dem Eischnee kurz unterrühren. Den Teig in einer Muffinform (für 12 Muffins, mit Papierbackförmchen ausgelegt) verteilen.

5. Die Form auf dem Rost in den vorgeheizten Backofen schieben. Die Muffins **25–30 Minuten backen.**

6. Die Muffinform auf einen Kuchenrost stellen. Muffins in der Form erkalten lassen.

7. Für das Swirl-Topping Joghurt in eine Rührschüssel geben, mit Frischkäse und 40 g Puderzucker mit einem Schneebesen glatt rühren. Restlichen Puderzucker mit Sahnesteif mischen. Sahne steif schlagen, dabei die Sahnesteif-Mischung einrieseln lassen. Sahne vorsichtig unter die Joghurt-Frischkäse-Masse heben. Die Creme in 4 kleine Schälchen verteilen. Jeden Teil mit Speisefarbe einfärben.

8. Einen Spritzbeutel mit Lochtülle (etwa 8 mm) auf eine Arbeitsplatte legen. Den unteren Teil des Spritzbeutels mit einer Creme befüllen. Eine weitere Creme vorsichtig daraufgeben. Die anderen Cremes ebenso einfüllen. Cremes vorsichtig zur Tülle hin streichen, sodass sich die Farben leicht vermischen.

9. Die Muffins aus der Form lösen. Das Topping in großen Tupfen auf die Muffins spritzen. Bis zum Servieren in den Kühlschrank stellen.

Teigtaschen mit Hackfüllung

Pikanter Snack

12 Stück

Pro Stück: E: 8 g, F: 15 g, Kh: 14 g, kJ: 950, kcal: 227, BE: 1,0

Zum Vorbereiten:

450 g TK-Blätterteig (6 rechteckige Platten)

Für die Füllung:

1 Zwiebel (etwa 40 g)
1 große Tomate (etwa 100 g)
1 EL Olivenöl
300 g Gehacktes (halb Rind-, halb Schweinefleisch)
1 Pck. TK-Suppengrün (25 g)
Salz
gem. Pfeffer
1 Ei (Größe M)

Zum Bestreichen:

1 Eigelb
2 EL Milch

Zubereitungszeit: 35 Minuten, ohne Auftau-, Abkühl-, und Ruhezeit
Backzeit: etwa 20 Minuten je Backblech

1. Zum Vorbereiten die Blätterteigplatten nach Packungsanleitung auftauen lassen.

2. Für die Füllung Zwiebel abziehen, fein würfeln. Tomate abspülen, abtrocknen, halbieren, entkernen. Den Stängelansatz herausschneiden. Tomate fein würfeln.

3. Öl in einer Pfanne erhitzen. Zwiebel darin andünsten. Gehacktes dazugeben, etwa 5 Minuten bei mittlerer Hitze braten, dabei die Fleischklümpchen mit einer Gabel zerdrücken. TK-Suppengrün und Tomatenwürfel unterrühren, kurz miterhitzen.

4. Gehacktes mit Salz und Pfeffer würzen, von der Kochstelle nehmen, lauwarm abkühlen lassen.

5. Die Blätterteigplatten mit einem Messer quer halbieren, sodass Quadrate entstehen.

6. Die Teighälften auf einer leicht bemehlten Arbeitsfläche jeweils zu dünnen Quadraten (etwa 14 x 14 cm) ausrollen. Ausgerollte Teigquadrate etwa 15 Minuten ruhen lassen.

7. Den Backofen vorheizen.
Ober-/Unterhitze: etwa 200 °C
Heißluft: etwa 180 °C

8. Das Ei unter die abgekühlte Hackmasse rühren.

9. Zum Bestreichen Eigelb mit Milch verschlagen. Die Teigquadratränder rundherum damit bestreichen. Auf jedes Quadrat 1 gehäuften Esslöffel der Füllung zwischen eine Teigspitze und die Mitte des Teigquadrates geben. Teig diagonal zusammenklappen, sodass ein Dreieck entsteht.

10. Die Ränder leicht zusammendrücken, evtl. die Kanten mit einem Messer gerade schneiden. Aufeinanderliegende Kanten mit einer Gabel zusammendrücken. Die Gabel zwischendurch in Mehl tauchen.

11. Die Dreiecke mit etwas Abstand auf Backbleche (gefettet, mit Backpapier belegt) legen, mit der restlichen Eigelbmilch bestreichen.

12. Backbleche nacheinander (bei Heißluft zusammen) in den vorgeheizten Backofen schieben. Teigtaschen **etwa 20 Minuten je Backblech backen.**

13. Die Teigtaschen mit Hackfüllung mit dem Backpapier auf einen Kuchenrost ziehen, heiß oder kalt servieren.

Tierische Muffins I

Zum Geburtstag

12 Stück

Pro Stück: E: 4 g, F: 21 g, Kh: 36 g, kJ: 1475, kcal: 353, BE: 3,0

Für den Rührteig:

175 g Butter oder Margarine (zimmerwarm)
125 g Zucker
1 Pck. Dr. Oetker Vanillin-Zucker
2 Eier (Größe M)
100 g Crème fraîche
200 g Weizenmehl
3 gestr. TL Dr. Oetker Backin

rote, weiße und dunkelbraune Zuckerschrift

Für die Bären:

Schokoladentaler
blaue und orange Schokolinsen

Für die Schweinchen:

rosa Brausepulverkissen aus Esspapier

Für die Rentiere:

50 g Zartbitter-Schokolade (etwa 50 % Kakaoanteil)
rote Schokolinsen

Für die Mäuse:

Schokoladentaler
rosa Schokolinsen

Außerdem:

12 Muffin-Papierbackförmchen

Zubereitungszeit: 50 Minuten, ohne Abkühlzeit
Backzeit: etwa 20 Minuten

1. Den Backofen vorheizen.
Ober-/Unterhitze: etwa 180 °C
Heißluft: etwa 160 °C

2. Für den Teig Butter oder Margarine mit einem Mixer (Rührstäbe) auf höchster Stufe geschmeidig rühren. Nach und nach Zucker und Vanillin-Zucker unterrühren. So lange rühren, bis eine gebundene Masse entstanden ist.

3. Eier nach und nach unterrühren (jedes Ei etwa ½ Minute). Crème fraîche unterrühren. Mehl mit Backpulver mischen und auf mittlerer Stufe kurz unterrühren.

4. Den Teig in eine Muffinform (für 12 Muffins, mit Papierbackförmchen ausgelegt) verteilen.

5. Die Form auf dem Rost in den vorgeheizten Backofen schieben. Muffins **etwa 20 Minuten backen.**

6. Die Form auf einen Kuchenrost stellen. Die Muffins etwa 10 Minuten abkühlen lassen, dann aus der Form lösen und auf dem Kuchenrost erkalten lassen.

7. Für die Bären mit Zuckerschrift Schokoladentaler für die Ohren und Schokolinsen für den Mund aufkleben und die Bären verzieren.

8. Für die Schweinchen jeweils 1 ganzes Brausepulverkissen als Schnäuzchen und 2 Brausepulverkissen-Hälften als Ohren mit Zuckerschrift ankleben. Mit Zuckerschrift ein Gesicht aufmalen.

9. Für die Rentiere Schokolade in einem kleinen Topf im Wasserbad bei schwacher Hitze zu einer geschmeidigen Masse verrühren. Schokolade in einen kleinen Gefrierbeutel füllen, eine kleine Spitze abschneiden, Rentiergeweihe auf Backpapier spritzen (evtl. ein zweites Mal darüberspritzen, damit die Geweihe dicker werden) und im Kühlschrank fest werden lassen. Geweihe und Schokolinsen als Augen mit Zuckerschrift ankleben und mit Zuckerschrift ein Gesicht aufmalen.

10. Für die Mäuse Schokoladentaler für die Ohren und Schokolinsen als Nase ankleben. Barthaare und Augen mit Zuckerschrift aufmalen.

Tipp: Lakritzschnecke abrollen und als Schwänzchen in die Muffins stecken.

Tomaten-Mozzarella-Muffins I

Pikanter Snack

12 Stück

Pro Stück: E: 9 g, F: 13 g, Kh: 14 g, kJ: 878, kcal: 210, BE: 1,0

Für den All-in-Teig:

75 g getrocknete Tomaten, in Öl
250 g abgetropfter Mozzarella
1 Handvoll Basilikumblättchen
225 g Dinkel-Vollkornmehl
2 gestr. TL Dr. Oetker Backin
3 Eier (Größe M)
150 g Buttermilch
75 ml Olivenöl
½–1 TL Salz
1 Msp. gem. Pfeffer

Außerdem:

12 Muffin-Papierbackförmchen

Zubereitungszeit: 15 Minuten, ohne Abkühlzeit
Backzeit: etwa 25 Minuten

1. Tomaten in einem Sieb abtropfen lassen. Tomaten und Mozzarella in etwa ½ cm große Würfel schneiden. Etwa 50 g Mozzarellawürfel beiseitelegen. Basilikumblättchen abspülen, trocken tupfen und in Streifen schneiden.

2. Den Backofen vorheizen.
Ober-/Unterhitze: etwa 200 °C
Heißluft: etwa 180 °C

3. Für den Teig Mehl mit Backpulver in einer Rührschüssel mischen. Eier, Buttermilch, Öl, Salz und Pfeffer hinzufügen. Die Zutaten mit einem Mixer (Rührstäbe) erst kurz auf niedrigster, dann auf höchster Stufe in etwa 1 Minute zu einem glatten Teig verarbeiten.

4. Mozzarella-, Tomatenwürfel und Basilikumstreifen hinzufügen und kurz unterrühren.

5. Den Teig in einer Muffinform (für 12 Muffins, mit Papierbackförmchen ausgelegt) verteilen. Die beiseitegelegten Mozzarellawürfel auf dem Teig verteilen.

6. Die Muffinform auf dem Rost in den vorgeheizten Backofen schieben. Die Muffins **etwa 25 Minuten backen.**

7. Die Form auf einen Kuchenrost stellen und die Muffins etwa 5 Minuten abkühlen lassen. Dann die Muffins aus der Form lösen und auf dem Kuchenrost erkalten lassen.

Waffeln (Grundrezept) I

Mögen alle gern

8 Stück

Pro Stück: E: 6 g, F: 22 g, Kh: 42 g, kJ: 1633, kcal: 390, BE: 3,5

Für den Rührteig:

175 g Butter oder Margarine (zimmerwarm)
150 g Zucker
1 Prise Salz
4 Eier (Größe M)
200 g Weizenmehl
1 Pck. Dr. Oetker Pudding-Pulver Vanille-Geschmack
1 gestr. TL Dr. Oetker Backin

Zum Bestäuben:

etwas Puderzucker

Zubereitungszeit: 20 Minuten, ohne Abkühlzeit
Backzeit: 2–3 Minuten pro Waffel

1. Für den Teig Butter oder Margarine mit einem Mixer (Rührstäbe) auf höchster Stufe geschmeidig rühren. Zucker und Salz nach und nach unterrühren. So lange rühren, bis eine gebundene Masse entstanden ist.

2. Eier nach und nach unterrühren (jedes Ei etwa ½ Minute). Mehl mit Pudding-Pulver und Backpulver mischen und in 2 Portionen auf mittlerer Stufe kurz unterrühren.

3. Das Waffeleisen erhitzen und evtl. leicht fetten, dabei die Gebrauchsanleitung des Herstellers beachten.

4. Für jede Waffel etwa 2 Esslöffel Teig in das Waffeleisen (gefettet) geben, verstreichen und die Waffeln goldbraun backen. Fertige Waffeln nebeneinander auf einen Kuchenrost legen.

5. Waffeln mit Puderzucker bestäuben und lauwarm servieren.

Tipp: Die Waffeln z.B. mit roter Grütze servieren.

Waffeln, einfache | Schnell

7–8 Waffeln

Pro Waffel: E: 6 g, F: 22 g, Kh: 49 g, kJ: 1771, kcal: 423, BE: 4,0

Für den Rührteig:

175 g Butter oder Margarine (zimmerwarm)
175 g Zucker
1 Prise Salz
4 Eier (Größe M)
200 g Weizenmehl
1 Pck. Dr. Oetker Pudding-Pulver Vanille-Geschmack
1 gestr. TL Dr. Oetker Backin
100 ml Milch (3,5 % Fett) oder Wasser

Zum Bestäuben:

etwas Puderzucker

Zubereitungszeit: 20 Minuten
Backzeit: 2–3 Minuten pro Waffel

1. Das Waffeleisen erhitzen und evtl. leicht fetten, dabei die Herstelleranleitung beachten.

2. Für den Teig Butter oder Margarine mit einem Mixer (Rührstäbe) auf höchster Stufe geschmeidig rühren. Nach und nach Zucker und Salz unterrühren. So lange rühren, bis eine gebundene Masse entstanden ist.

3. Die Eier nach und nach unterrühren (jedes Ei etwa ½ Minute). Mehl mit Pudding-Pulver und Backpulver mischen, abwechselnd mit Milch oder Wasser in 2 Portionen auf mittlerer Stufe kurz unterrühren.

4. Das Waffeleisen auf mittlere Temperatur zurückschalten.

5. Pro Waffel etwa 2–3 Esslöffel Teig in das Waffeleisen geben und leicht verstreichen. Die Waffeln in 2–3 Minuten goldbraun backen, herausnehmen und einzeln auf einen Kuchenrost legen.

6. Die Waffeln mit Puderzucker bestäuben und noch warm servieren.

Tipp: Die Waffeln schmecken auch gut als süßer Pausensnack: Erkaltete Waffeln teilen, dünn mit Frischkäse, Konfitüre oder Nuss-Nougat-Creme bestreichen. 2 Waffelteile aufeinanderlegen und gut verpackt mitnehmen.

Wiener Apfelstrudel | Klassisch

12 Stücke

Pro Stück: E: 4 g, F: 12 g, Kh: 38 g, kJ: 1158, kcal: 277, BE: 3,0

Für den Strudelteig:

200 g Weizenmehl
1 Prise Salz
75 ml lauwarmes Wasser
50 g abgekühlte, zerlassene Butter oder Margarine oder 3 EL Speiseöl, z. B. Sonnenblumenöl

Für die Füllung:

1–1 1/2 kg Äpfel, z. B. Cox Orange, Elstar
75 g Butter oder Margarine
50 g Semmelbrösel
50 g Rosinen
100 g Zucker
1 Pck. Dr. Oetker Vanillin-Zucker
50 g gehackte Mandeln

Zubereitungszeit: 50 Minuten, ohne Ruhe- und Abkühlzeit
Backzeit: etwa 50 Minuten

1. Für den Teig Mehl in eine Rührschüssel geben. Restliche Zutaten hinzufügen und mit einem Mixer (Knethaken) zunächst kurz auf niedrigster, dann auf höchster Stufe zu einem glatten Teig verarbeiten. Den Teig mit Frischhaltefolie zudecken und bei Zimmertemperatur 30 Minuten ruhen lassen.

2. Den Backofen vorheizen.
Ober-/Unterhitze: etwa 180 °C
Heißluft: etwa 160 °C

3. Für die Füllung Äpfel schälen, vierteln, entkernen und in feine Stifte schneiden. Butter oder Margarine zerlassen. Den Teig in 2 gleich große Portionen teilen und jede Teigportion auf einem großen bemehlten Geschirrtuch ausrollen.

4. Die Teigplatten dünn mit etwas von dem Fett bestreichen, dann mit den Händen vorsichtig zu je einem Rechteck (etwa 35 x 25 cm) ausziehen. Dabei darauf achten, dass auch die Ränder schön dünn sind. Zwei Drittel des restlichen Fettes auf den Teigplatten verstreichen, dann die Brösel gleichmäßig darauf verteilen (an den Rändern etwa 2 cm frei lassen).

5. Nacheinander Apfelstifte, Rosinen, Zucker, Vanillin-Zucker und Mandeln darauf verteilen. Die frei gelassenen Teigränder der kurzen Seiten auf die Füllung klappen. Die Teigplatten mithilfe des Tuches von der längeren Seite her aufrollen und an den Enden gut zusammendrücken.

6. Die Strudel mit der Naht nach unten auf ein Backblech (30 x 40 cm, gefettet, mit Backpapier belegt) legen. Das Backblech in den vorgeheizten Backofen (unteres Drittel) schieben. Die Strudel **etwa 20 Minuten backen.**

7. Das Backblech auf einen Kuchenrost stellen und die Strudel mit dem restlichen Fett bestreichen. Die Strudel **bei gleicher Backofentemperatur weitere etwa 30 Minuten fertig backen.**

8. Das Backblech auf einen Kuchenrost stellen. Die Strudel erkalten lassen oder lauwarm servieren.

Zauberhut-Muffins

Für die Party
12 Stück

Pro Stück: E: 7 g, F: 19 g, Kh: 57 g, kJ: 1822, kcal: 435, BE: 5,0

Für den Teig:

275 g Weizenmehl
2 gestr. TL Dr. Oetker Backin
1 gestr. TL Natron
1 Prise Salz
120 g Zucker
1 Pck. Dr. Oetker Vanillin-Zucker
80 ml Speiseöl, z. B. Sonnenblumenöl
2 Eier (Größe M)
250 g saure Sahne
200 g TK-Beeren-Mischung

Für die Zauberhüte:

125 g helle Vollmilch-Kuchenglasur oder 125 g Vollmilch-Kuvertüre
125 g weiße Kuchenglasur Zitrone oder 125 g weiße Kuvertüre

Zum Bestreuen:

evtl. 8 EL gepuffter Amaranth
evtl. Glitzerzucker
evtl. bunte Mini-Perlen
evtl. Stern-Zuckerstückchen

12 Eiswaffel-Tüten (Hörnchen aus knusprigem Waffelteig)
1–2 TL Puderzucker

Außerdem:

12 Muffin-Papierbackförmchen

Zubereitungszeit: 45 Minuten, ohne Abkühl- und Trockenzeit
Backzeit: 25–28 Minuten

1. Den Backofen vorheizen.
Ober-/Unterhitze: etwa 190 °C
Heißluft: etwa 170 °C

2. Für den Teig das Mehl mit Backpulver und Natron in einer Rührschüssel mischen. Dann Salz, Zucker und Vanillin-Zucker untermischen. Speiseöl mit Eiern und saurer Sahne mit einem Mixer (Rührstäbe) verschlagen, zur Mehlmischung in die Rührschüssel geben und alles kurz auf mittlerer Stufe zu einem glatten Teig verrühren.

3. Beeren-Mischung unaufgetaut kurz unterheben.

4. Den Teig in einer Muffinform (für 12 Muffins, mit Papierbackförmchen ausgelegt) verteilen.

5. Die Form auf dem Rost in den vorgeheizten Backofen schieben. Die Muffins **25–28 Minuten backen.**

6. Die Form auf einen Kuchenrost stellen. Die Muffins in der Form etwa 20 Minuten abkühlen lassen.

7. Dann die Muffins aus der Form lösen und auf dem Kuchenrost vollständig erkalten lassen.

8. Für die Zauberhüte Vollmilch-Kuchenglasur oder -Kuvertüre und weiße Kuchenglasur Zitrone oder weiße Kuvertüre getrennt nach Packungsanleitung schmelzen.

9. Nach Belieben zum Bestreuen Amaranth, Glitzerzucker, Mini-Perlen und Stern-Zuckerstückchen am besten in kleinen Schüsseln verteilen.

10. Sechs Waffeln nach und nach mit der Schokoladen-Glasur bestreichen, die restlichen Waffeln mit der hellen Glasur bestreichen.

11. Die Waffeln sofort mit Amaranth, Glitzerzucker, Mini-Perlen und Stern-Zuckerstückchen bestreuen. Die Waffeln aufrecht (z. B. umgedreht über Schnapsgläsern oder Espressotassen) trocknen lassen.

12. Damit die Waffeln gut auf den Muffins sitzen, je eine halbrunde Kerbe in die Oberfläche der Muffins einschneiden.

13. Muffins mit Puderzucker bestäuben. Die „Zauberhüte" aufsetzen und jeweils leicht in die Kerbe eindrücken. Zauberhut-Muffins anrichten.

Zimtschnecken | Gut zum Mitnehmen

20 Stück

Pro Stück: E: 4 g, F: 14 g, Kh: 26 g, kJ: 1044, kcal: 250, BE: 2,0

Für den Hefeteig:

200 ml Milch (3,5 % Fett)
125 g Butter oder Margarine
400 g Weizenmehl
1 Pck. Dr. Oetker Trockenbackhefe
80 g Zucker
3 Eier (Größe M)
1 gestr. TL gem. Kardamom
½ TL Salz

Für die Füllung:

180 g Butter (zimmerwarm)
100 g Zucker
1 TL gem. Zimt

Zum Bestäuben:

1 EL Puderzucker

Zubereitungszeit: 40 Minuten, ohne Teiggehzeit
Backzeit: etwa 20 Minuten je Backblech

1. Für den Teig Milch erwärmen und Butter oder Margarine darin zerlassen. Lauwarm abkühlen lassen.

2. Mehl in eine Rührschüssel geben und danach mit Trockenbackhefe sorgfältig vermischen. Zucker, Eier, Kardamom, Salz und die Milch-Fett-Mischung hinzufügen. Die Zutaten mit einem Mixer (Knethaken) zunächst kurz auf niedrigster, dann auf höchster Stufe in etwa 5 Minuten zu einem glatten Teig verarbeiten. Den Teig zugedeckt so lange an einem warmen Ort gehen lassen, bis er sich sichtbar vergrößert hat, etwa 1 Stunde.

3. Den Teig auf einer leicht bemehlten Arbeitsfläche nochmals kurz verkneten und zu einem Rechteck (etwa 50 x 40 cm) ausrollen.

4. Für die Füllung die Butter mit Zucker und Zimt in einer Rührschüssel geschmeidig rühren. Die Masse gleichmäßig auf dem Teigrechteck verstreichen. Das Teigrechteck von der kurzen Seite aus aufrollen. Die Teigrolle in etwa 2 cm dicke Scheiben schneiden. Teigscheiben mit reichlich Abstand auf 2 Backbleche (gefettet, mit Backpapier belegt) legen. Die Teigschnecken nochmals zugedeckt so lange an einem warmen Ort gehen lassen, bis sie sich sichtbar vergrößert haben, etwa 20 Minuten.

5. In der Zwischenzeit den Backofen vorheizen.
Ober-/Unterhitze: etwa 180 °C
Heißluft: etwa 160 °C

6. Die Backbleche nacheinander (bei Heißluft zusammen) in den vorgeheizten Backofen schieben. Zimtschnecken **etwa 20 Minuten je Backblech backen.**

7. Die Zimtschnecken mit dem Backpapier von den Backblechen auf Kuchenroste ziehen. Zimtschnecken mit Puderzucker bestäuben, von den Backblechen nehmen und am besten warm servieren.

Zitronenherzen I

Beliebt – einfach
etwa 100 Stück

Pro Stück: E: 0 g, F: 1 g, Kh: 5 g, kJ: 141, kcal: 34, BE: 0,5

Für den Knetteig:
250 g Weizenmehl
1 Msp. Dr. Oetker Backin
100 g Puderzucker
1 Pck. Dr. Oetker Finesse Geriebene Zitronenschale
150 g Butter oder Margarine (zimmerwarm)
1 Eiweiß (Größe M)

Zum Bestreichen und Bestreuen:
1 Eigelb
1 EL kaltes Wasser
2 EL Hagelzucker

Für den Guss:
150 g Puderzucker
2–3 EL Zitronensaft

Zubereitungszeit: 45 Minuten, ohne Abkühlzeit
Backzeit: etwa 10 Minuten je Backblech

1. Für den Teig Mehl mit Backpulver und Puderzucker in einer Rührschüssel vermischen. Zitronenschale, Butter oder Margarine und Eiweiß zugeben. Die Zutaten mit einem Mixer (Rührstäbe) erst kurz auf niedrigster, dann auf höchster Stufe gut durcharbeiten.

2. Anschließend auf einer leicht bemehlten Arbeitsfläche kurz zu einem Teig verkneten. Den Teig in 3 gleich große Portionen teilen und zu Kugeln formen. Teigkugeln in Frischhaltefolie wickeln und eine Zeit lang in den Kühlschrank legen.

3. Den Backofen vorheizen.
Ober-/Unterhitze: etwa 180 °C
Heißluft: etwa 160 °C

4. Teigkugeln nacheinander auf einer leicht bemehlten Arbeitsfläche etwa 3 mm dick ausrollen. Anschließend Herzen ausstechen und mit etwas Abstand auf Backbleche (gefettet, mit Backpapier) legen.

5. Zum Bestreichen Eigelb mit Wasser verschlagen. Die Hälfte der Plätzchen damit bestreichen und mit Hagelzucker bestreuen.

6. Die Backbleche nacheinander (bei Heißluft zusammen) in den vorgeheizten Backofen schieben. Die Zitronenherzen **etwa 10 Minuten je Backblech backen.**

7. Die Herzen mit dem Backpapier von den Backblechen auf Kuchenroste ziehen und erkalten lassen.

8. Für den Guss Puderzucker mit so viel Zitronensaft in einer Schüssel verrühren, dass ein dickflüssiger Guss entsteht. Den Guss auf die Plätzchen ohne Hagelzucker streichen und trocknen lassen.

For You!

Zitronen-Joghurt-Küchlein I

Gut zum Mitnehmen

24 Stück

Pro Stück: E: 2 g, F: 4 g, Kh: 20 g, kJ: 528, kcal: 126, BE: 1,5

Für den Rührteig:

80 g Butter oder Margarine (zimmerwarm)
120 g Zucker
1 Pck. Dr. Oetker Vanillin-Zucker
1 Pck. Dr. Oetker Finesse Geriebene Zitronenschale
2 Eier (Größe M)
180 g Weizenmehl
1 gestr. TL Dr. Oetker Backin
1 Prise Salz
150 g Joghurt (1,5 % Fett)

24 Waffelbecher (mit kakaohaltiger Fettglasur)

Zum Garnieren:

1 Bio-Zitrone (unbehandelt, ungewachst)
100 g Puderzucker
1–2 EL Zitronensaft (von der Bio-Zitrone)
einige Tropfen gelbe Speisefarbe
12 Dekor-Geleefrüchte Zitrone oder Fruchtgummis

Zubereitungszeit: 50 Minuten, ohne Abkühl- und Trockenzeit
Backzeit: etwa 20 Minuten

1. Den Backofen vorheizen.
Ober-/Unterhitze: etwa 180 °C
Heißluft: etwa 160 °C

2. Für den Teig Butter oder Margarine mit einem Mixer (Rührstäbe) auf höchster Stufe geschmeidig rühren. Nach und nach Zucker, Vanillin-Zucker und Zitronenschale unterrühren. So lange rühren, bis eine gebundene Masse entstanden ist.

3. Eier nach und nach unterrühren (jedes Ei etwa ½ Minute). Mehl mit Backpulver mischen und auf mittlerer Stufe kurz unterrühren. Zuletzt Salz und Joghurt unterrühren.

4. Die Waffelbecher auf ein Backblech (gefettet, mit Backpapier belegt) stellen.

5. Den Teig mithilfe von 2 Teelöffeln gleichmäßig in den Waffelbechern verteilen.

6. Das Backblech in den vorgeheizten Backofen schieben. Zitronen-Joghurt-Küchlein **etwa 20 Minuten backen.**

7. Das Backblech auf einen Kuchenrost stellen. Zitronen-Joghurt-Küchlein darauf erkalten lassen.

8. In der Zwischenzeit zum Garnieren die Zitrone heiß abwaschen und abtrocknen. Von der Zitrone die Schale sehr dünn abschälen und in ganz feine Streifen schneiden. Zitronenschalenstreifen zugedeckt beiseitelegen.

9. Puderzucker in eine kleine Schale geben. Zitronensaft tropfenweise dazugeben und zu einem dickflüssigen Guss verarbeiten.

10. Die Hälfte des Zuckergusses auf 12 der Zitronen-Joghurt-Küchlein verteilen.

11. Den restlichen Zuckerguss mit gelber Speisefarbe einfärben. Die restlichen Küchlein mit dem gelben Zuckerguss bestreichen.

12. Anschließend die Hälfte der Küchlein mit den Zitronenschalenstreifen dekorieren, die andere Hälfte mit den Dekor-Geleefrüchten oder Fruchtgummis. Guss trocknen lassen.

Tipps: Statt mit Zitronen kann man die Küchlein mit Orangen zubereiten. Dann für den Guss zusätzlich 1 Tropfen rote Speisefarbe nehmen. Hübsch sieht es aus, wenn die Küchlein mit einigen gehackten Pistazienkernen garniert werden. Prickelnd wird es, wenn auf den noch leicht feuchten Guss etwas Brausepulver gestreut wird.

Zitronenkuchen | Mögen alle gern

20 Stücke

Pro Stück: E: 3 g, F: 17 g, Kh: 46 g, kJ: 1458, kcal: 349, BE: 4,0

Für den Rührteig:

350 g Butter oder Margarine (zimmerwarm)
350 g Zucker
2 Pck. Dr. Oetker Finesse Geriebene Zitronenschale
5 Eier (Größe M)
275 g Weizenmehl
120 g Speisestärke
2 gestr. TL Dr. Oetker Backin

Für den Guss:

250 g Puderzucker
etwa 7 EL Zitronensaft

Zubereitungszeit: 35 Minuten
Backzeit: etwa 25 Minuten

1. Den Backofen vorheizen.
Ober-/Unterhitze: etwa 180 °C
Heißluft: etwa 160 °C

2. Für den Teig Butter oder Margarine in einer Rührschüssel mit einem Mixer (Rührstäbe) geschmeidig rühren.

3. Nach und nach Zucker und Zitronenschale unter Rühren hinzufügen und so lange rühren, bis eine gebundene Masse entstanden ist. Die Eier nach und nach auf höchster Stufe unterrühren (jedes Ei etwa ½ Minute).

4. Mehl mit Speisestärke und Backpulver mischen und auf mittlerer Stufe in 2 Portionen kurz unterrühren. Den Teig in eine Fettpfanne (30 x 40 cm, gefettet, bemehlt) geben und glatt streichen.

5. Die Fettpfanne in den vorgeheizten Backofen schieben. Den Kuchen **etwa 25 Minuten backen.**

6. Für den Guss Puderzucker mit so viel Zitronensaft glatt rühren, dass ein dickflüssiger Guss entsteht.

7. Die Fettpfanne auf einen Kuchenrost stellen und den Kuchen noch heiß mit dem Guss bestreichen (je heißer der Kuchen, desto stärker zieht der Guss ein).

8. Den Kuchen in der Fettpfanne auf dem Kuchenrost erkalten lassen.

Zuckermäuse | Für die Party

12 Stück

Pro Stück: E: 6 g, F: 13 g, Kh: 47 g, kJ: 1427, kcal: 340, BE: 4,0

Für den Hefeteig:

125 ml Milch (3,5 % Fett)
150 g Butter oder Margarine
500 g Weizenmehl
1 Pck. Dr. Oetker Trockenbackhefe
100 g Zucker
2 Pck. Dr. Oetker Vanillin-Zucker
2 Eier (Größe M)

Für die Augen:

24 Schokotröpfchen

Zum Bestreichen und Bestreuen:

1 Eigelb
1 EL Milch
50 g Hagelzucker

Zubereitungszeit: 40 Minuten, ohne Teiggehzeit
Backzeit: etwa 20 Minuten

1. Für den Teig Milch erwärmen und Butter oder Margarine darin zerlassen. Lauwarm abkühlen lassen.

2. Mehl in eine Rührschüssel geben und mit Trockenbackhefe sorgfältig vermischen. Zucker, Vanillin-Zucker, Eier und abgekühlte Milch-Fett-Mischung hinzugeben. Die Zutaten mit einem Mixer (Knethaken) zunächst kurz auf niedrigster, dann auf höchster Stufe in etwa 5 Minuten zu einem glatten Teig verarbeiten. Teig zugedeckt so lange an einem warmen Ort gehen lassen, bis er sich sichtbar vergrößert hat, etwa 1 Stunde.

3. Den Teig auf einer leicht bemehlten Arbeitsfläche nochmals kurz verkneten, zu einer Rolle formen und in 13 Portionen teilen. 12 Portionen zu kleinen Tropfen formen. Nebeneinander mit etwas Abstand auf ein Backblech (gefettet, mit Backpapier belegt) legen.

4. Aus der letzten Portion eine Rolle formen und in 12 gleich große Stücke schneiden. Jedes Stück etwa 8 cm lang ausrollen und am dickeren Ende der Tropfen als „Schwänzchen" darunterlegen. Leicht festdrücken. Teiglinge zugedeckt an einem warmen Ort nochmals gehen lassen, bis sie sich sichtbar vergrößert haben, etwa 30 Minuten.

5. Den Backofen vorheizen.
Ober-/Unterhitze: etwa 180 °C
Heißluft: etwa 160 °C

6. Für die Augen Schokotröpfchen in das spitzere Ende der Teiglinge stecken. Den Teigling an beiden Seiten über den Augen mit einer Schere einschneiden (dabei die Schere beim Schneiden etwas hochziehen) und kleine Ohren formen.

7. Zum Bestreichen Eigelb mit Milch verrühren. Die Teigmäuse damit bestreichen, dann mit Hagelzucker bestreuen.

8. Das Backblech in den vorgeheizten Backofen schieben und die Zuckermäuse **etwa 20 Minuten backen.**

9. Die Zuckermäuse auf einen Kuchenrost legen und erkalten lassen.

Zwieback I

Knabberspaß für zwischendurch

50 Stück

Pro Stück: E: 1 g, F: 2 g, Kh: 9 g, kJ: 230, kcal: 55, BE: 0,5

Für den Hefeteig:

500 g Weizenmehl (Type 405 oder 550)
1 Pck. Dr. Oetker Trockenbackhefe
½ TL Salz
50 g Zucker
250 ml Milch (3,5 % Fett)
1 Ei (Größe M)
75 g Butter oder Margarine

Zubereitungszeit: 30 Minuten, ohne Teiggeh- und Abkühlzeit
Backzeit: 40–45 Minuten je Form/Backblech

1. Für den Teig Mehl in eine Rührschüssel geben und mit Trockenbackhefe sorgfältig vermischen. Salz, Zucker, Milch, Ei und Butter oder Margarine hinzufügen.

2. Die Zutaten mit einem Mixer (Knethaken) zunächst kurz auf niedrigster, dann auf höchster Stufe in etwa 5 Minuten zu einem glatten Teig verarbeiten.

3. Den Teig zugedeckt so lange an einem warmen Ort gehen lassen, bis er sich sichtbar vergrößert hat, etwa 30 Minuten.

4. Teig leicht mit Mehl bestäuben und auf einer leicht bemehlten Arbeitsfläche nochmals kurz verkneten. Den Teig zu 2 gleich großen Rollen formen und in 2 Kastenformen (je 25 x 11 cm, gefettet, mit Backpapier ausgekleidet) geben.

5. Den Teig nochmals zugedeckt so lange an einem warmen Ort gehen lassen, bis er sich sichtbar vergrößert hat, etwa 20 Minuten.

6. In der Zwischenzeit den Backofen vorheizen.
Ober-/Unterhitze: etwa 180 °C
Heißluft: etwa 160 °C

7. Die Formen auf dem Rost in den vorgeheizten Backofen schieben. Die Brote **15–20 Minuten backen.**

8. Die Brote aus den Formen auf mit Backpapier belegte Kuchenroste stürzen und erkalten lassen (am besten über Nacht).

9. Den Backofen vorheizen.
Ober-/Unterhitze: etwa 180 °C
Heißluft: etwa 160 °C

10. In der Zwischenzeit die Brote mit einem Sägemesser in etwa 1 cm dicke Scheiben schneiden. Die Scheiben auf 2 Backbleche legen.

11. Die Backbleche nacheinander (bei Heißluft zusammen) in den vorgeheizten Backofen schieben. Zwiebackscheiben zunächst **in etwa 15 Minuten je Backblech hellbraun rösten.** Dann die Scheiben wenden und von der anderen Seite **weitere etwa 10 Minuten je Backblech rösten.**

12. Die Backbleche auf Kuchenroste stellen. Die Zwiebackscheiben vollständig erkalten lassen. Zwieback in gut schließenden Dosen aufbewahren.

Tipps: Zwieback selbst zu backen, mag aufwendiger sein, als ihn fertig zu kaufen. Allerdings schmeckt er selbst gebacken auch unvergleichlich besser. Geben Sie Ihren Kindern Zwieback als knusprigen Pausensnack mit in den Kindergarten oder in die Schule. Wer mag, kann die Scheiben vor dem zweiten Backen (Punkt 11) dünn mit Zimt-Zucker bestreuen.

Muffins, Cupcakes & Co.

Mug-Cakes, Cake-Pops & Co.

Schnecken, Taschen & Co.

Berliner, Donuts & Co.

Waffeln

Cookies & Co.

Blechkuchen

Kuchen & Torten aus der Form

Brot, Brötchen & Co.

Pikante Leckereien

Tolle Motivkuchen & Co.

Mit Früchten

Für Fragen, Vorschläge oder Anregungen steht Ihnen der
Verbraucherservice der Dr. Oetker Versuchsküche
Telefon: 00800/71727374, Mo.–Fr. 8:00–18:00 Uhr,
Sa. 9:00–15:00 Uhr (gebührenfrei in Deutschland)
zur Verfügung.

Kaiserstraße 14b
D-80801 München

ISBN: 978-3-7670-1749-8
3. Auflage 2018

Projektleitung Carola Reich
Redaktion Karola Hülshoff, Annette Riesenberg

Lektorat no:vum, Susanne Noll

Innenfotos Walter Cimbal (S. 10, 72, 86, 185, 274)
Fotostudio Diercks – Thomas Diercks/Kai Boxhammer, Christiane Krüger (S. 6, 8, 9, 14, 17, 18, 21, 24, 25, 28, 36, 38, 40, 41, 45, 46, 50, 51, 52, 57, 60, 61, 62, 66, 69, 78, 82, 85, 89, 99, 100, 101, 102, 103, 105, 106, 107, 110, 115, 116, 124, 127, 129, 131, 135, 137, 139, 141, 142, 143, 144, 146, 148, 151,156, 159, 160, 163, 164, 167, 168, 178, 181, 187, 188, 190, 193, 194, 197, 206, 207, 209, 210, 213, 214, 216, 225, 228, 230, 237, 238, 243, 244, 255, 256, 257, 258, 267, 270, 271, 273, 281)
Eising Studio Food Photo & Video (S. 11, 23, 33, 39, 48, 49, 55, 59, 67, 68, 73, 90, 91, 96, 111, 112, 113, 123, 138, 147, 170, 171, 173, 174, 177, 195, 203, 204, 221, 224, 227, 231, 233, 246, 265, 268, 269, 275)
Ulli Hartmann (S. 136, 186)
Janne Peters (S. 47)
Antje Plewinski (S. 12, 27, 32, 34, 37, 56, 74, 119, 165, 182, 196, 211, 219, 220, 240, 247, 251, 252)
Anke Politt (S. 7, 30, 31, 43, 70, 93, 128, 134, 152, 155, 189, 234, 249, 276)
Axel Struwe (S. 248)
Brigitte Wegener (S. 22, 65, 77, 108, 200, 266, 278)
Winkler Studios (S. 133, 241)
Melanie Zanin (S. 35, 42, 54, 58, 81, 94, 95, 149, 153, 199, 222, 262, 263, 279)

Nährwertberechnungen Nutri Service, Hennef

Grafisches Konzept und Gestaltung MDH Haselhorst
Titelgestaltung MDH Haselhorst
Satz und Layout MDH Haselhorst

Druck und Bindung optimal media GmbH, Röbel

Die Bücher und E-Books unter der Marke Dr. Oetker Verlag
erscheinen als Lizenz in der ZS Verlag GmbH.
www.oetker-verlag.de
www.facebook.de/Dr.OetkerVerlag
Die ZS Verlag GmbH ist ein Unternehmen der Edel AG, Hamburg.
www.zsverlag.de
www.facebook.de/zs-verlag

Die Autoren haben dieses Buch nach bestem Wissen und Gewissen erarbeitet. Alle Rezepte, Tipps und Ratschläge sind mit Sorgfalt ausgewählt und geprüft.